GÉNÉRAL PALAT
(Pierre Lehautcourt)

La Grande Guerre sur le Front Occidental

III

BATAILLES DES ARDENNES & DE LA SAMBRE

avec 8 cartes

LIBRAIRIE CHAPELOT
1918

Prix : 7 fr. 50

LA GRANDE GUERRE

SUR LE FRONT OCCIDENTAL

OUVRAGES DU MÊME AUTEUR

à la Librairie CHAPELOT

La Grande Guerre sur le front occidental. — Tome I. *Les Éléments du conflit*, 1917. 1 vol. in-8° . . . . **5 fr.** »

La Grande Guerre sur le front occidental. — Tome II. *Liège, Mulhouse, Sarrebourg, Morhange*, 1917. 1 vol. in-8° avec 3 cartes. **5 fr.** »

L'alliance franco-allemande ou la guerre. — Réponse à M. Sembat. 1914. 1 vol. in-16 . . . . **3 fr.** »

Les probabilités d'une guerre franco-allemande. 1913. Brochure in-8° . . . . **0 fr. 60**

Une grande question d'histoire et de psychologie. **Bazaine et nos désastres en 1870.** — Tome I. *Le Mexique - Les batailles sous Metz.* — Tome II. *Le blocus de Metz. - La capitulation.* 1913. Chaque volume in-8° . . . . **7 fr. 50**

Le rôle du Xe Corps au 16 août 1870. 1913. Brochure in-8° **2 fr. 50**

Étude de tactique appliquée. — La Cavalerie dans la bataille (15 et 16 août 1870). 1906. Brochure in-8° . . . . **3 fr. 50**

Quelques enseignements de la guerre russo-japonaise. 1905. Brochure in-8° . . . . **0 fr. 75**

Général PALAT
(Pierre Lehautcourt)

La Grande Guerre sur le Front Occidental

III

:: :: :: BATAILLES :: :: ::
DES ARDENNES & DE LA SAMBRE

avec 8 cartes

LIBRAIRIE CHAPELOT
1918

INTRODUCTION

Le présent volume est consacré à l'armée belge jusqu'à la retraite sous Anvers, au siège de Namur, aux opérations de nos 3e, 4e, 5e armées et des forces britanniques jusqu'au 25 août 1914. Nous y avons naturellement rattaché ce qui concerne l'armée de Lorraine, le 1er corps de cavalerie et les divisions de réserve ou de territoriale aux ordres des généraux Valabrègue et d'Amade.

Il n'est pas besoin d'insister sur l'importance de ces événements, qui eurent pour première conséquence l'invasion de la Belgique et du Nord de la France, ainsi que la ruée des armées allemandes jusqu'au sud de la Marne.

Notre tâche a été grandement facilitée par l'obligeance de correspondants qui ont bien voulu nous communiquer les renseignements en leur possession, dont quelques-uns très précieux. A tous, connus et inconnus, nous adressons ici un cordial remerciement.

Ces données, jointes à celles provenant de lettres inédites, de souvenirs personnels, de carnets journaliers ou de publications sérieuses, nous ont permis d'établir la trame de nos récits. Nous y avons joint les commentaires indispensables, non dans une vue de critique malveillante, mais uniquement pour chercher la vérité sur des faits dont notre pays ressentira longtemps les contre-coups, quelle que soit l'issue de la guerre présente.

Nous sera-t-il permis d'ajouter que cette issue, selon

notre conviction profonde, la France la tient dans sa main? Elle sera sûrement heureuse, si nous dédaignons les plaidoyers intéressés en vue d'une paix boîteuse, si nous refusons d'entendre les conseils dictés par la lassitude, par la défaillance, quand de pires motifs n'y interviennent pas. En un mot, nous ne devons pas permettre de *saboter* la guerre, alors qu'elle dure depuis plus de trois ans, à ceux qui ont fait de leur mieux pour saboter la préparation de cette guerre en temps de paix.

Au cas contraire, il faudrait tout redouter, et les mots *Finis Galliæ!* deviendraient une affreuse réalité.

Dans une de ses dernières chroniques militaires (1), le général Malleterre montre l'un des écueils où se heurtent déjà certains des historiens de la Grande Guerre. Il convient, selon lui, de laisser parler les faits, en les exposant avec le plus de précision possible, sans tenter de les interpréter quand les bases sérieuses font défaut : « A vouloir trop les commenter, à chercher à pénétrer et à expliquer les plans et les instructions des deux adversaires, on s'expose à y substituer des impressions et des idées personnelles. Et l'on risque ainsi, ou de verser dans une critique prématurée et tendancieuse, ou de tourner à la louange qui cache trop fréquemment l'exacte vérité, pour ne pas être obligé de la dire ».

Cette exacte vérité, au contraire, nous nous croyons obligé de la chercher et de la dire, devrait-elle froisser certains amours-propres, aller contre certains courants d'idées. A vouloir respecter et parfois amplifier la légende, on fait sûrement œuvre vaine. Si lente qu'elle soit dans sa marche, la vérité reprend tôt ou tard ses droits. N'est-ce pas notre Pascal qui l'a dit : « La vérité subsiste éternel-

(1) *Temps* du 26 août 1917.

lement et triomphe enfin de ses ennemis, parce qu'elle est éternelle et puissante comme Dieu même » ?

Un dernier mot sur le présent volume. Nous nous y sommes attaché, suivant notre habitude, à citer nos références. Des motifs de haute convenance et d'autres encore, tenant à l'époque où nous écrivons, nous l'ont parfois interdit. On pourra néanmoins se convaincre que, souvent, nous avons eu sous les yeux des documents originaux, tels que des ordres de mouvement, des bulletins de renseignements, des notes personnelles de commandants de grandes unités.

Saint-Lien, Nantes-Doulon, le 1er décembre 1917.

---

(1) I, p. 154, et II, p. 11.

ERRATA DU TOME I

Page 10 : *Au lieu de* La famille franconienne des Hohenzollern succéda aux Brandebourg, .

Lire La branche franconienne des Hohenzollern acquit (1415) l'électorat de Brandebourg.

Page 10 : *Au lieu de* En 1700, Frédéric II prenait le titre de roi,

Lire En 1701...

Page 24 : *Au lieu de* Hutten,

Lire von Hutten.

Page 32 : *Au lieu de* traduit récemment du français,

Lire traduit immédiatement....

Page 38 : *Au lieu de* Adolf,

Lire Adolph.

Page 55 : *Au lieu* de loschlagen,

Lire losschlagen.

Page 70, note 1 : *Supprimer:* Ses deux cousins de Bavière, Othon et Louis, moururent fous.

LA GRANDE GUERRE
SUR LE FRONT OCCIDENTAL

Batailles des Ardennes et de la Sambre

CHAPITRE I

L'ARMÉE BELGE JUSQU'A LA RETRAITE SOUS ANVERS

Situation générale à la droite française. — Mouvement des Allemands devant notre centre et notre gauche. — L'armée belge au 6 août 1914. — La ligne de la Gette. — Combat de Haelen (12 août). — Combat de Hautem-Sainte-Marguerite (18 août). — Combat d'Aerschot (19 août). — Atrocités allemandes à Aerschot. — Retraite de l'armée belge sur la position d'Anvers. — Résultats généraux de sa résistance.

I

Aux premiers jours de ce tragique mois d'août 1914, les Allemands s'étaient efforcés d'enlever Liége par une attaque brusquée d'infanterie et d'artillerie de campagne. Après un échec, ils avaient dû recourir à l'artillerie lourde pour faire tomber successivement les forts, tandis que l'armée belge s'établissait à l'ouest, couvrant Bruxelles et Anvers. De notre côté, après une pointe suivie d'insuccès en Haute-Alsace, nous avions repris l'offensive vers le milieu d'août, sur tout le front alsacien-lorrain. Les débuts parurent heureux, mais après avoir cédé facilement le terrain en Alsace, sur la Sarre et sur la Seille, les Allemands prirent l'offensive en Lorraine, nous obligeant à évacuer par contre-coup la plus grande partie du terrain conquis vers Mulhouse, vers Schlestadt et vers Colmar, nous rejetant à l'ouest des Vosges jusqu'à hauteur du Grand-Couronné de Nancy. Après un moment de dépression, nous allions d'ailleurs contre-attaquer dans cette région, non sans succès.

Pendant que la gauche des armées allemandes fixait ainsi notre droite (armée d'Alsace, 1re et 2e armées), une tâche beaucoup plus importante était réservée à leur centre et à leur droite. Il s'agissait, en effet, d'opérer contre notre centre et notre gauche un vaste mouvement tournant, de les déborder vers l'ouest et finalement de les écraser dans une bataille générale, nous obligeant ainsi à une paix aussi hâtive que désastreuse.

La Ire armée (von Klück), c'est-à-dire quatre corps d'armée actifs (IIe, IIIe, IVe, IXe) et trois corps de réserve (IIIe, IVe, IXe), avec une forte proportion de cavalerie, avait comme direction générale Juliers, le sud de Maëstricht, Hasselt, Diest, Aerschot, Louvain, Bruxelles, la cavalerie marchant par Tongres, Saint-Trond, Landen. Un groupement spécial portant le nom d'armée de la Meuse, général von Emmich, devait agir contre Liége et l'armée belge. Il était provisoirement prélevé sur les Ire et IIe armées, semble-t-il.

La IIe armée (von Bülow), trois corps d'armée actifs (VIIe, Xe, garde) et trois corps de réserve (VIIe, Xe, garde), le corps de cavalerie Falkenhayn, venant d'Aix-la-Chapelle et d'Eupen, suivait la rive droite de la Meuse, qu'elle passait entre Liége et Namur, vers Hay, s'étendait de Namur à Jodoigne et se rabattait ensuite vers la Sambre, dans la direction générale de Charleroi.

La IIIe armée (von Hausen), trois corps d'armée actifs

(XIIe, XIXe, XIe) et deux corps de réserve (XIe et XIIe), ainsi que la IVe armée (duc de Wurtemberg), trois corps d'armée actifs (VIe, VIIIe et XVIIIe) (1) et deux corps de réserve (VIIIe et XVIIIe), partie de la base Malmédy, Saint-With, se portait sur l'Ourthe, en direction de Dinant, Rochefort, Neufchâteau.

Enfin, la Ve armée (Kronprinz de Prusse), la plus solidement constituée, trois (et ensuite quatre) corps d'armée actifs (Ve, XIIIe, XVIe) et trois corps de réserve (Ve, VIe, XVIe), partant de Trèves, Metz, traversait le grand-duché de Luxembourg et entrait en France vers Longwy (2).

Nous avons vu comment notre concentration avait été orientée tout d'abord vers le nord-est, sans qu'il eût été tenu compte de la violation éventuelle de la neutralité belge et luxembourgeoise. C'est seulement quand cette violation fut effectuée que le général en chef prit lentement et comme à regret des mesures pour y parer (3). Ainsi le mouvement au nord-ouest de la 5e armée ne commençait que le 13 août.

Ces dispositions avaient pour conséquence naturelle de retarder l'achèvement de notre concentration définitive. D'autre part, les Allemands ayant fait entrer en Belgique des troupes dont la mobilisation était inachevée et disposant en outre d'éléments mobilisés dans un très court rayon, il résultait de cet ensemble de circonstances que l'armée belge allait être tout d'abord à peu près seule en face de forces très supérieures. Comme nous le verrons,

---

(1) Le VIe corps passait à la Ve armée le 30 août (Hanotaux, IV, p. 199.)

(2) Joseph Reinach, *La guerre sur le front occidental*, p. 84; Général Malleterre, *Etudes et impressions de guerre*, I, p. 274-275.

(3) *La grande guerre sur le front occidental. Liège, Mulhouse, Sarrebourg, Morhange*, p. 90.

cet isolement se prolongea jusque vers le 20 août, alors qu'il eût été possible de le faire cesser plus tôt.

Le 6, l'armée belge était concentrée dans le quadrilatère Tirlemont, Louvain, Wavre, Perwez, entre la Gette et la Dyle, à cheval sur la route de Liége à Bruxelles, à deux étapes environ de Liége.

Trois cours d'eau coupent normalement cette route à partir de la Meuse : la Gette, qui passe à Jodoigne et à Tirlemont; la Dyle, à Wavre et à Louvain; la Senne, à Bruxelles. La Gette présente cette particularité de prolonger à peu près la partie du cours de la Meuse située entre Givet et Namur. C'était la première ligne naturelle de défense que pûssent utiliser les Belges pour couvrir leur capitale et Anvers. Sa gauche, appuyée au Démer, qui court de l'est à l'ouest par Hasselt, Diest et Malines, était relativement forte. L'effectif de l'armée étant insuffisant pour garnir l'ensemble de la ligne de la Meuse et de la Gette, elle allait se borner à tenir Namur et la Gette, espérant que les Alliés pourraient, si les Allemands leur en laissaient le temps, occuper l'intervalle entre cette rivière et Namur, ainsi que la rive ouest de la Meuse, en amont de cette place (1).

L'un des principaux avantages de la ligne choisie était de couvrir Anvers, la véritable base de l'armée belge, où avaient été réunies toutes ses réserves en vivres, en munitions, en matériel. C'était dans ce vaste ensemble fortifié que le Gouvernement belge comptait se retirer en cas de besoin. Il y voyait, depuis des années, le suprême asile de l'indépendance nationale. De là cette idée qu'*à aucun prix* (2) l'armée ne pouvait s'en laisser couper.

---

(1) *L'action de l'armée belge*, p. 17-18; *La campagne de l'armée belge, d'après les documents officiels*, p. 33 et suiv.

(2) *L'action de l'armée belge, loc. cit.*

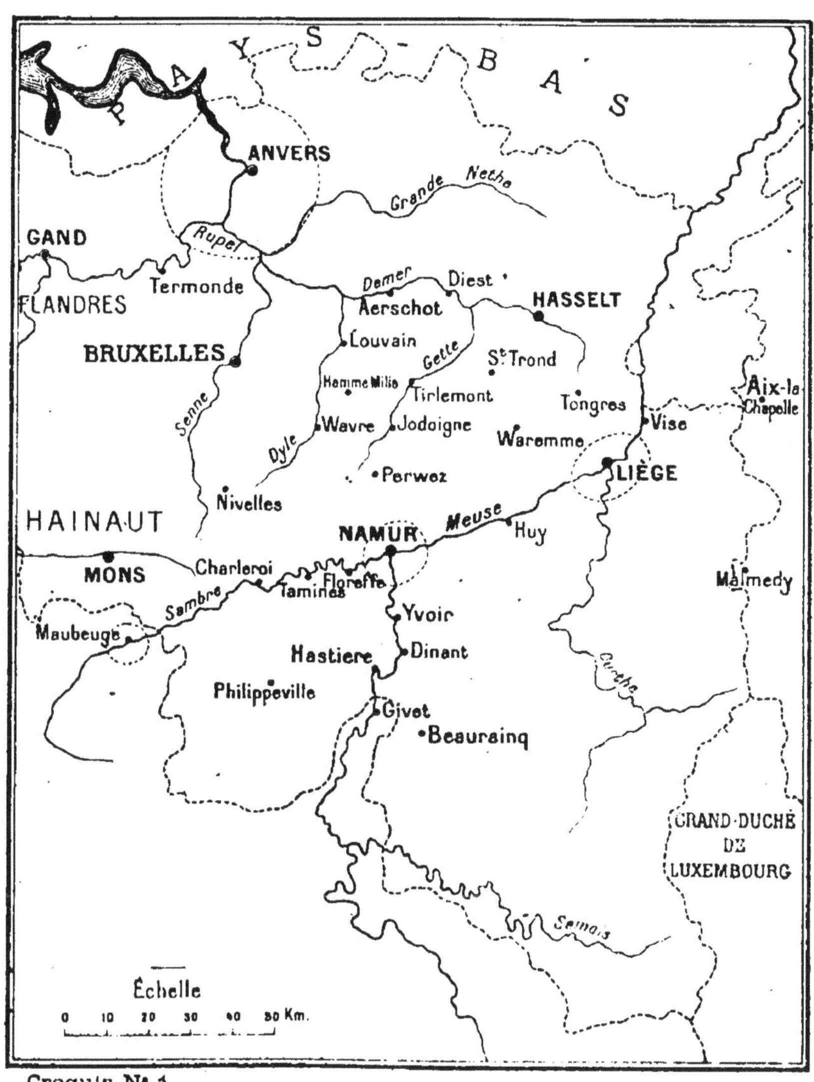

Croquis N° 1.

L'ARMÉE BELGE SUR LA GETTE

D'après *L'Action de l'Armée belge* (Chapelot, Éditeur).

On comptait donc tenir derrière la Gette, s'y fortifier et attendre ainsi l'intervention des forces franco-anglaises.

La droite de l'armée était à Jodoigne, la gauche au nord-ouest de Tirlemont. Elle avait en première ligne les 1re et 5e divisions; en deuxième ligne, la 2e division à Louvain et la 6e à Hamme-Mille, dans l'intervalle entre la Gette et la Dyle. A leur arrivée à Liége, la 3e division et la 15e brigade mixte (1) s'intercalèrent en première ligne entre les 1re et 5e divisions.

L'ensemble était couvert par la division de cavalerie, d'abord à Waremme, entre Liége et Tirlemont, puis à Saint-Trond, au nord-ouest. La 4e division demeurait dans la position de Namur, non seulement pour aider à sa défense, mais pour tenir ce point d'appui du front Meuse, Gette.

Jusqu'au 18 août, l'armée belge conservait cette répartition générale. Devant elle, la cavalerie allemande battait l'estrade, soutenue par des bataillons de chasseurs. On assurait, dès le 9, que des éclaireurs ennemis avaient paru dans la forêt de Soignies et l'on préparait hâtivement la défense de Bruxelles, sans que la vie extérieure de la population en fût sensiblement troublée (2). Les escarmouches étaient quotidiennes et la plupart se terminaient en faveur des Belges. Lorsque l'activité des Allemands parut s'accentuer surtout vers Hasselt et Diest, la division de cavalerie belge se porta de Saint-Trond vers Bundingen et Haelen, où elle s'établit à la gauche de l'armée. Le 12 août, un premier engagement avait lieu dans cette région.

---

(1) La 8e brigade mixte avait remplacé à Huy la 15e brigade, toutes deux comptant à la 4e division (Namur).

(2) Fleury-Lamure, *Charleroi, Notes et impressions*, p. 3.

II

Haelen est un bourg situé dans une plaine basse, au confluent de la Gette et de deux ruisseaux, la Velpe et l'Yserbeek, à un kilomètre en amont du confluent de la Gette et du Démer. La route de Hasselt à Diest y traverse la rivière, se reliant au chemin qui la longe. Le bourg et la station sont situés sur la rive ouest.

La cavalerie allemande tenta d'y forcer le passage. Elle disposait de six régiments des 4ᵉ et 2ᵉ divisions de cavalerie, soutenus par les 7ᵉ et 9ᵉ bataillons de chasseurs et par trois batteries (1). L'ensemble représentait environ 4.000 sabres, 2.000 baïonnettes et 18 canons, auxquels les Belges ne pouvaient opposer que les 2.400 cavaliers, les 410 cyclistes, les 12 canons et les 6 mitrailleuses de leur division de cavalerie. Encore avait-elle à garder la Gette sur tout l'espace compris entre Budingen et Haelen (2).

Vers 8 heures, des patrouilles vinrent tâter la lisière est de Haelen, défendue par la 3ᵉ compagnie du bataillon cycliste. Bientôt après, une centaine de cavaliers tentèrent de forcer les barricades. Le feu des cyclistes les mit en fuite; ils laissèrent sur place des morts, des blessés et des prisonniers.

Une demi-heure après, l'attaque recommença plus violente. Cette fois, elle était exécutée par des cavaliers pied à terre et par des chasseurs. Pendant près de deux heures, la 3ᵉ compagnie cycliste leur tint tête. Vers 9 h. 30, elle

(1) On peut supposer que la concentration des 2ᵉ et 4ᵉ divisions de cavalerie n'étant pas encore complète, il s'agissait là d'un groupement provisoire. Les cavaliers allemands marchaient sur Bruxelles à en croire les prisonniers (*Illustration* du 22 août 1914, p. 151).

(2) Commandant Willy-Breton. *Les pages de gloire de l'armée belge*. p. 0

fut appuyée par la 1re compagnie, postée au sud du village, et par la section de mitrailleuses appelée de Loxbergen.

Vers 10 heures seulement, ce qui ne se comprend guère, l'artillerie allemande entra en action. Par un feu très vif, elle rendit intenables les lisières de Haelen. Les cyclistes firent sauter le pont de la Gette et se replièrent au sud-ouest, derrière la ligne ferrée qui se dirige vers Diest, après avoir longé la rivière. Ils y continuèrent le combat jusqu'à midi.

A ce moment, en arrière des 1re et 3e compagnies cyclistes, quatre escadrons (2 du 4e lanciers et 2 du 5e) étaient pied à terre près de la ferme de l'Yserbeek, à 1.500 mètres environ au sud-ouest; à gauche, la 1re batterie à cheval, soutenue par deux escadrons du 5e lanciers; les deux autres en échelon refusé au nord-est de Hontzem. Les flancs étaient gardés au village de Zelck, entre Diest et Haelen, par un escadron du 4e lanciers et deux pelotons cyclistes; à Velpen, au sud de Haelen, par un escadron du 2e guides. Trois escadrons du 1er guides étaient en repli à la lisière du bois de Blekkom, au sud-ouest de Haelen (1).

L'ennemi attaquait simultanément Zelck (2) et la sta-

---

(1) *L'action de l'armée belge*, p. 35. Le commandant Willy-Breton donne une autre répartition : 3 escadrons du 4e lanciers tiennent la ferme et le terrain jusqu'à l'Yserbeek; le 4e est à Zelck avec la 2e compagnie cycliste. Les 3e et 4e escadrons du 5e lanciers sont à la droite du 4e; le 1er escadron sert de soutien à la batterie placée à la cote 55, au nord-est de Loxbergen; le 2e escadron est en réserve. Les deux autres batteries sont *en réserve* au Bockenberg, nord-ouest du hameau de Liebroek. Le 1er guides, moins un escadron resté sur la Gette, est en réserve près du bois entre Loxbergen et le château de Blekkom; le 2e guides, moins un escadron soutien des batteries du Bockenberg, est également en réserve au début.

(2) Il semble que Zelck ait été attaqué par des éléments venant de Haelen (Commandant Willy-Breton, p. 11).

tion de Haelen, sans aucun succès. A Zelck, il était dispersé par le feu des cyclistes; devant la station, il tombait sous le feu de l'artillerie et des quatre mitrailleuses belges. Mais des renforts lui survenaient, menaçant les cyclistes d'enveloppement. Ils se repliaient lentement vers la ferme d'Yserbeek.

A 13 heures environ, nouvelle attaque. Des lignes denses de tirailleurs sortaient de Haelen; les cyclistes esquissaient un mouvement de recul que mettait aussitôt à profit un escadron de dragons allemands. Il chargeait; le feu le détruisait. Par deux fois, cette attaque était reproduite, avec le même résultat (1). La dernière charge était exécutée par deux escadrons contre la partie sud de la ligne belge, tenue par les lanciers. L'échec était aussi complet. La plupart des cavaliers, démontés, roulaient à terre; des chevaux isolés étaient seuls à traverser les lignes.

Les Allemands faisaient alors intervenir leurs réserves, qui se déployaient à hauteur des tirailleurs déjà engagés sur un front de quinze cents mètres, entre Velpen et Liebroek. Leur artillerie, portée sur la rive gauche de la Gette, contrebattait énergiquement la 1re batterie à cheval, que les deux autres n'étaient pas appelées à soutenir, peut-être en vertu d'une conception erronée du rôle de l'artillerie (2). En même temps, des mitrailleuses appuyaient les tirailleurs ennemis.

Ceux-ci enlevaient Velpen, Liebroek et, enfin, la ferme de l'Yserbeek; le succès leur paraissait définitivement acquis, lorsque, vers 15 heures, débouchait sur le champ

---

(1) *L'action de l'armée belge*, p. 20; *Campagne de l'armée belge*, p. 36.

(2) D'après le commandant Willy-Breton (p. 9 et suiv.), ces batteries auraient été tenues *en position d'attente*.

de bataille la 4e brigade mixte. Elle ne comprenait que quatre petits bataillons (1) des 4e et 24e de ligne, partis de Haekendover à 9 h. 35 et qui venaient de parcourir vingt-cinq kilomètres environ par une chaleur torride. Quand elle atteignit Loxbergen, l'action était fortement engagée. Six compagnies (des I/4 et III/4) marchèrent par Blekkom et Velpen sur Haelen, un bataillon (II/24) couvrant leur mouvement vers la droite. Un bataillon (I/24) se porta directement sur la ferme de l'Yserbeek; le reste (trois compagnies) demeura en réserve (15 h. 40).

Malgré la fatigue de ces troupes, elles menèrent vivement leur attaque. La ferme de l'Yserbeek et Velpen, attaqués, furent le théâtre d'un combat acharné. Entrés dans ce village, les Belges y tombèrent sous le feu de mitrailleuses cachées dans les maisons, qui se démasquaient pour les prendre à revers. Il fallait mettre le feu à leurs abris pour les en déloger. Les trois batteries allemandes, bien dissimulées, appuyaient énergiquement les contre-attaques. Heureusement, les trois batteries de la 4e brigade prenaient position vers 15 h. 30 (2), ouvrant un feu très précis. Vers 16 heures, après la reprise de Velpen, le général de Witte, commandant la division de

(1) Sur les 17 compagnies présentes, 10 comptaient deux officiers; le reste n'en avait qu'un seul (*La campagne de l'armée belge*, p. 36). D'après le commandant Willy-Breton, p. 13, le commandement de l'armée, avisé *vers 7 heures* du mouvement de l'ennemi sur Haelen, prescrivait à la 1re division de porter la 4e brigade en soutien de la cavalerie. La brigade laissait le II/4 à la garde du cantonnement de Haekendover, une compagnie de grand'garde à Neerlinter et un peloton à Hautem-Sainte-Marguerite. En route deux compagnies furent détachées à Budingen et à Geet-Betz.

(2) *Campagne de l'armée belge*, p. 37. Au contraire, d'après le commandant Willy-Breton, p. 14, les batteries de la 4e brigade mixte auraient pris les devants vers midi; après un temps de trot de sept kilomètres, elles auraient atteint Loxbergen et pris position, sans doute vers 13 heures, les 7e et 8e batteries au moulin, la 9e à la lisière nord du village.

cavalerie, portait les trois escadrons et demi restant disponibles à la 1re brigade vers le Bockenberg et Liebroek, avec mission d'agir dans le flanc de l'adversaire. Vers 17 h. 30, celui-ci donnait des signes manifestes de faiblesse. Il finissait par céder précipitamment sur Haelen, abandonnant ses morts et ses blessés. « L'épuisement des soldats et les obstacles du terrain (?), tout autant que le feu d'enfer des mitrailleuses, empêchèrent la poursuite » (1). Il était 18 heures environ. Dans la nuit, les Allemands abandonnaient Haelen.

Ils auraient laissé sur le champ de bataille un étendard (2), leur artillerie, 3.000 cadavres d'hommes et de chevaux (3). Les Belges avaient subi de lourdes pertes : 22 officiers et 1.100 hommes tués, blessés ou disparus (4). Mais ce combat leur faisait honneur. Les compagnies cyclistes surtout avaient montré une grande activité et les bataillons de la 4e brigade, en dépit de leur fatigue, avaient fait preuve d'entrain et d'énergie.

On ne saurait dire que, du côté ennemi, le commandement et les troupes aient déployé les mêmes qualités. Pendant une grande partie du jour, les Allemands bénéficiaient d'une très grande supériorité numérique, dont ils ne surent pas profiter. Leurs six régiments de cavalerie, leurs deux bataillons de chasseurs auraient dû déloger

---

(1) *Campagne de l'armée belge*, p. 37.

(2) Celui des hussards de la Mort (*Illustration*, *loc. cit.*). Du 12 au 15 août inclus, aucun communiqué allemand ne mentionne le combat de Haelen.

(3) *Campagne de l'armée belge*, p. 37. L'*Illustration* porte plus de 3.000 hommes tués ou blessés. Le commandant Willy-Breton (p. 14 et suiv.) mentionne lui aussi plus de 3.000 cadavres allemands.

(4) Les cyclistes perdirent 3 officiers, 4 sous-officiers et 47 soldats tués ou blessés; le 4e lanciers, 4 officiers, 5 sous-officiers et 13 cavaliers; l'artillerie à cheval, 3 canonniers; la 4e brigade, 12 officiers, 34 sous-officiers et 365 soldats (*Campagne de l'armée belge*, p. 37).

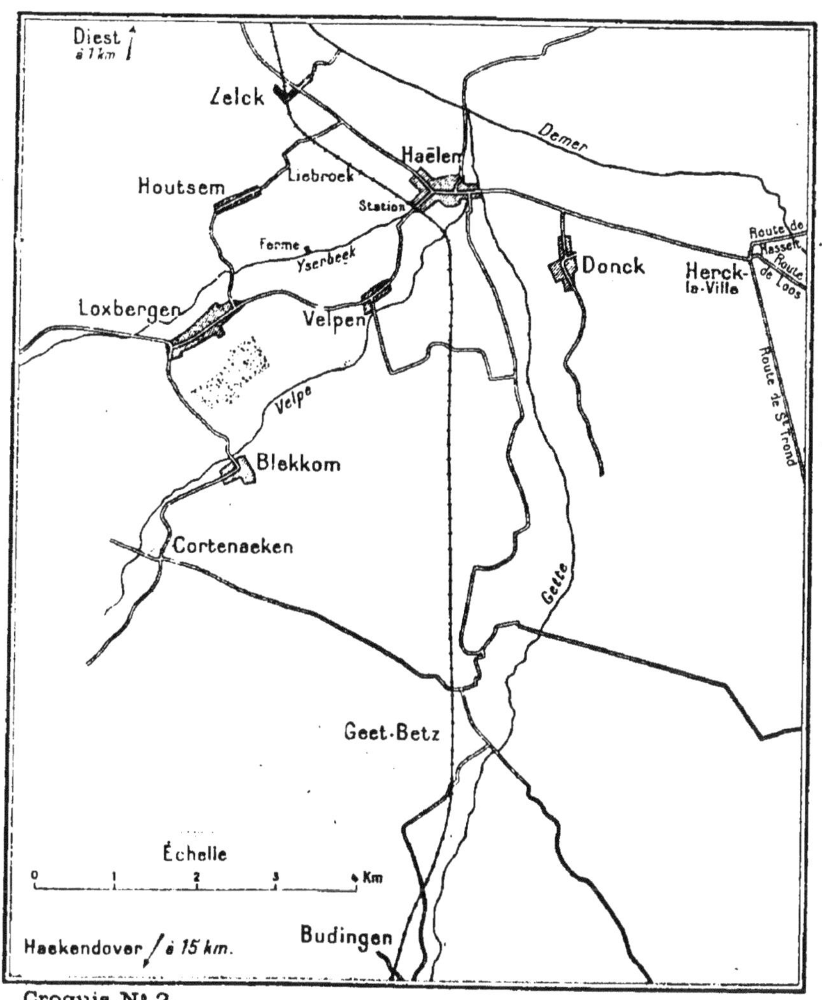

Croquis N° 2.

COMBAT DE HAELEN

D'après *L'Action de l'Armée belge* (Chapelot, Éditeur).

aisément de Haelen et des villages voisins les cyclistes belges, assez mollement soutenus par leur cavalerie et par les batteries à cheval. L'attaque allemande fut décousue, mal conduite. La cavalerie parut hésiter à combattre à pied; à plusieurs reprises elle risqua des attaques à cheval, dans les plus mauvaises conditions. Elle permit ainsi aux Belges de se renforcer. L'arrivée de la 4e brigade augmentait leurs forces, dit-on (1), de 3.000 fusils, 12 canons et 12 mitrailleuses. La supériorité du nombre passait aux Belges, ainsi que le succès. Mais ce changement n'aurait pu survenir, sans le dévouement des cyclistes (2), aidé par les défaillances du commandement allemand.

III

Après le combat d'Haelen, plusieurs jours se passaient dans une tranquillité relative, troublée seulement par les escarmouches journalières. C'est ainsi que, le 16 août, un petit engagement avait lieu à Eghezée, à mi-distance entre Jodoigne et Namur. Les Allemands y étaient refoulés et poursuivis (3).

Pour le commandement belge, la situation paraissait encore obscure. Une cavalerie nombreuse, 10.000 chevaux au moins, inondait la partie orientale du pays. De l'infanterie, transportée en automobiles, la soutenait et les reconnaissances belges perçaient difficilement ce double voile. Des informations reçues jusqu'au 17, il résultait que, devant la gauche de l'armée, l'ennemi était

(1) Commandant Willy-Breton, p. 16.

(2) Les capitaines commandant les 1re et 3e compagnies furent tués. Si les chiffres donnés par le commandant Willy-Breton et par la *Campagne de l'armée belge* sont exacts, il y aurait eu 3 officiers et 629 hommes disparus pour l'ensemble des troupes engagées.

(3) Commandant de Gerlache, *La Belgique et les Belges pendant la guerre*, p. 47.

signalé vers Wilderen, Saint-Trond, Tongres, Hasselt, Herck-Saint-Lambert, Lummen, Kempt, Stockroy, Genck, Asch, Beeringen, Tessenderloo, Bourg-Léopold, Moll. Des troupes très nombreuses avaient passé la Meuse aux ponts de Lixhe, près de la frontière hollandaise. Devant le centre, la plupart des localités autour d'Esemaël, Landen, Waremme, Hannut, étaient occupées par les Allemands. En face de la droite, des gros étaient signalés vers Huppaye, Jauchelette, Piétrebais; des troupes passaient la Meuse à Ampsin; d'autres réparaient le pont de Huy et y traversaient le fleuve.

On pouvait prévoir « une attaque en force de l'armée belge, encore livrée à ses seules ressources » (1), le 16e jour de notre mobilisation.

De fait, à ce moment, trois corps d'armée allemands (IIe, IVe et IXe) étaient en marche sur Diest et Tirlemont, devant l'extrême-gauche belge. La 2e division de cavalerie les flanquait à droite entre la Néthe et le Démer. Trois autres corps (IIIe, VIIe, Xe) se dirigeaient sur le front Jodoigne, Namur, précédés par les 4e et 7e divisions de cavalerie. Chacun de ces corps actifs était suivi d'un corps de réserve (2), ce qui représentait une force totale de 12 corps d'armée avec trois divisions de cavalerie, soit environ 500.000 hommes, auxquels il était absolument impossible que l'armée belge pût résister.

Le matin du 18 août, les têtes de colonnes allemandes étaient à moins d'une étape du front de nos Alliés. La situation devenait tout à fait critique.

La ligne de la Gette était encore gardée de Jodoigne à

(1) *Campagne de l'armée belge*, p. 38.

(2) *Campagne de l'armée belge*, p. 40-41. Les IIe, IIIe, IVe, IXe corps faisaient partie de l'armée Klück; les VIIe et Xe, de l'armée Bülow. D'après *L'action de l'armée belge*, p. 23, il n'y avait que cinq corps de réserve. Il aurait fallu ajouter la garde à l'armée Bülow.

Diest. La division de cavalerie avait des postes à Drieslinter, Budingen, Geet-Betz, Haelen, Zelck, Diest; son gros était vers Loxbergen et Waenrode. La 1re division tenait la gauche entre Overlaer et Neerlinter; la 5e division était à sa droite.

La journée débuta par un engagement à la gauche belge. Le premier contact eut lieu, vers 7 heures, à Budingen, que gardaient deux escadrons du 1er guides. De l'infanterie allemande, appuyée par du canon, tenta de passer la rivière et bientôt l'engagement s'étendit au reste du front de la division. Haelen, gardé par deux pelotons de cyclistes et un escadron du 5e lanciers, était canonné, à 7 h. 30, puis attaqué, vers 9 heures, par de l'infanterie qui jetait des ponts sur la Gette. Le petit détachement belge dut se replier sur Loxbergen. Plus au nord, une brigade de toutes armes, appartenant au IIe corps allemand, attaquait Diest que gardaient seulement deux pelotons cyclistes et la compagnie de pionniers-pontonniers, en tout 250 fusils avec deux mitrailleuses. Ils tinrent tête une heure et demie (1).

La résistance de la cavalerie belge fut brisée à Budingen et à Geet-Betz, après un combat de deux heures environ. L'infanterie allemande, fortement soutenue par son artillerie, put passer la Gette à gué. Vers 11 heures, la division de Witte dut se replier au nord de Winghe-Saint-Georges, où la 2e division avait été portée pour prolonger la gauche de l'armée.

Cependant la 1re division était attaquée également. Vers 11 heures, le feu commençait près d'Haeckendover entre les éclaireurs du IXe corps et les avant-postes (3e bataillon

---

(1) *L'action de l'armée belge*, p. 21 et suiv. *La campagne de l'armée belge* porte *deux heures*. La retraite aurait eu lieu vers midi. Les Allemands avaient trois batteries.

du 3e de ligne). A la même heure, un parti de cavalerie, venant de Wommerson, s'approchait de la halte d'Oplinter pour y être aussitôt arrêté. Enfin, vers Dries, la grand'-garde de Neerlinter (1re compagnie du I/22) échangeait des coups de feu avec des fractions assez importantes apparues à Drieslinter.

L'attaque ne tarda pas à s'accentuer surtout à Neerlinter et à Grimde, aux deux extrémités du front occupé par le 22e de ligne. Vers 13 h. 30, le 3e bataillon du 3e de ligne était canonné à la station de Grimde et presque aussitôt attaqué par de l'infanterie. A l'aile opposée, une compagnie du 22e (4e du 1er bataillon) était criblée de shrapnells, tandis que l'artillerie de la 2e brigade, en position près de Hautem-Sainte-Marguerite, se voyait prendre d'écharpe par un feu très précis que réglaient des avions. Malgré son efficacité, les canonniers belges déplacèrent leurs canons à bras et, une fois sortis de la zone dangereuse, entamèrent une lutte opiniâtre contre un adversaire très supérieur en nombre.

L'infanterie imita cette ténacité. Le poste de Neerlinter, défendu par 150 hommes, arrêta plus de deux heures des forces décuples qui l'attaquaient de front et de flanc. Vers 17 heures, il ne restait plus qu'une trentaine d'hommes qui se replièrent en combattant sur Hautem-Sainte-Marguerite (1).

Vers Oplinter, une autre compagnie (4e du I/22), après avoir tenu quatre heures sous un violent bombardement, avait à peine reculé d'un kilomètre et demi. Enfin, à Grimde, le bataillon du 3e repoussait toutes les attaques depuis 14 heures jusqu'à 16 h. 30, moment où il recevait l'ordre de se retirer. Il avait perdu près de la moitié de

---

(1) *Campagne de l'armée belge*, p. 43.

son effectif et les Allemands allaient le prendre à revers.

Jusqu'à ce moment, les quatre bataillons belges, environ 1.800 hommes, soutenus par 12 canons, avaient contenu les attaques allemandes sur un front de sept kilomètres. Vers 16 h. 40, la 1re division donna l'ordre de rompre le combat. Le 22e était déployé en arc de cercle autour de Hautem-Sainte-Marguerite, à un kilomètre environ du clocher. Il entama une retraite méthodique, les minces lignes de tirailleurs encore aptes à combattre s'arrêtant derrière tous les obstacles pour fusiller l'ennemi.

Les Allemands les pressaient de front, tout en cherchant à les prendre de flanc. Vers 17 h. 30, leur infanterie débouchait de Tirlemont, se dirigeant vers le nord; de l'artillerie apparaissait à la lisière nord-ouest de la ville. A ce moment le 2e de ligne s'était déployé le long de la route de Diest, sa gauche au sud de Bunsbeck, son centre à la borne 2, sa droite à la route de Louvain (borne 42). Son feu arrêta net la poursuite de l'ennemi.

Vers 18 h. 30, ce dernier bombardait violemment les positions belges sur la route de Diest, puis lançait de nouveau son infanterie à l'attaque. Une fraction poussa jusqu'auprès de Cumptich, nord-ouest de Tirlemont, mais elle fut mise en fuite par le peloton de gendarmerie de la 3e brigade, qui laissa là une grande partie de son effectif.

Sur la route, l'attaque échouait entièrement : à 20 heures, les Allemands sonnaient « Cessez le feu » (1). Une demi-heure après, la 1re division se retirait sur Louvain.

Le combat de Hautem-Sainte-Marguerite témoignait en faveur du 22e de ligne, qui avait su résister pendant de longues heures à un ennemi très supérieur. Sur 37 officiers

(1) *Campagne de l'armée belge*, p. 45.

ou médecins présents au commencement de la journée, 23 étaient tués ou blessés, dont 12 mortellement atteints. Le régiment était réduit à 900 hommes environ, la moitié de son effectif du début (1). Malgré son héroïsme, il n'aurait pu résister aussi longuement à la poussée allemande, si celle-ci avait été conduite avec une énergie n'excluant pas la méthode (2).

Pendant que ces événements se déroulaient sur le front de la cavalerie et de la 1re division, quelques escarmouches avaient lieu entre les avant-postes de la 5e division et les éclaireurs allemands. A la chute du jour, quelques obus atteignirent les positions de rassemblement de la 1re brigade à Hautem-Sainte-Marguerite et Aalst.

A l'extrême droite, le corps de cavalerie du général Sordet s'était enfin mis en liaison avec les troupes belges. Ses escadrons avancés chassèrent l'ennemi de Gembloux, village dont nous n'avions pas désappris le nom depuis 1815. Ils le dépassèrent peu, comme nous le verrons, en sorte que leur appui demeura platonique (3).

La vigoureuse résistance des divisions de première ligne ne pouvait faire illusion sur la situation. Elle était grave. La présence de masses d'infanterie ennemie sur le flanc gauche et sur le front, la violence de leurs attaques, les renseignements recueillis dans la journée, notamment au sujet du passage continuel de nouvelles troupes par

---

(1) Il fut ensuite fondu dans le 2e de ligne, le régiment d'où il était sorti à la mobilisation (Commandant Willy-Breton, p. 17 et suiv.).

(2) *Le communiqué allemand* du 20 août mentionne la prise à Tirlemont d'une batterie de campagne, une batterie lourde (?), un drapeau et 500 prisonniers.

(3) Le *Communiqué allemand* du 20 août porte que la cavalerie repoussa « aujourd'hui (?) » la 5e division de cavalerie française à Perwez, au nord de Namur, en lui infligeant de grosses pertes. Les escadrons allemands auraient pris deux canons et deux mitrailleuses.

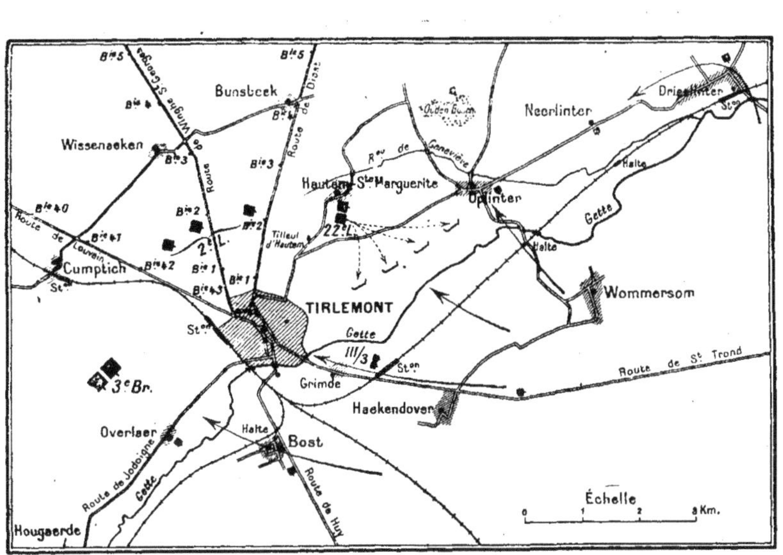

Croquis N° 3.

COMBAT DE HAUTEM-SAINTE-MARGUERITE

D'après *La Campagne de l'Armée belge* (BLOUD et GAY, Éditeurs).

les ponts d'Huy, d'Ampsin, de Flône, ne laissaient plus aucun doute sur l'approche de forces infiniment supérieures. Le mouvement vers Diest et Aerschot montrait en outre que l'ennemi avait l'intention de couper l'armée de sa base d'Anvers (1) et sans doute de l'envelopper sur place, si elle persistait dans sa résistance.

D'autre part, la liaison entre l'armée belge et notre 5e armée, sur la Sambre, n'était pas encore établie. L'armée anglaise atteignait seulement Maubeuge.

Une bataille acceptée dans la journée du 19 ne pouvait être douteuse en présence de l'énorme supériorité des Allemands. La destruction de l'armée aurait gravement compromis la défense d'Anvers et anéanti tout espoir de coopération ultérieure avec les Alliés. Albert Ier jugea donc nécessaire la retraite sur la rive gauche de la Dyle. L'ordre fut donné à 19 h. 30. Le mouvement devait commencer dès l'aube du 19 août; on atteindrait le front Neerryssche-Louvain-Rotselaer. Une brigade de la 3e division, postée à Aerschot, servirait de flanc-garde vers la gauche. Elle allait être attaquée le lendemain (2).

IV

Aerschot est une ville de 8.000 habitants située sur la rive sud du Démer, entre les confluents de la Gette et de la Dyle. Jusque dans la soirée du 18, elle avait été gardée par des éléments de la 2e division. Ils furent alors relevés par une brigade de la 3e (9e et 14e de ligne). Le 9e eut la garde des accès nord, un bataillon du 14e et un autre du 26e (3) furent placés à l'est.

(1) *L'action de l'armée belge*, p. 23.
(2) *Campagne de l'armée belge*, p. 60.
(3) *Campagne de l'armée belge*, p. 67. La provenance de ce bataillon n'est pas indiquée.

Au cours de la nuit, le contact fut pris par le 9e de ligne avec l'ennemi qui, de Westerloo s'était rabattu sur Aerschot. Les Allemands mirent en action un projecteur et échangèrent quelques coups de feu avec les patrouilles belges.

A l'aube du 19 août, le combat commença. Une reconnaissance dirigée sur Betecom rencontra en chemin de la cavalerie. Un escadron apparut, vers 14 h. 30, sur la route de Westerloo, pour être aussitôt dispersé par le feu d'une mitrailleuse. Une fusillade intermittente s'étendit ensuite à tout le front.

Vers 5 h. 45, un aéroplane survola longuement les positions belges en décrivant des orbes. Presque aussitôt l'infanterie ennemie surgit à la lisière d'un bois et la canonnade commença au même instant, couvrant d'une pluie d'obus les lisières d'Aerschot, ainsi que les tranchées du 1er bataillon du 9e. Celui-ci, la 4e compagnie en particulier, fit tête résolument. Jusqu'à 7 h. 45, elle conserva ses positions, puis se retira sur Aerschot. Deux mitrailleuses l'avaient efficacement soutenue jusqu'au dernier moment.

Vers 8 heures, la mission confiée à la brigade était considérée comme terminée. Elle se replia sur Louvain et les Allemands entrèrent peu après dans Aerschot. Ils appartenaient au IIe corps (poméranien).

Chez les habitants de cette petite ville, les dispositions étaient toutes pacifiques. La veuve du bourgmestre, Madame Tielemans, écrit que son mari, peu avant d'être arrêté, distribuait bénévolement des cigares aux sentinelles postées à sa porte (1). D'autre part, un neutre,

(1) Lettre au ministre d'Etat Cooreman, président de la Commission d'enquête (Commandant de Gerlache, *op. cit.*, p. 320).

M. Grondijs, a trouvé dans Aerschot, après les événements que nous allons raconter, un gros paquet de proclamations imprimées, dans lesquelles M. Tielemans ordonnait à la population de s'abstenir de tout acte d'hostilité contre les troupes allemandes, de peur d'encourir les plus terribles représailles (1). Quand l'armée pénétra dans la ville, il ne s'y trouvait plus aucune unité belge. Tout au plus pouvait-il y avoir des blessés et des traînards. Les Allemands massacrèrent d'abord les blessés et les prisonniers. Vingt-huit de ces derniers furent conduits sur la rive du Démer, où deux compagnies « les chassèrent devant elles et les abattirent à coups de feu » (2). Deux blessés avaient survécu. Un officier les fit jeter dans la rivière.

Au même instant, on fusillait six habitants et on mettait le feu à plusieurs maisons, sous un prétexte inconnu.

Vers 16 heures, c'est-à-dire après plusieurs heures de tranquillité relative, des soldats ivres commencèrent à piller; on vit deux colonnes de fumée, des coups de feu retentirent. Il y avait alors dans Aerschot plus d'Allemands que d'habitants; la grand'place en était comble. La fusillade servit de prétexte (3). On canonna l'église; on courut la ville en tirant des coups de feu sur les portes et les fenêtres. Un colonel avait été tué d'une

---

(1) L.-H. Grondijs, *Les Allemands en Belgique*, p. 23. Voir dans le 2e *Livre gris belge*, p. 70 et suiv., plusieurs documents attestant, de la part de l'administration belge, l'idée arrêtée d'empêcher la population civile de prendre part à la lutte.

(2) *Campagne de l'armée belge*, p. 48.

(3) D'après les Allemands, le motif de ce massacre fut la mort du colonel Senger, commandant la 8e brigade, trouvé tout sanglant dans sa chambre. Cf. Hanotaux, IV, p. 157-176. En réalité, le colonel Senger fut tué sur son balcon, très probablement par une balle allemande, les soldats tirant de tous côtés sans savoir pourquoi (Grondijs, *op. cit.*, p. 27).

balle, sans doute par accident, et l'on en accusait le fils du bourgmestre, âgé de quinze ans, déjà blessé aux jambes par une balle allemande. Le bourgmestre, son frère et son fils furent saisis, en même temps qu'un grand nombre d'hommes. Une quarantaine furent fusillés le soir même. Les autres, emprisonnés, furent réservés pour le lendemain, pendant que les Poméraniens fracturaient partout les portes, les meubles, les coffres-forts et allumaient de nouveaux incendies.

Dans la matinée du 20, le bourgmestre et ses compagnons furent conduits dans un champ et, là, un homme sur trois fut fusillé, après une sorte de tirage au sort. Le total des victimes atteignit 150 environ.

On mit ensuite méthodiquement le feu aux maisons de la grand'place et les femmes des notables durent assister pendant six heures à ce spectacle, en tenant les bras en l'air. Pendant ce temps, les hommes, encore épargnés, enfouissaient, dans des fosses hâtivement creusées, leurs malheureux concitoyens. On entassa la population dans l'église, où elle resta plusieurs jours, souffrant de la faim et de la soif. Les hommes furent finalement déportés en Allemagne (1), « dans leur propre sécurité » (2). Ces atrocités voulues, organisées avec la méthode habituelle à la *Kultur*, continuèrent jusqu'en septembre (3). Evidemment, comme tant d'autres, elles faisaient partie d'un système de guerre que nous avons déjà

---

(1) Commandant de Gerlache, p. 69-70; *Lettre de Mme Tielemans* citée. D'après Grondijs, *op. cit.*, p. 22, on aurait pendu à la façade de l'hôtel de ville les cadavres du bourgmestre et d'un prêtre, ce dernier remplaçant le curé-doyen en fuite.

(2) Lettre du baron von der Goltz, gouverneur général en Belgique, 26 septembre 1914, 2e *Livre gris belge*, annexe au n° 81.

(3) Lettre du ministre Davignon à M. Brand Whitlock, ministre des Etats-Unis, 2 octobre 1914, 2e *Livre gris belge*, n° 82.

qualifié et dont, chaque jour, on découvre des preuves nouvelles (1).

V

Si peu d'importance matérielle qu'il eût en lui-même, le combat d'Aerschot ne prouvait pas moins que l'ennemi continuait son mouvement débordant et qu'il n'était pas possible de garder plus longtemps la ligne de la Dyle. Le roi qui, dans la matinée du 19, avait transféré son quartier général de Louvain à Malines, décida que l'armée opérerait une nouvelle retraite sur la position fortifiée d'Anvers.

Le 20, dans la matinée, ce mouvement était exécuté. Les troupes s'arrêtaient dans le rayon des forts de première ligne. Les renseignements recueillis jusqu'à 17 heures montraient les Allemands atteignant un front compris entre Hombeck (sud-ouest de Malines) et Eghezée (nord-est de Namur). On signalait le IIe corps à Hombeck-Eppeghem, le IXe à Bueken et à Bruxelles, le Xe à Jodoigne et le VIIe à Eghezée. La cavalerie était aux ailes, la 2e division à Westerloo, fort en arrière de la droite, ce qui ne se comprend guère, et les 4e et 9e divisions à Wavre, à mi-chemin entre Bruxelles et Gembloux (2), où avait paru la cavalerie du général Sordet. A Wavre, ces deux

---

(1) *La grande guerre sur le front occidental. Liége, Mulhouse, Sarrebourg, Morhange*, p. 129 et suiv.

Dans le seul diocèse de Namur, vingt-cinq prêtres furent mis à mort par les Allemands (*Débats* du 30 mars 1915, *Les quatre batailles des 23-24 août 1914*). Ces cruautés n'excluent pas l'exploitation méthodique du pays par le vol organisé, témoin la lettre du sieur Schroeder, directeur du *Verein Deutscher Eisenhuettleleute*, au sujet du matériel des usines des pays occupés dont il annonce la vente (2 janvier 1917). *Cf. Débats* du 3 février 1917.

(2) *Campagne de l'armée belge*, p. 53.

divisions couvraient efficacement le centre et la gauche allemande.

L'ensemble de la ligne d'invasion faisait face au sud-ouest, c'est-à-dire à la frontière française. Elle avait commencé le 19 août son mouvement de conversion autour de Namur comme pivot.

Les Allemands suivaient de près l'armée belge. Le 19 août, ils entraient à Louvain, le 20 à Bruxelles (1). Ils devaient franchir la frontière franco-belge le 24 août seulement, c'est-à-dire le vingt-troisième jour de la mobilisation, en dépit de l'attaque brusquée qu'ils avaient déclenchée sur Liége dès le 4 août.

La résistance opposée par le roi Albert et par les Belges à une invasion traîtresse avait donc obtenu un résultat dont on ne saurait assez marquer la grandeur. Sans elle, les Allemands auraient beaucoup plus rapidement parcouru les 160 kilomètres, à vol d'oiseau, qui séparent Aix-la-Chapelle de Maubeuge. Ils devaient y consacrer vingt jours, du 4 au 24 août, ce qui implique une moyenne journalière, très faible, de huit kilomètres pour leur droite, l'aile marchante. On peut admettre que ce chiffre aurait été facilement doublé, ce qui eût conduit cette droite en territoire français vers le 14 ou le 15 août. On voit les résultats : l'armée anglaise en plein débarquement, notre concentration inachevée, Paris dans un état de faiblesse que seuls peuvent apprécier ceux qui avaient le redoutable honneur d'en préparer la défense. Nos chances de succès auraient été réduites à rien.

Même en admettant que l'achèvement de la mobilisa-

(1) Grondijs, *op. cit.*, p. 7. Bien qu'aucune résistance ne leur eût été opposée, ils frappaient Bruxelles d'une contribution de deux cents millions. A Liége, à Hasselt, ils avaient déjà mis les mains sur l'encaisse de la Banque nationale de Belgique, contrairement aux conventions de La Haye.

tion pour les premières troupes jetées en Belgique eût exigé plusieurs jours, on peut dire que, sans la résistance de l'armée belge et de Liége, les Allemands pouvaient gagner cinq ou six jours pour l'exécution de leur grande conversion. Les résultats auraient été d'une portée incalculable. Quand on songe à l'effroyable mentalité que l'Allemagne a dévoilée au cours de ces quatre ans de guerre, à l'ambition démesurée que trahissent encore ses moindres actes, on est disposé à croire que l'héroïque défense des Belges et de leur roi rentre dans la catégorie de ces événements dont on dit qu'ils changent la face du monde. Leur portée future dépasse infiniment leur importance du moment.

Peut-être nous sera-t-il permis d'ajouter que l'intervention des troupes françaises au secours des Belges aurait dû être plus prompte et plus efficace. Nous verrons que, le 22 août seulement, trois de nos bataillons vinrent renforcer la garnison de Namur. Nous savons, d'autre part, que la cavalerie du général Sordet avait poussé, le 18, jusqu'au delà de Gembloux, sans y être du moindre secours à nos alliés. C'est à cette maigre participation que se bornèrent nos efforts avant la retraite de l'armée belge sur la position d'Anvers. Or, la concentration de nos éléments de combat était terminée le 12 août. Il s'écoula dix jours avant que des fractions de la 5e armée, en nombre infime, fussent dirigées sur Namur. N'aurait-il pas été possible de renforcer auparavant, de deux corps d'armée au moins, la petite armée belge, la mettant ainsi à même d'arrêter plus longtemps le flot de l'invasion? Ce qu'elle put faire à Haelen, à Hautem-Sainte-Marguerite, montre les résultats que des renforts sérieux lui auraient permis d'obtenir.

Le 22 août, le bulletin français de 23 heures annonçait

l'entrée des Allemands à Bruxelles, épreuve douloureuse, cruellement ressentie, non seulement par les Belges, mais par tous les Français. Le Gouvernement de la République en prenait texte pour affirmer que les souffrances de la Belgique étaient aussi les nôtres, que les causes des deux pays était indissolublement unies. « La France, portait encore ce document, est résolue à tout faire pour libérer le territoire de son alliée. Elle considère que son devoir n'aura été entièrement accompli que lorsqu'il ne restera plus un soldat allemand en Belgique.

« Il n'a pas été possible, en raison de nécessités stratégiques, de participer plus tôt avec l'armée belge à la défense du pays; mais les engagements que nous avons pris n'en sont que plus solennels, notre coopération n'en sera que plus étroite; elle se poursuivra avec une extrême énergie.... »

A première vue, on ne se rend pas compte des « nécessités stratégiques » assez puissantes pour interdire d'appuyer, avant le 22 août, un allié attaqué par des forces infiniment supérieures, alors qu'elles permettaient, dès le 7 août, l'inutile et dangereuse incursion en Alsace (1).

---

(1) Il a été dit, sans que nous puissions le vérifier, que le commandement belge avait impatiemment supporté notre abandon apparent. C'est sans doute à cette circonstance que fait allusion M. Hanotaux, quand il écrit (*L'Enigme de Charleroi*, p. 35) : « ...Malgré des instances réitérées et des sollicitations émouvantes, le haut commandement français ne céda ni aux appels, ni aux conseils. Son plan était tout autre et il s'y tient fermement ». Le 17 août, le général Lanrezac faisait communiquer au général Sordet une note du grand quartier général insistant sur l'intérêt urgent qu'il y avait à donner la main aux Belges. Nouvelle confirmation du bruit en question.

CHAPITRE II

LA PRISE DE NAMUR

La position fortifiée de Namur. — Première apparition des Allemands. — Surprise de Boneffe, 13 août. — Les Allemands sous Namur, 20 août. — Destruction d'Andenne. — Bombardement de Namur. — Arrivée de trois bataillons français. — Prise du fort de Cognelée. — Destruction du fort de Marchovelette. — Retraite des troupes de Namur. — Prise des derniers forts, 26 août. — Faillite des positions fortifiées à la Brialmont. — Les futures organisations défensives.

I

La ville de Namur est située au confluent de la Sambre et de la Meuse, au point où ce fleuve, coulant jusque-là du sud au nord, se détourne brusquement au nord-est dans la direction de la frontière hollandaise, vers Maës tricht.

Comme Liége, Namur est un camp retranché sans noyau central, la ville n'ayant pas d'enceinte. Les neuf forts qui l'entourent dessinent une sorte de trapèze dont les bases sont orientées du sud-ouest au nord-est. De ces ouvrages, deux, les forts de Malonne et de Saint-Héribert, sont situés entre Sambre et Meuse; trois, les forts de Dave, d'Andoy et de Maizeret, dans la boucle de la Meuse; quatre, au nord de la Sambre et de la Meuse, ceux de Marchovelette, de Cognelée, d'Emines et de Suarlée.

Ainsi qu'à Liége, ces ouvrages étaient de deux catégories : les forts proprement dits, armés de 2 pièces de 150, de 4 pièces de 120, de 2 mortiers rayés de 210 et de 4 pièces de petit calibre à tir rapide; les fortins ou redoutes armés de 2 pièces de 150, de 2 pièces de 120, d'un mortier de 210 et de 3 pièces à tir rapide.

Entre ces ouvrages, les intervalles variaient de 4 à 6 kilomètres, la distance des forts à la ville étant de 4 à 10 kilomètres. L'ensemble de la ceinture fortifiée mesurait un périmètre avoisinant 50 kilomètres (1). La garnison comptait 25.000 hommes seulement (2).

Bien que la région de Namur offrît moins de ressources que celle de Liége, la garnison, ayant profité de délais plus longs, avait pu mettre complètement en état les fortifications. Elle les avait même complétées par de nombreuses redoutes improvisées à la dernière heure, par un immense réseau de fils de fer, dont certains parcourus par des courants électriques à haute tension. On avait poussé la précaution jusqu'à répandre des wagons de verre pilé et de bouteilles cassées, aux approches des forts, de façon à empêcher l'ennemi de cheminer en rampant. Un correspondant de guerre, résumant ces préparatifs, déclarait le 15 août : « Namur est imprenable! » (3).

De fait, la garnison, enthousiasmée par la défense de Liége, comptait imiter cet immortel exemple. Mais elle ne prévoyait pas que l'ennemi, averti par ses premiers insuccès, emploierait contre Namur, dès le début, de la grosse artillerie lourde, dont les obus puissants détruiraient les forts sans risques pour les assaillants. D'ailleurs, ils allaient trouver des auxiliaires imprévus chez les Austro-Hongrois, encore en paix avec la Belgique, puisque leur déclaration de guerre est du 28 août seulement.

(1) Fleury-Lamure, *Charleroi, Notes et impressions*, p. 18.

(2) Hanotaux, *L'énigme de Charleroi*, *Revue des Deux-Mondes* du 15 août 1917, p. 760.

(3) Fleury-Lamure, *loc. cit.*

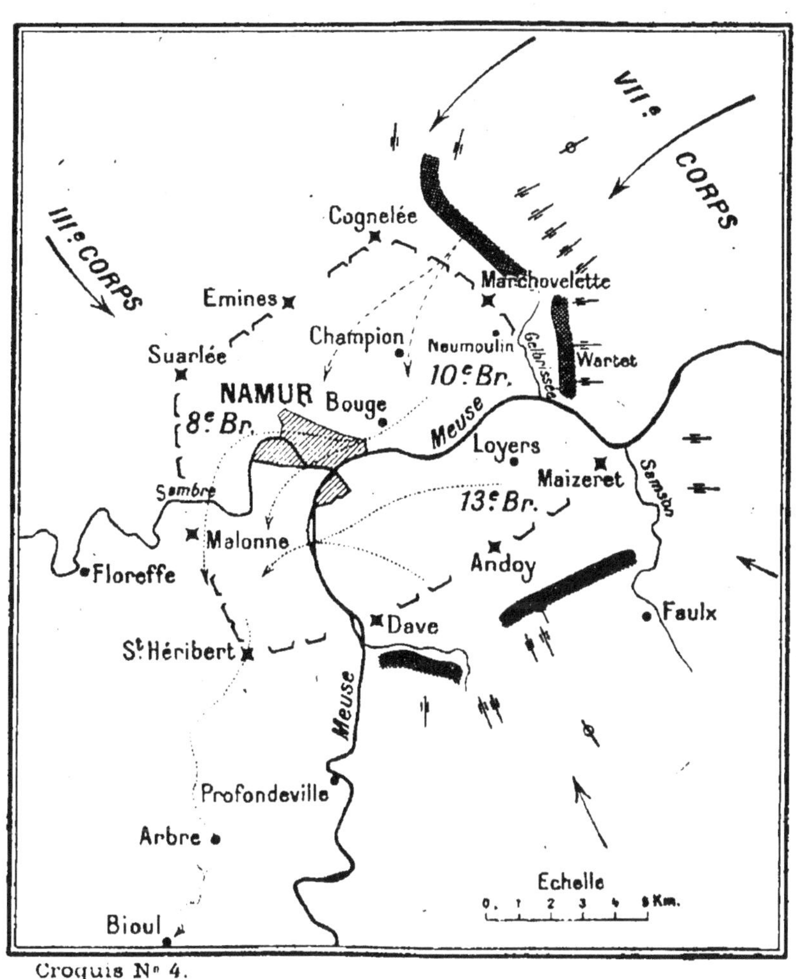

Croquis N° 4.

ATTAQUE DE NAMUR

D'après *La Campagne de l'Armée belge* (BLOUD et GAY, Éditeurs).

Le 15, plusieurs batteries lourdes à moteur, venant d'Autriche, se concentraient à Cologne sous les ordres du colonel autrichien Albert Langer. Elles recevaient un ordre de mouvement dans la nuit du 15 au 16 et se dirigeaient sur Verviers, où elles débarquaient. De cette ville, elles partaient, le 21, pour Namur où elles entraient aussitôt en action (1), nous verrons avec quels résultats.

II

Dès le 5 août, c'est-à-dire le lendemain de l'entrée des Allemands en Belgique, des patrouilles de cavalerie faisaient leur apparition dans le Condroz, au sud-est de Namur. Des escarmouches eurent lieu à Havelange et à Sorée, vers l'est. L'arrivée du corps de cavalerie Sordet, le 6 août, vers Paliseul, au nord de Bouillon, déblaya temporairement le terrain (2).

En Hesbaye, au nord de la Sambre et de la Meuse, les premiers contacts eurent lieu, dès le 7 août. Ils se multiplièrent ensuite, indiquant la présence d'une cavalerie en force croissante. Dans la plupart, « les Allemands opposèrent peu de résistance » (3).

L'un d'eux, celui de Boneffe, au nord de Namur, non loin d'un village au nom célèbre, Ramillies, fut parti-

(1) Commandant de Gerlache, p. 127, d'après une lettre du colonel Langer. Un bulletin allemand affiché à Bruxelles le 3 septembre reconnaissait la participation des Autrichiens à la prise de Namur et de Charlemont. *Cf.* 2e *Livre gris belge*, n° 104, M. Davignon au baron Fallon, 20 octobre 1914.

(2) Le *Bulletin français* du 8 août, 23 h. 30, mentionne de très vifs engagements de cavalerie au sud de la Meuse, témoignant comme les précédents de l'ascendant pris dès maintenant par notre cavalerie sur leur rivale. Les *Communiqués allemands* du 7 au 9 inclus ne font aucune mention de ces escarmouches.

(3) *La Campagne de l'armée belge*, p. 56.

culièrement heureux pour les Belges. Un parti ennemi, fort d'environ 300 cavaliers, 400 cyclistes, des mitrailleuses, s'était arrêté au nord de ce village. Deux escadrons et deux compagnies cyclistes les surprirent et les mirent en fuite, au point qu'ils abandonnèrent automobiles, bicyclettes, armes et chevaux (13 août) (1).

Jusqu'au 19 août, les opérations directes contre Namur se bornèrent à deux raids d'avions qui jetèrent des bombes dans la ville. Mais le mouvement des Allemands s'accentuait journellement sur les deux rives de la Meuse. Le 15, le Condroz et la Famenne, régions situées entre ce fleuve et le Luxembourg, au sud-est de Namur, étaient complètement envahis. Le corps de cavalerie Sordet repassait la Meuse, pour opérer dans l'Hesbaye et le Brabant. On signalait à Dinant, entre une avant-garde allemande et une fraction de la 5e armée française, un combat sur lequel nous reviendrons.

Jusqu'alors, les troupes de Namur avaient détaché à Huy une brigade (la 15e, puis la 8e), chargée de surveiller l'intervalle entre Namur et Liége. La situation de cette fraction devenant de plus en plus aventurée, elle fut rappelée et, après avoir détruit les passages du fleuve, vint s'établir à Andenne.

A dater du 19 août, les indices recueillis sur l'ennemi furent beaucoup plus menaçants. On signalait des troupes de toutes armes vers Faulx, au sud-est, dans le rayon d'action de la place. D'autres s'étaient montrées vers Ramillies-Offus, au nord, et des pièces de très gros calibre les accompagnaient. La 8e brigade se replia d'An-

---

(1) *La Campagne de l'armée belge*, p. 56; *L'action de l'armée belge*, p. 33. Les *Communiqués allemands* ne font aucune mention de cette affaire, comme de la plupart de leurs insuccès.

denne sur la position de Namur, après avoir détruit les ponts de la Meuse et obstrué le tunnel de Seilles.

Dès le lendemain, 20 août, au matin, les Allemands commencèrent de refouler les grand'gardes du secteur nord-est sur les forts de Marchovelette et de Cognelée. Ces attaques étaient vivement menées par des cavaliers à pied et de l'infanterie, appuyés par des mitrailleuses et une forte artillerie (1). En même temps, les Belges constataient la présence de batteries, qu'ils canonnaient, sur la rive sud de la Meuse, en avant des forts de Maizeret, d'Andoy et de Dave. Un avion survolait de nouveau Namur et y jetait des bombes.

Pendant la nuit, les Allemands esquissaient, sans succès, trois attaques contre les intervalles au nord et au sud du fort de Marchovelette. En outre, ils procédaient à leurs dévastations coutumières contre Andenne, la petite ville (7.500 habitants) où avait récemment stationné la 8e brigade.

Elle est reliée par un pont au village de Seilles, situé sur la rive nord de la Meuse. Des cavaliers y arrivèrent le 19 août dans la matinée, après la destruction de ce moyen de passage. Une colonne survint dans l'après-midi et stationna dans la ville et aux environs, en attendant l'achèvement d'un pont de bateaux, qui fut terminé seulement le 20 août. Les troupes avaient commencé le passage, en toute tranquillité, quand un coup de feu isolé retentissait, immédiatement suivi d'une fusillade désordonnée. Les soldats s'étaient arrêtés et tiraient au hasard, affolés. Le massacre commença aussitôt; des hommes, qui ne voulurent ou ne purent pas fuir, furent tués chez eux. En même temps on enfonçait les portes des caves, on

(1) *Campagne de l'armée belge*, p. 57.

brisait les bouteilles qu'on ne pouvait vider, on mettait le feu aux maisons. A plusieurs reprises, pendant la nuit, la fusillade recommença. Le lendemain 21, dès l'aube, on expulsait de leurs maisons tous ceux qui y étaient restés. Hommes, femmes et enfants devaient marcher les mains levées. Ceux qui n'obéissaient pas assez vite ou ne comprenaient pas les ordres donnés en allemand étaient fusillés sur place. De même pour ceux qui cherchaient à fuir. Le bourgmestre, âgé de près de soixante-dix ans, docteur Camus, était blessé d'un coup de feu et achevé d'un coup de hache.

« C'était une vision d'enfer », écrit un témoin oculaire, que ces scènes hideuses se déroulant dans la fumée et la flamme des incendies, au bruit de la fusillade et des mitrailleuses. Sur la place des Tilleuls on réunit toute la population, y compris un paralytique dans son fauteuil. On la fouilla sans trouver aucune arme. Puis on tria au hasard quarante ou cinquante hommes, qui furent fusillés aussitôt. Ailleurs, on tuait, on pillait, on incendiait également. Huit hommes de la même famille furent ainsi dépêchés à coups de fusil ou de hache; un enfant fut tué dans les bras de sa mère; un jeune garçon, une femme furent fusillés.

Le soir, raconte un témoin, le colonel Schumann, commandant des chasseurs de Potsdam (1), fit allumer un immense feu de joie sur la place des Tilleuls. Un concert et une prière terminèrent la fête (2). Le total des habitants massacrés avait atteint près de 400. Les maisons incendiées étaient au nombre de 300 et le pillage dura huit jours.

(1) Bataillon des chasseurs de la garde.
(2) Commandant de Gerlache, p. 75.

« Et pourtant, écrit le commandant de Gerlache, aucun soldat allemand n'a été tué, ni à Andenne, ni dans les environs. »

Comme dans les cas que nous avons signalés, il s'agit là non pas d'actes de brutalité commis par une soldatesque indisciplinée au cours d'un combat, mais d'atrocités voulues, méthodiquement organisées, à l'occasion d'un incident quelconque, parfois provoqué sciemment et ayant pour but principal d'écraser par la terreur le moral d'une population inoffensive. On espère que l'affaissement gagnera de proche en proche et que la guerre en sera plus rapidement menée à bien.

Dans le cas d'Andenne, une affiche apposée à Liége reste un témoignage indéniable du caractère des atrocités commises. Elle en fait tomber la responsabilité sur l'*Armee-Oberkommando*, c'est-à-dire sur le commandant de la IIe armée, général von Bülow (1).

III

Le bombardement de Namur commença le 21 août, à 10 heures. Il s'adressait simultanément aux forts d'Andoy, de Maizeret, de Marchovelette et de Cognelée, c'est-à-dire aux fronts nord-est et sud-est, ainsi qu'aux intervalles et au terrain en arrière. Dès le début, il fut extrêmement violent. On en entendit le grondement jusque sous Anvers.

Des obusiers, des mortiers de 280, de 305 et même de 420 tonnaient contre les forts; l'artillerie lourde d'armée

(1) Voir le fac-similé de cette affiche, en date du 22 août 1914 (de Gerlache, p. 73). Elle porte : « C'est avec mon consentement que le général en chef (sic) a fait brûler toute la localité et que cent personnes ont été fusillées ».

avait pour objectifs les tranchées et les points d'appui des intervalles; des canons de 150 tiraient sur la ville elle-même pendant quatre heures. Certains forts étaient atteints de 30 secondes en 30 secondes par des projectiles du plus fort calibre.

Vers le soir du 21 août, celui de Maizeret, au saillant est, avait déjà reçu 2.000 projectiles environ; ses coupoles étaient pourtant encore en état de fonctionner. Au fort d'Andoy, le plus voisin vers l'ouest, les dégâts étaient plus sérieux. Plusieurs coupoles étaient coincées par des débris de béton; les magasins avaient été partiellement détruits. De même, le fort de Marchovelette avait beaucoup souffert : la coupole de l'obusier de 210 était détruite, ainsi que les coffres de flanquement et les locaux du front de gorge; la coupole de 150 était hors d'usage. Une coupole de 120 et deux coupoles de 57 pouvaient seules fonctionner encore. Dans ces trois forts, les installations téléphoniques étaient hors de service. Le fort de Cognelée seul, au saillant nord, n'avait subi que des dégâts insignifiants (1).

Les troupes des intervalles avaient, en général, bravement supporté ce violent baptême du feu. Si quelques-unes, au début, manifestaient quelque émotion, elles reprenaient bientôt leur place et tenaient ferme comme les autres.

« La nuit ralentit à peine la canonnade » (2).

Dans la matinée du 22 août, la garnison poussa des pointes vers les positions des assiégeants. Partout elle fut

(1) *Campagne de l'armée belge*, p. 58; *L'action de l'armée belge*, p. 35. D'après le colonel autrichien Langer (*Neue Freie Press*, 18 février 1915), le fort de Cognelée, attaqué par du 305, serait tombé le 23 à 1 heure; un autre, attaqué par du 420, une heure après (de Gerlache, p. 127).

(2) *Campagne de l'armée belge*, loc. cit.

accueillie par une fusillade nourrie et par un feu intense de mitrailleuses. Le bombardement continuait aussi violent que la veille. Cette fois il s'étendait au fort de Dave, le premier à l'ouest du fort d'Andoy. Des batteries à longue portée, installées sur la rive nord de la Meuse, prenaient d'enfilade et à revers la ligne de défense à l'est de Loyers. Il fallut renforcer et approfondir les tranchées occupées par le 33e, sous le feu et au prix de pertes sensibles.

Vers 10 heures, la garnison était enfin renforcée par trois bataillons du 2e corps français (1), et le gouverneur, général Michel, profitait de leur arrivée pour tenter une attaque de l'artillerie allemande signalée vers Wartet, devant l'intervalle des forts de Marchovelette et de Maizeret.

Deux bataillons du 10e de ligne et l'un des bataillons français (45e) traversèrent, sous le feu, le ravin de Gelbressée et les bois qui le dominent à l'est; mais, au débouché de ces couverts, leur élan fut rompu par une fusillade terrible, qu'appuyaient le tir de mitrailleuses et de canons pointés à courte distance. La nature rocheuse du sol empêcha les tirailleurs de se retrancher. L'artillerie de campagne, qui avait tenté de les soutenir, fut écrasée. Les troupes durent se replier avec des pertes (2).

Dans la journée du 22, la ville était de nouveau bombardée. Le soir, le fort de Dave n'avait subi que des dégâts insignifiants. Celui d'Andoy, beaucoup plus atteint, continuait cependant de tirer. Celui de Maizeret, au saillant est, complètement détruit, avait dû être évacué et les Allemands s'acharnaient à tirer sur ses débris infor-

(1) Deux du 45e et un du 148e, 8e brigade, général Mangin.

(2) *La Campagne de l'armée belge*, p. 60, ne mentionne que 3 officiers tués, sans doute au 10e de ligne.

mes. Quant au fort de Marchovelette, malgré le tir méthodique de l'artillerie allemande et bien que sa dernière coupole eût été mise hors de service, la garnison, abritée dans des locaux encore accessibles, attendait stoïquement un assaut qui ne se produisit pas. Enfin, le fort de Cognelée tirait de toutes ses pièces, en dépit de sa situation au saillant nord.

Les Allemands avaient contraint des habitants à creuser des tranchées sous le feu des forts, notamment à Warisoulx et à Bierwart (1).

Le bombardement continua toute la nuit. A l'aube du 23 août, le tir de la grosse artillerie sur le fort de Cognelée s'accentua, préparant une attaque d'infanterie qui fut d'abord refoulée. Mais les installations électriques étaient détruites; l'éclairage auxiliaire au pétrole fut, vers 10 heures, éteint par un projectile qui avait traversé la coupole de 150. On secourait les blessés, quand un nouvel obus écrasa la voûte de la galerie centrale, éclatant au milieu d'un grand nombre d'hommes. Vers midi 30, les Allemands s'emparaient de ce qui survivait dans les ruines.

Quant au fort de Marchovelette, son massif central, fissuré, laissait pénétrer les gaz délétères et les flammes des explosions. Il était pourtant encore occupé, quand il sauta vers 13 heures. Il ne restait que deux forts sur la rive nord de la Sambre et de la Meuse, ceux de Suarlée et d'Emines. Vers midi, le feu des grosses pièces allemandes fut dirigé sur eux. Au premier, les cuisines et la boulangerie établies au front de gorge, furent détruites dès les premiers coups.

Sur tout le front attaqué, les ouvrages permanents, les

---

(1) *Campagne de l'armée belge*, p. 60.

travaux des intervalles étaient broyés, sans que les garnisons, « hachées, pussent brûler une cartouche » (1). De Cognelée jusqu'à Andoy, seules les batteries de campagne s'efforçaient encore de répondre au feu des Allemands, mais la supériorité du matériel et du nombre les anéantit ou les réduisit bientôt au silence. Les troupes des secteurs nord-est et sud-est, les plus fortement attaqués, durent alors se replier vers Namur, où le bombardement s'étendait sur les faubourgs, comme sur la ville. Des fractions allemandes les suivirent. Celles qui longèrent la Meuse entre les ruines des forts de Marchovelette et de Maizeret appartenaient au VIIe corps. Elles se firent lâchement couvrir par des femmes et par des enfants (2).

Evidemment, la chute complète de Namur n'était plus qu'une question d'heures. Sur neuf ouvrages, deux avaient succombé, cinq avaient beaucoup souffert, deux seulement, ceux de Malonne et de Saint-Héribert, étaient à peu près intacts. Le rôle de la position fortifiée était fini depuis l'abandon de la ligne de la Gette (19 août). Les passages de la Sambre, défendus par la 5e armée française, avaient déjà été forcés, comme nous le verrons, entre Charleroi et Namur; de même pour ceux de la Meuse, vers Dinant.

Les forts subsistant encore ne pouvaient plus jouer que le rôle de forts d'arrêt, en couvrant la retraite des troupes.

La 4e division, les trois bataillons français ainsi que les troupes des intervalles évacuèrent la place dans la soirée (3), cherchant à se replier entre Sambre et Meuse, le seul secteur encore libre. Vers minuit, cette colonne

(1) *Campagne de l'armée belge*, p. 64.
(2) *Campagne de l'armée belge*, p. 64.
(3) D'après les *Débats* du 30 mars 1915, *Les quatre batailles des 23-24 août 1914*, la retraite des troupes de Namur aurait été l'une des conséquences de l'ordre général de repli donné par le général en chef des armées françaises. Cette version paraît au moins douteuse.

bivouaquait entre Bioul et Arbre, au sud de Namur. L'ennemi la menaçait en queue et en flanc. Elle parvint pourtant à s'échapper dans la journée du 24, en sacrifiant son arrière-garde qui fut cernée et prise à Hermeton-sur-Biert. Les Allemands étaient entrés dans Namur vers 16 heures. Un correspondant de guerre, qui vint à rencontrer la colonne sortie de Namur, décrit la longue file de nos fantassins, « marchant un peu à la débandade, mais sans trop de désordre... Ils demeurent calmes, confiants, soumis à leurs chefs, malgré la fatigue qui les terrasse... » (1).

Des troupes belges qui avaient défendu Namur, 12.000 hommes environ purent ainsi gagner Marienbourg et la France. Le 2 septembre, ils arrivaient à Anvers.

« La plupart » des garnisons des forts continuèrent de tenir après le départ des troupes mobiles. Le fort de Suarlée succomba le 25 août, à 17 h. 30. Dans la journée du 24, il avait reçu environ 1.300 projectiles. Le soir, les Allemands tentèrent de le prendre d'assaut, mais ils furent repoussés par la fusillade et par le tir des canons de petit calibre. Le lendemain, le bombardement reprit plus violent. Les obus affluaient d'un secteur très étendu. Les coupoles, encore intactes, étaient immobilisées et continuaient néanmoins le feu dans des conditions plus dangereuses. A 15 heures, une série de projectiles, écrasant les derniers abris, mit en fuite les survivants. Quand les Allemands (64e régiment, IIIe corps) y entrèrent, vers 17 heures, ils ne trouvèrent plus que les officiers et les blessés (2).

La chute si prompte de Namur n'avait pas été sans

(1) Fleury-Lamure, p. 87. A noter que le *Bulletin français* du 23 août, 15 heures, porte que non seulement les forts de Namur résistent énergiquement, mais que ceux de Liége tiennent toujours.

(2) *Campagne de l'armée belge*, p. 65. Les documents belges ne

coûter de durs sacrifices à l'ennemi. En certains points, notamment sur la rive droite de la Meuse, ses tranchées étaient remplies de cadavres, dit-on.

Ses troupes avaient pénétré dans la ville dès le 23 août. Après vingt-neuf heures d'un occupation paisible, des incendies éclatèrent simultanément au centre et sur trois points de la périphérie. Ils furent précédés de pillage et accompagné du meurtre de 75 habitants (1); le tout sans motif autre que la volonté arrêtée d'inspirer la terreur à une population inoffensive.

IV

Liége avait succombé en treize jours, son dernier fort étant tombé le 17 août; Namur, attaqué pour la première fois le 20 août, était entièrement pris le 26 selon toute apparence, c'est-à-dire après six jours de résistance. Ces résultats étaient assurément inattendus pour la masse, bien qu'on eût pu les prévoir en étudiant d'un peu près les événements et les faits du passé.

La destruction si rapide de deux places organisées par un ingénieur célèbre, le général Brialmont, à une date relativement récente, pourvues d'un bon armement et d'une garnison énergique, Liége surtout, montre que les forts bétonnés, même armés de coupoles, sont incapables

---

font pas connaître la date de la reddition des autres forts. Le *Communiqué allemand* du 25 mentionne la prise de Namur et de cinq forts, quatre autres sont bombardés et leur chute est imminente. Le communiqué du 27 annonce cette prise.

D'après Hanotaux, V, p. 291, la citadelle s'était rendue le 24, à 7 h. 30; le fort de Suarlée reçut, le 23, 800 obus; le 24, 1.300; le 25, 1.400 du plus fort calibre. Les deux forts du sud-ouest, Malonne et Saint-Héribert, capitulèrent. On aurait fait à Namur 4.500 prisonniers, sans ceux pris à Hermeton.

(1) *Campagne de l'armée belge*, p. 65; de Gerlache, p. 78-80.

de résister à l'artillerie de grande puissance, comme les 280, les 305 et les 420. C'est encore plus vrai quand l'assaillant peut investir complètement la place, en la soumettant à un feu concentrique.

Devons-nous en conclure que les places fortes n'ont plus aucune raison d'être? Ont-elles fait faillite, suivant l'expression courante? Il semble que cette conclusion soit fort aventurée. Faut-il rappeler qu'au cours de la présente guerre des places même démodées ou pourvues de moyens insuffisants ont opposé la résistance la plus honorable? Nous verrons bientôt que ce fut le cas de Longwy, un vénérable reste de l'ensemble fortifié créé par Vauban. De même pour le fort de Troyon, ouvrage médiocre tenu par une seule compagnie. Enfin, Verdun ne devait-il pas affronter victorieusement la ruée folle d'armées entières jetées à l'attaque par la folie sanglante du kaiser et de son fils aîné?

Il convient d'ajouter que Verdun n'a jamais été investi et que sa défense rentre dès lors dans le cas général d'une position retranchée, position qui, nous le voyons chaque jour davantage, est susceptible d'une résistance presque indéfinie, pour peu que ni les hommes, ni les canons, ni les munitions ne viennent à faire défaut.

Les places fortes ou plutôt les positions fortifiées n'ont donc pas perdu leur raison d'être. Comme l'a montré le colonel Gautier (1), il sera toujours avantageux de tenir le plus longtemps possible des points de passage obligés pour l'ennemi et pour ses convois, de couvrir des concentrations, de garder des points tels que Paris, dont la conservation ou la perte peut avoir les plus graves conséquences.

---

(1) *Revue hebdomadaire*, 16 octobre 1915, *Sur la prétendue faillite des places fortes*.

Seulement les positions fortifiées ne peuvent plus être telles que les avait organisées Brialmont. Il n'est ni béton, ni blindage qui résistent à un obus de 420. Les places futures auront un tout autre caractère. Autour des points stratégiques à garder, on creusera « plusieurs lignes de tranchées concentriques, précédées d'épais réseaux de fils de fer, munies de boyaux de communication et tracées de façon que chacune d'elles batte la précédente, ainsi que les boyaux y conduisant. Ces lignes seront consolidées par toutes les ressources de la technique.... Il y aura des batteries enterrées et très mobiles dans des boyaux bien aménagés. Il y aura sous terre des abris, des magasins, des ateliers, des usines électrogènes ou autres, munies de communications nombreuses. Tout cela sera disséminé..., presque éparpillé, pour que tous les œufs de la place ne soient pas mis dans le même panier... » (1).

On peut donc concevoir l'organisation future d'une frontière menacée comme basée sur celle d'une ou plusieurs positions organisées dès le temps de paix et qu'il y aurait lieu de compléter à la dernière heure, suivant un programme toujours tenu à jour. On pourrait ainsi couvrir la concentration et préparer sûrement l'offensive en pays ennemi, qui restera toujours le but ultime à atteindre, nous le voyons chaque jour à nos dépens.

---

(1) Colonel Gautier, *loc. cit.*, p. 365.

CHAPITRE III

NOTRE CAVALERIE EN BELGIQUE PREMIERS COMBATS SUR LE FRONT DE NOS 3e ET 4e ARMÉES

Opérations du corps de cavalerie Sordet. — Premiers engagements à l'est de la Meuse. — Combat de Mangiennes, 10 août. — Composition et emplacements de la 3e armée et de l'armée de Lorraine. — Le général Ruffey. — La 4e armée. — Le général de Langle. — La Ve armée et le Kronprinz. — La IVe armée et le duc de Wurtemberg. — La IIIe armée et le général von Hausen. — Les forces en présence.

I

On a dit précédemment que, sur la demande pressante du Gouvernement belge, le commandement français avait fait entrer en Belgique le 1er corps de cavalerie, général Sordet (1) (6 août). Cette masse de 12.000 à 13.000 chevaux comprenait trois divisions (1re, 3e et 5e) à trois brigades. Chacune comportait en outre un groupe de trois batteries à cheval et un groupe cycliste provenant d'un bataillon de chasseurs à pied. On pouvait espérer que ces soixante-douze escadrons, ces neuf batteries, soutenus par trois groupes cyclistes, très vigoureusement commandés, pourraient rendre des services sérieux dans l'Ardenne belge et dans les vastes plaines qui la limitent au nord et à l'ouest. Malheureusement il n'en fut rien, pour des causes tenant tant à l'organisation de cette masse, qu'à la nature même des missions qui lui furent confiées (2).

---

(1) Concentré autour de Sedan vers le 5 août.

(2) Composition du 1er corps de cavalerie, général Sordet :

1re division, général Buisson : 2e brigade de cuirassiers, 5e et 11e brigades de dragons, 1 groupe à cheval du 13e régiment; 1 groupe cycliste du 26e bataillon;

Nous avons dit ailleurs les inconvénients graves de la constitution permanente des corps de cavalerie, le peu de résultats qu'ils ont constamment donnés, en dépit d'une consommation de chevaux souvent colossale. En août 1914, ces inconvénients allaient être encore accrus par la nature du pays où devaient d'abord opérer nos escadrons. La région comprise entre la Meuse et la frontière franco-belge est, en effet, de parcours difficile, couverte de grands bois et de ressources médiocres. En outre, il n'apparaît pas que notre cavalerie ait reçu des missions opportunes ou que son chef ait eu la liberté de les déterminer. Pourtant il passait, avant la guerre, pour le « grand maître » de la cavalerie française.

Les escadrons du général Sordet devaient être soutenus par une brigade d'infanterie de couverture, la 8e, général Mangin, 2e corps. Seul de ces deux régiments, le 45e paraît être entré tout d'abord en Belgique, le 148e demeurant à Givet (1). Nous avons vu comment trois de ces bataillons arrivèrent à Namur le 22 août.

Passant la frontière le 6, au milieu de l'enthousiasme délirant des populations française et belge (2), le 1er corps

---

3e *division*, général de Lastours : 4e brigade de cuirassiers, 13e brigade de dragons, 3e brigade légère, 1 groupe à cheval du 42e, 1 groupe cycliste du 18e bataillon;

5e *division*, général Bridoux : 3e et 7e brigades de dragons, 5e brigade légère, 1 groupe à cheval du 61e, 1 groupe cycliste du 29e bataillon.

Le corps Sordet fut sous les ordres du grand quartier général jusqu'au 15 août inclus, sous ceux du général Lanrezac du 16 au 22 août, après quoi il fut rattaché à l'armée anglaise.

(1) M. Hanotaux, V, p. 234. Le corps Sordet ne fut doté d'infanterie que d'une manière intermittente, pendant trois périodes : l'une, de cinq jours, un régiment d'infanterie; la seconde, un jour, 2 bataillons de chasseurs de réserve; la 3e, deux jours, une brigade d'infanterie.

(2) Ouÿ-Verzanobres, *Journal d'un officier de cavalerie*, p. 5 et 6.

de cavalerie se portait, par de longues marches, vers l'Ourthe qu'il trouvait fortement organisée. Un témoin signale le 7 août une pénible étape de Bellevaux à Froidlieu, accomplie sous une pluie battante, sans qu'on ait déroulé les manteaux. Le 8, nouvelle marche longue et fatigante, qui conduit nos escadrons à « douze kilomètres » de Liége. Puis ils font demi-tour, après avoir pris le contact de la cavalerie qui couvre l'investissement de cette place, et gagnent un bivouac « sans eau, sans avoine et sans pain » (1). Le 9, on revient purement et simplement sur ses pas jusqu'à Froidlieu, à la grande surprise de la population, qui ne peut comprendre ces allées et venues sans motif apparent. C'est qu'à l'arrivée du corps Sordet sous Liége, il a pu constater que les troupes belges de campagne s'étaient déjà retirées à l'ouest de la Meuse. A cette même date, le bulletin français de 23 h. 30 fait connaître que la cavalerie a couvert de patrouilles toute la région de l'Eifel, sans indiquer les résultats de cette exploration. Il semble toutefois que le corps Sordet ait pris le contact de la cavalerie allemande non seulement sur l'Ourthe, mais à l'est de Neufchâteau. Les renseignements recueillis étaient importants. C'est ainsi que l'escadron Lepic, du 5e chasseurs, parti le 5 août en reconnaissance sur la gare belge de Gouvy, à la frontière de Luxembourg, rejoignait le quartier général le 9, à Rochefort, en ramenant des prisonniers et des chevaux de prise. L'un des captifs, fils d'un colonel de la garde, déclarait que les Allemands avaient mobilisé 60 corps d'armée, qui seraient bientôt portés à 72. De ces 60 corps, 23 opéraient en Belgique, dont 11, débarqués vers Aix-la-Chapelle, marcheraient par Liége, Bruxelles, Anvers; les autres s'empa-

(1) Ouy-Vernazobres, *op. cit.*, p. 7 et 8.

reraient des ponts de la Meuse, de Namur à Givet, et l'ensemble marcherait sur Paris, où les Allemands comptaient entrer dans les premiers jours de septembre, pour dicter la paix à la France.

Ces renseignements, si importants, furent téléphonés, dès le 9 août, au grand quartier général.

Partout nos cavaliers voyaient ceux de l'ennemi céder devant eux. Mais venaient-ils à poursuivre leurs adversaires, c'était pour se heurter infailliblement à des organisations défensives garnies de mitrailleuses. Leurs pertes devenaient graves et les résultats tactiques obtenus presque nuls.

D'ailleurs, les renseignements recueillis étaient parfois interprétés de la façon la plus tendancieuse au grand quartier général. Pour en donner une idée, le bulletin français du 10 août, 23 h. 30, est ainsi conçu : « Quelques débarquements en chemin de fer continuent à avoir lieu dans la région de Gerolstein, mais les principaux débarquements actuels se font plutôt en arrière de Metz et de Thionville ». On pouvait logiquement en déduire que le mouvement d'invasion en Belgique était arrêté et que les Allemands se disposaient à garder la défensive derrière la Moselle, ce qui était exactement le contraire de la vérité.

Le même bulletin signale une escarmouche de cavalerie à Houffalize, entre Bastogne et Stavelot, où l'une de nos patrouilles a fait 17 prisonniers. Ces petits engagements étaient fréquents et parfois moins heureux. D'ailleurs la chaleur était devenue torride. Les chevaux, souvent au bivouac, restant sellés pendant de longues heures, abreuvés et nourris très irrégulièrement (1), s'épuisaient

---

(1) Le corps de cavalerie n'avait pas reçu de convois automobiles. Il

et tombaient en masses. Les cavaliers eux-mêmes perdaient de leur magnifique entrain du début.

D'après un autre témoin (1), une fraction du corps Sordet reste à cheval 17 heures le 6 août, 12 heures le 7, 20 heures le 8, pour parcourir 130 kilomètres; 13 heures le 11. Si ces chiffres sont exacts, il est évident qu'aucune cavalerie n'eût pu résister à pareil régime.

L'un des plus éminents de nos adversaires, général von Bülow, commandant la IIe armée, a sévèrement apprécié le rôle de ces beaux escadrons en Belgique. Il estime que notre cavalerie *n'existe pas* en tant qu'arme. Elle serait superbe dans la charge, il est vrai, mais la charge n'est plus que la poésie de la guerre et il faut s'en tenir à la simple prose. La dure réalité de nos jours veut autre chose que d'héroïques chevauchées, à savoir un pénible travail d'éclaireur, beaucoup plus terre à terre, il est vrai, mais qui *paie* au moins les efforts accomplis (2).

Il convient d'ajouter que la responsabilité première de l'emploi du 1er corps de cavalerie en Belgique paraît incomber surtout au grand quartier général, qui lui imposa la fatigante randonnée sur Liége et Neufchâteau, au lieu de le diriger immédiatement à l'ouest de la Meuse, en liaison avec les Belges.

Le résultat final fut désastreux. Avant le 20 août, les pertes en chevaux du corps Sordet étaient déjà colos-

---

était impossible que des convois ordinaires pussent le ravitailler au cours de longues étapes.

(1) Christian Mallet, *Etapes et combats*, cité par Hanotaux, III, p. 186. Le régiment de cet officier cantonne le 6 août à Muno, le 7 à Restaigne; le 8, bivouac; le 9, cantonnement à Ave; le 11 à Beauraing; le 14 à Florennes; le 16 à Maisons-Saint-Gérard; le 17, bivouac à Saint-Martin; le 19 à Gembloux, point ultime atteint en Belgique.

(2) Cité par Hanotaux, III, p. 284.

sales (1). Ceux qui ont pu voir les débris de ces beaux régiments refluer en septembre jusqu'à l'ouest du camp retranché de Paris ne sauraient trop sévèrement juger des opérations ainsi conduites.

Après s'être porté vers l'Ourthe, le 1er corps de cavalerie était revenu vers la Lesse. Le 10, il séjournait dans la région de Froidlieu. Le 11, un témoin note une longue marche au pas de Froidlieu à Sart, vers Neufchâteau : « La cavalerie allemande se retire devant nous et il est impossible de l'atteindre » (2).

Le 12, nouvelle marche de Sart à Sohier. On se rapproche de la Meuse, vers Givet, où sont les convois. Les chevaux sont très fatigués et les déchets « énormes. Il nous semble que nos escadrons fondent bien vite et nous sentons que les chevaux encore debout n'ont pas la même vigueur que la semaine passée » (3).

Les 13 et 14 août, séjour à Sohier, où une patrouille de hussards allemands vient se jeter. Elle est tuée ou prise. Le 15, à minuit, départ de Sohier. Le 1er corps de cavalerie se rassemble au bivouac, pour se diriger dans la matinée sur la Meuse, qu'il va traverser au sud de Dinant, à Hastière. On entend une violente canonnade vers cette ville, on passe en vue de troupes françaises d'infanterie et d'artillerie. A ce moment même deux divisions de cavalerie allemande, soutenues par trois bataillons, attaquent Dinant, et le corps de cavalerie pourrait, en se jetant sur leurs derrières, conquérir sans efforts les plus brillants résultats.

(1) M. Hanotaux mentionne une perte de dix mille chevaux qui paraît fort exagérée. De source autorisée, on nous a dit qu'elles ne dépassaient pas 3.000 chevaux le 20 août.

(2) Ouy-Verzanobres, p. 9.

(3) Ouy-Verzanobres, p. 11.

Mais une tentative de la 5e division et du 45e pour passer la Lesse au sud-est de Dinant a échoué devant une flanc-garde allemande et nos troupes continuent leur mouvement au nord-ouest.

Le corps Sordet va donc dans la région de Saint-Aubin, où certains de ses éléments arrivent vers 22 heures (1), en pleine nuit. Le 16 se passe dans l'attente. Le commandant de la 5e armée, général Lanrezac, à qui le 1er corps de cavalerie est momentanément subordonné, lui prescrit de garder les ponts de la Sambre, de Namur à Charleroi; de reconnaître les colonnes ennemies signalées vers le nord-est et de les arrêter. La brigade légère du général de La Villestreux est chargée de la première de ces missions. Le reste des trois divisions tentera de remplir la seconde. Le 17, le corps Sordet est vers Ligny, allant au-devant des deux divisions de cavalerie allemande signalées à Dinant et qui auraient passé la Meuse au nord de Namur (2).

Le 18, on allait de Ligny vers Orbais. On apprenait que l'ennemi avait un centre de renseignements entre Perwez et Ramillies pour deux autres divisions de cavalerie, les 4e et 9e. De gros rassemblements étaient signalés vers Ramillies. Le général Sordet combinait une opération avec la garnison de Namur et avec la brigade de droite de l'armée belge, vers Jodoigne. Mais à cette date du 18 août, nos alliés étaient attaqués sur la Gette, comme nous l'avons vu. D'autre part, aucun détachement n'apparut dans la direction de Namur. Tout se bornait à une prise de contact assez violente avec des avant-gardes ennemies (VIIe corps) vers Perwez et Hattomont. Dans la soirée, on apprenait que la 1re division, « donnant l'avoine », avait été repérée par un avion et canonnée. Il y eut quel-

(1) Ouÿ-Verzanobres, p. 15.
(2) Ouÿ-Verzanobres, p. 18.

ques pertes (1). Le corps de cavalerie cantonna dans la région Nil-Saint-Vincent, Corroy-le-Grand.

Le 19 août, il opérait une reconnaissance offensive sur Orbais. Nos divisions entraient violemment en contact avec de l'infanterie allemande venant de l'est. Cette rencontre survenait vers Thorembais et Grand-Rozière, entre Perwez et Jodoigne. Elle semble avoir été malheureuse, à en juger par les communiqués allemands. Un témoin signale encore l'action efficace des avions ennemis pour le réglage du tir de leur artillerie (2). Le soir du 19, on cantonnait dans les environs de Boignée et de Sombreffe.

Après un nouvel engagement à Lonzée, dans la direction de Namur, le corps Sordet se repliait vers Charleroi. Le 20 août, il allait de la région de Wagnelée à celle de Courcelles. Le 21, il devait y avoir séjour, mais ce repos était interrompu par le canon, qui retentissait vers Luttre, au nord-ouest de Charleroi. Une fraction du corps prenait des emplacements de combat à pied derrière un petit ruisseau. L'ennemi ne paraissait pas. Néanmoins, on montait à cheval pour se retirer en pleine obscurité : « Quelle nuit! On marchait pendant quelques mètres et l'on s'arrêtait. La traversée de Carnières dura bien trois heures. On songeait, malgré soi, à la marche heurtée et énervante qui précéda la bataille de Rezonville... » (3). Le 22, au petit jour, on rencontrait les premières troupes anglaises, vers Binche. On arrivait dans la région de Merbes vers 10 heures, à l'ouest de Thuin. Nous verrons

(1) D'après Ouÿ-Verzanobres, la 1re division aurait eu 6 chevaux tués, 60 blessés et 30 hommes atteints légèrement. Il mentionne « un peu de débandade, vite arrêtée » (*op. cit.*, p. 19).

(2) V. *supra*, p. 28; Ouÿ-Verzanobres, p. 20. Il se peut que le communiqué allemand se rapporte au 18 août.

(3) Ouÿ-Verzanobres, p. 22.

plus tard le rôle du 1er corps de cavalerie pendant la bataille de la Sambre.

II

Cependant notre concentration s'achevait sur la Meuse, non sans quelques engagements d'importance secondaire. Le bulletin français du 9 août (23 h. 30) signalait dans la région Longuyon, Spincourt des forces nombreuses de cavalerie allemande, appuyées par de l'infanterie, qui obligeaient un bataillon de chasseurs à céder du terrain.

Le 10 août, dans la soirée, vers Mangiennes, deux bataillons du 130e (8e division, 4e corps), aux avant-postes, étaient attaqués par des forces supérieures et refoulés, après avoir été durement éprouvés (1). Mais des fractions des 2e et 4e corps les recueillaient et prenaient l'offensive. Les Allemands se retiraient avec de grosses pertes. Une batterie du 42e régiment anéantissait l'une des leurs; trois canons, trois mitrailleuses, des caissons, des prisonniers tombaient entre nos mains.

Le 12 août, cet engagement continuait sur l'Othain. Notre artillerie surprenait par son tir le 21e dragons, pied à terre, et le décimait en quelques instants. La supériorité du 75 sur le 77 apparaissait à tous les yeux. Nous recueillions ainsi neuf officiers et un millier d'hommes, tant blessés que prisonniers (2). Un témoin écrit à la date du 9 août : « Les Boches se sauvent devant nos baïonnettes. Nulle part ils ne tiennent; ils se rendent sans combattre;

---

(1) A. Joubaire, *Pour la France, carnet de route d'un fantassin*, p. 17.

(2) *Bulletin français* des 11 août, 23 h. 30, et 13 août, 5 heures; Lieutenant Deville, *Virton-La Marne*, p. 22.

D'après le *Bulletin français* du 17 août, 10 heures, les Allemands auraient engagé le 5e bataillon de chasseurs, les 7e, 8e, 21e dragons, 1 groupe d'artillerie et 6 compagnies de mitrailleuses.

ils n'ont plus à manger; ils consomment leurs vivres de réserve. La guerre ne sera qu'une course à la victoire » (1). Ainsi se développaient parmi nos troupes de folles illusions, qui devaient entrer pour une part dans leurs prochains échecs. Déjà l'ennemi préludait aux prétendues représailles par lesquelles il allait tenter de terroriser la population civile. A Villerupt, le village était incendié et des habitants fusillés, sous prétexte que des coups de fusil avaient été tirés. Or, un officier allemand reconnaissait lui-même, dans son carnet, que cette résistance provenait de douaniers et de forestiers, c'est-à-dire qu'elle était parfaitement régulière (2). La petite place de Longwy avait été sommée, dès le 10, sans succès.

Primitivement, la 3ᵉ armée devait se concentrer entre la Moselle et la ligne Verdun, Audun-le-Roman. Elle se composait alors des 2ᵉ corps (général Gérard), 4ᵉ corps (général Boëlle), 5ᵉ corps (général Brochin), 6ᵉ corps (général Sarrail), des 7ᵉ et 10ᵉ divisions de cavalerie, et d'un groupe de divisions de réserve (54ᵉ, 55ᵉ, 56ᵉ), général Pol Durand. Les 2ᵉ et 6ᵉ corps étaient chargés de la couverture; le 6ᵉ à la droite, son quartier général à Vigneulles, le gros du 2ᵉ dans la région de Marville.

Le 2ᵉ corps passa de la 3ᵉ armée à la 4ᵉ dès le 9 août, ce qui réduisait déjà la première de 14 divisions à 11 divisions et demie (3). Nous verrons qu'elle allait être encore une fois réduite à la veille même de l'offensive, avec les résultats que l'on peut croire.

Le commandant de cette armée était le général Ruffey.

(1) A. Joubaire, p. 16.

(2) *Bulletin français* du 17 août, 10 heures.

(3) Le 6ᵉ corps était à trois divisions et demie. Le quartier général du 2ᵉ corps fut le 3 août à Louppy-sur-Loison, vers le 12 à Sivry-sur-Meuse, puis à Louppy et vers le 20 à Montmédy.

Né le 19 mars 1851 à Dijon, entré à l'Ecole polytechnique en octobre 1871, le général est un artilleur. Admis à l'Ecole de guerre en 1879, il fut successivement professeur à l'Ecole spéciale militaire (1882), professeur adjoint à l'Ecole de guerre en 1888. Pendant l'expédition de Madagascar, il commanda le groupe monté; au retour, il revenait comme professeur d'artillerie à l'Ecole de guerre. Chef d'état-major du 17ᵉ corps, il était promu général de brigade le 26 décembre 1905, divisionnaire le 8 novembre 1910; après avoir commandé la 36ᵉ division (Bayonne) et le 13ᵉ corps (Clermont-Ferrand), il était membre du Conseil supérieur de la guerre en 1913.

Le général Ruffey était bien connu dans l'armée comme un partisan déclaré de l'artillerie lourde et des gros approvisionnements en munitions. Ses idées à cet égard lui avaient même valu des inimitiés déclarées. A la veille de la guerre, il donnait, à l'ouvrage du capitaine Daille, dont nous avons fait mention (1), une préface qui vaut d'être lue par la netteté de l'idée et de l'expression, par les vues prophétiques qu'elle développe. Elle montre, en particulier, la fausseté de la conception allemande qui fait de l'attaque en tenaille la condition obligée d'une victoire décisive. Elle insiste sur la nécessité de varier les procédés à la demande des circonstances et se termine par ces mots destinés à demeurer vrais, tant qu'il y aura un art de la guerre : « Les formules, les procédés ne peuvent remplacer le Chef; ne retenons donc que ceux qui exaltent les qualités offensives de la troupe comme du commandement (mai 1913) ».

Par son expérience, par ses études, par sa conception

---

(1) *Essai sur la doctrine stratégique allemande d'après la bataille de Cannes, par le feld-maréchal de Schlieffen.* Cf. *La grande guerre sur le front occidental*, I, p. 265 et suiv., p. 271.

de la guerre moderne, le général Ruffey paraissait destiné à jouer un rôle important dans la guerre qui allait commencer. Son chef d'état-major était le général Grossetti, le futur commandant de l'armée française d'Orient.

Le 8 août, il recevait ordre d'établir l'armée derrière le front Saint-Baussant, Vigneulles, Ornes, Flabas, c'est-à-dire à peu près le long des Hauts-de-Meuse. Elle s'y tiendrait prête soit à une offensive vers le nord, la gauche marchant sur Damvillers, soit à une contre-attaque vers Metz (1). Le 16, l'orientation était sensiblement modifiée : la 3e armée allait remonter vers le nord et s'établir sur la ligne Etain, Jametz, en se préparant à déboucher sur Longwy avec les 4e, 5e corps et deux divisions du 6e, la 3e division de ce corps d'armée restant en couverture face à Conflans et à Briey.

Le 3e groupe de divisions de réserve, renforcé de la 67e, recevait déjà mission de commencer progressivement l'investissement du front sud-ouest de Metz, mais surtout d'arrêter toute tentative de l'ennemi entre Toul et Verdun. La 3e armée était donc pratiquement affaiblie de trois nouvelles divisions, ce qui la réduisait à 8 et demie, au lieu de 14 qu'elle comptait au début.

Le 19 août, le grand quartier général constituait un nouveau groupement portant le nom d'armée de Lorraine, général Maunoury, bien qu'il comprît uniquement des divisions de réserve dont nous avons dit les causes de faiblesse au cours de cette période des opérations (2). Aux quatre divisions précédentes étaient venues se joindre les 65e et 75e. L'ensemble avait mission de *masquer* Metz, ce qui était beaucoup dire. Le lendemain 20 août, dans la soirée, la 3e armée recevait l'ordre de prendre l'offen-

(1) Hanotaux, V, p. 71 et suiv.

(2) *La grande guerre sur le front occidental*, II, p. 25.

sive en direction générale d'Arlon. Or, son front actuel bordant la ligne Etain, Jametz, elle allait suivre une ligne oblique par rapport à lui, avec tous les inconvénients que présente un mouvement de cette nature.

A ce moment le 6e corps, qui s'était d'abord concentré autour de Vigneulles, s'était porté au nord-est de Verdun, son quartier général à Fresnes, puis à Spincourt (14 au 21 août). Deux divisions étaient prêtes à marcher au nord; la 40e demeurant en réserve, comme nous l'avons vu, derrière la droite de la 42e, et faisant couverture dans la région de Béchamp, Jeandelize, Chambley.

La cavalerie, qui comprenait d'abord deux divisions, les 7e et 10e, ne comportait plus que la 7e (général Gillain), la 10e division ayant été rattachée à la 2e armée. Déjà, on le voit, la composition des armées subissait des modifications incessantes, au prix des inconvénients que l'on peut croire.

L'ensemble des 3e armée et armée de Lorraine représentait une force considérable, soit 14 divisions et demie (1), mais, de cette masse, 7 divisions et demie seulement allaient prendre part à l'offensive de la 3e armée. Peut-être aurait-il été possible de répartir nos forces d'une façon plus rationnelle. Notons encore que, sur ces 14 divisions et demie, plus de moitié étaient des formations de réserve, n'ayant pas encore acquis la consistance voulue, ainsi que de nombreux incidents devaient le montrer prochainement.

(1) 4e corps, 2 divisions et demie; 5e corps, 2 divisions et demie; 6e corps, 3 divisions et demie; G. d. r., 6 divisions : total, 14 divisions et demie. Notons encore une brigade coloniale qui fut affectée à la 3e armée comme à chacune des 1re, 2e et 4e, et qui porte le total à 15 divisions.

III

La gauche de la 3e armée était tenue par la 4e, général de Langle de Cary.

Né le 4 juillet 1849 à Lorient, entré à Saint-Cyr le 11 octobre 1867, le général de Langle en sortit avec le n° 1 et fut affecté au 2e chasseurs d'Afrique. Admis en 1869 à l'Ecole d'état-major, il fit la campagne de 1870 comme officier d'ordonnance du général Trochu. Grièvement blessé à Buzenval (19 janvier 1871), il y conquit la croix de chevalier. Capitaine dès 1873, chef de bataillon en 1885, il était en 1886 professeur à l'Ecole de guerre. En 1895, il était colonel et prenait le commandement du 127e. Comme brigadier (1900), il commandait une brigade de cavalerie en Algérie, puis la 72e brigade (18e corps). Divisionnaire en 1906 seulement, il recevait le commandement de la 14e division à Belfort, puis du 4e corps (Le Mans) (1908) et du 8e (1911). Il n'était membre du Conseil supérieur de la guerre qu'en 1912 (1), au terme d'une carrière dont les débuts avaient été plus rapides que la fin, gênée selon toute apparence par les attaches politiques et religieuses du général. Il avait, dans l'armée, la réputation d'un homme de devoir, ayant du chef le coup d'œil, la netteté de vues et le commandement. Beau cavalier, très actif, sachant joindre la fermeté à la bienveillance, il figurait parmi ceux de nos généraux les plus indiqués pour le commandement d'une armée. Son chef d'état-major était le général Maistre, ancien professeur à l'Ecole de guerre et futur commandant d'armée.

La 4e armée se concentrait dans la région de Suippes, Sainte-Menehould. Elle comprenait seulement tout d'abord le corps colonial, les 12e et 17e corps, les 52e et 60e divi-

(1) Hanotaux, V, p. 62.

sions de réserve. Le 2° corps, qui lui fut ensuite rattaché, faisait la couverture sur la rive droite de la Meuse. Le corps colonial débarquait à Vitry-le-François et aux environs; le 12° corps se concentrait autour de Givry-en-Argonne; le 17° corps vers Suippes; les 52° et 60° divisions de réserve autour d'Apremont (1).

Un autre corps d'armée, le 11°, comptait pendant la concentration à la 5° armée; il avait son quartier général à Monthois jusqu'au 8 août inclus et allait passer sous les ordres du général de Langle. Enfin, la 4° armée devait encore comprendre le 9° corps, qui faisait tout d'abord partie de la 2° armée et se concentrait à ce titre dans la région de Pont-Saint-Vincent. Nous ne mentionnerons que pour mémoire le 1er corps de cavalerie qui, dès le 6 août, opéra en Belgique et sortit ainsi de la zone d'action de nos deux armées de la Meuse, auxquelles il ne fut jamais rattaché.

Au début, ces armées étaient orientées face au nord-est, c'est-à-dire à la frontière franco-allemande. Cette orientation ne tenait aucun compte de la menace d'une invasion allemande en Belgique, ainsi qu'on ne saurait trop le répéter.

Du 11 au 20 août, le général de Langle portait le corps colonial, le 12° et le 17° corps, d'abord à la lisière ouest de l'Argonne, face à l'est (2), puis entre l'Aisne et la Meuse, face au nord et à l'est. Cette modification était l'effet, singulièrement tardif, de l'entrée des Allemands en Belgique.

(1) Cf. Hanotaux, IV, p. 28 et suiv.

(2) Le 11 août, les corps de la 4° armée recevaient encore pour instructions de faire étudier, organiser, réparer les communications allant de l'ouest à l'est, afin que la traversée de l'Argonne pût se faire sur plusieurs colonnes à la fois.

Le 13 août, des dispositions étaient prises en vue d'une bataille à livrer le 15 ou le 16. Bien que très vagues encore, les renseignements recueillis sur l'ennemi donnaient à penser que nous n'aurions peut-être pas le temps de chercher la bataille au delà de la Chiers et de la Semoy, du moins dans de bonnes conditions. Le général de Langle avait donc en vue une grande action, dans laquelle la 4e armée s'engagerait entre la 3e, à droite, vers Damvillers, et la 5e au sud de Mézières. Si, au contraire, la distance de l'ennemi le permettait, il songeait à marcher sur Quincy, Margut et Tétaigne (1).

Des instructions données le 13 août prévoyaient cette double éventualité, preuve que le haut commandement était encore mal renseigné sur l'ennemi. Il ne pouvait en résulter qu'une fâcheuse impression. En outre, ces instructions montrent qu'à cette date, au grand quartier général français, on n'a pas renoncé à faire agir la 5e armée vers le nord-est au delà de la Meuse, en négligeant l'invasion allemande en Belgique. Croit-on cette menace négligeable, en présence de l'armée belge et des deux places de Liége et de Namur? Suppose-t-on que le meilleur moyen d'y parer est de porter un coup droit sur les communications allemandes vers le Rhin? Un fait certain est qu'on ne songe pas encore à porter la 5e armée sur la Sambre, face aux Allemands opérant à l'ouest de la Meuse.

Le 15, nouveau projet. Cette fois il s'agissait d'établir les 12e et 17e corps sur la ligne Saint-Walfroy (2), Margut, Carignan, Pouru-Saint-Remy, le corps colonial en ar-

(1) Margut près la Chiers, au nord-est de Montmédy; Tétaigne, sur cette rivière, au nord-ouest de Carignan; Quincy, à l'est de Stenay.

(2) Au sud-est de Margut.

rière, à Wiseppe (1), Beauclair, l'artillerie lourde à Nouart. Les études faites dans ce sens n'avaient pas de suites, des renseignements nouveaux étant sans doute survenus.

Le bulletin de renseignements du 17 août permet de s'en rendre compte. Ce document ne mentionne, du côté allemand, qu'une brigade d'infanterie active ayant passé la Meuse au nord de Liége et arrivée à Tongres. La division de cavalerie qui opérait dans la région d'Hasselt semble avoir rejoint une autre division qui a traversé le fleuve à l'est d'Huy. Toutes deux se sont portées vers la Sambre, mais, arrêtées et battues par les troupes belges, elles se sont repliées sur Gembloux, où elles cantonnaient le soir du 16.

On voit que ces renseignements rabaissaient singulièrement l'importance des forces allemandes à l'ouest de la Meuse. Toutefois on signalait que le pont d'Huy avait été rétabli dans la nuit du 15 au 16 et que des troupes, d'effectif inconnu, en faisaient usage. Une attaque des ponts de Dinant, le 15 août, n'avait mis en jeu que deux divisions de cavalerie soutenues par trois bataillons de chasseurs. Le tout avait été repoussé, et la cavalerie de notre 1er corps, un régiment, le « poursuivait » vers l'est.

Nous n'avions encore aucune donnée précise sur les gros rassemblements signalés à l'est de la Meuse, en Belgique et dans le Luxembourg. Toutefois, le 16 dans l'après-midi, on avait reconnu des masses de cavalerie entre Muno et Fontenoille (2), à Gérouville entre Neuf-

(1) A l'est de Beauclair, sur la Meuse.

(2) En territoire belge à l'ouest de Florenville. C'est d'après ces renseignements, sans doute, que, dans la soirée du 16, la 41e brigade, le 2e chasseurs et un groupe d'artillerie reçurent l'ordre de se porter à Bouillon, avec une avant-garde à Muno. Dès le lendemain, ce détachement fut réduit au 2e chasseurs et à un bataillon du 65e.

La 60e division de réserve fut mise le 16 à la disposition du 11e corps.

château et Montmédy, de gros rassemblements dans la forêt de Moyeuvre, au nord-est de Briey.

De ces renseignements, si incomplets qu'ils fussent, on pouvait déduire que des forces importantes de cavalerie opéraient de la Meuse au nord de Montmédy et de Longwy. Il était peu probable qu'elles ne fussent pas destinées à couvrir vers le sud des masses en position ou en mouvement à l'est du fleuve (1).

Sans doute le général de Langle envisageait-il ainsi la situation, car, le 17, il prescrivait aux corps sous ses ordres d'organiser des positions défensives. Les travaux commençaient aussitôt (2), pour être abandonnés dès le lendemain. Déjà les idées avaient pris un autre cours.

En effet, le commandant de la 4e armée invitait (18 août) les commandants de corps d'armée à se renseigner et à transmettre au plus tôt les renseignements recueillis sur la viabilité des régions dans lesquelles on s'attendait à pénétrer. Une zone à reconnaître était indiquée pour chacun. On les prévenait que les travaux de défense commencés ne devaient pas être terminés, la 4e armée allant reprendre son mouvement offensif. Un bataillon du 9e régiment était désigné comme soutien de la 4e division de cavalerie.

Les 18, 19, 20 août, les troupes conservaient leurs emplacements du 17 au soir, sans doute dans l'attente d'un ordre d'exécution venant du grand quartier général.

---

(1) Entre le 12 et le 20 août, « des renseignements précis nous parviennent (au 2e corps) sur une concentration énorme de troupes dans la région de la Belgique au nord de Montmédy. Ces renseignements transmis à l'armée ne l'inquiètent pas; elle tient pour radotages et potins sans valeur les renseignements qui indiquent que des corps d'armée débarquent sans cesse dans la région d'Arlon et que des armées importantes s'y concentrent ». (*Notes manuscrites d'un témoin*).

(2) Pour le 17e corps au nord de Mouzon, entre la ferme de Blanchampagne et Mairy.

Nous avons vu que le 2e corps avait d'abord fait la couverture à l'est de la Meuse, son gros dans la région de Marville. A ce titre une fraction de la 4e division, général Rabier, livrait le combat de Mangiennes (10 août), conjointement avec des éléments du 4e corps. La 3e division (1) était allée de Stenay à Louppy-sur-Loison le 12, puis (18 août), à Juvigny-sur-Loison (2). Le 2e corps cantonnait, le 20 août, à gauche de la 3e armée, face à Virton, son quartier général à Louppy-sur-Loison et se reliant par Montmédy au 4e corps.

A gauche du 2e corps, le corps colonial, général Lefèvre, stationnait d'abord au nord de Montmédy, puis un peu à l'ouest, face à Meix-devant-Virton, Gérouville, Herbeuval, Villers-devant-Orval, c'est-à-dire à la frontière belge; son quartier général était à Baalon (3).

Le 12e corps, général Roques, d'abord dans la région de Stenay, était le 20 août, dans celle des Deux-Villes, au nord-est de Carignan, son quartier général à Inor, sur la Meuse.

Le 17e corps, général Poline, parti de Suippes, puis de Buzancy, était à Mouzon (quartier général). Il faisait face à la ligne Herbeumont, Cugnon, au nord de la forêt de Muno. Le 2e chasseurs à cheval, vers Sachy, établissait sa liaison avec le 11e corps. Ce corps d'armée, commandé par le général Eydoux (4), était, le 17 août, la 22e division, général Pambet, dans la zone Francheval, Escombres,

(1) Le général Cordonnier y avait remplacé le général Regnault avant même le début des opérations.

(2) Lieutenant Deville, *Carnet d'un artilleur, Virton-La Marne*, p. 20-25.

(3) A l'est de Stenay.

(4) Ancien commandant de la mission militaire en Grèce. Récemment arrivé au 11e corps, il n'avait pu encore voir toutes ses troupes dans leurs garnisons.

Douzy, Remilly; la 21°, général Radiguet, à Gironne, Daigny, La Moncelle; les éléments non endivisionnés à Bazeilles et le quartier général à Sedan, puis à Bazeilles. Le 19 août, le commandant de la 41° brigade, colonel de Teyssière, retournait occuper Bouillon avec le 65°, sans que rien indique les causes de ce contre-ordre (1).

Dans la soirée, d'après un ordre de l'armée, les avant-gardes du 11° corps étaient portées sur la ligne Mogimont, Bellevaux, Auby, au sud de Paliseul; le détachement de Bouillon était renforcé d'un bataillon; un régiment d'infanterie et une batterie allaient à Dohan, sur la Semoy, pour en faciliter le passage ultérieur.

Au début de la campagne, le 9° corps (général Dubois) faisait partie de la 2° armée. Nous avons vu (2) comment il avait été désigné pour la 4° et comment les circonstances avaient interrompu son embarquement. Il laissait sous Nancy deux de ses brigades actives et ses régiments de réserve. Les 33°, 36° brigades et trois groupes d'artillerie des 17° et 18° divisions, le tout formant la 17° division provisoire, arrivaient seuls à la 4° armée (3). Mais le

---

(1) V. *supra*, p. 72, note 2.

(2) *La grande guerre sur le front occidental, Liége, Mulhouse, Sarrebourg, Morhange*, p. 202.

(3) Après son transport sur la Meuse, les deux divisions du 9° corps devant opérer accolées, les deux divisionnaires étaient partis avec les premiers éléments. Il fallut renvoyer d'urgence l'un d'eux sous Nancy. Les éléments qui firent partie de la 4° armée furent les suivants : 33° brigade et 2 groupes de l'A. D. 17; 36° brigade et 1 groupe de l'A. D. 18; compagnie du génie de la 17° D. I., escadrons divisionnaires des 17° D. I. et 18° D. I.; 2 groupes et 1 batterie de l'A. C.; 1/2 régiment du 7° hussards, avec le colonel; 1 bataillon du 32°. Les débarquements furent opérés dans la région de Charleville. Le quartier général fut porté à Sedan et les éléments du corps d'armée s'installèrent le long des routes de Vrigne-sur-Meuse, Vrigne-aux-Bois, Bonneval, Sugny, Membre et de Torcy, Sedan, Saint-Menges, Fleigneux, Alle. Le dernier élément débarqua le 23.

9ᵉ corps allait recevoir un précieux appoint, la division marocaine, général Humbert, qui devait débarquer à Charleville, à partir de la nuit du 21 au 22 août, et que l'on rattachait provisoirement à ce corps d'armée (1).

Au nord, la 52ᵉ division de réserve, général Coquet, allait former l'extrême gauche de l'armée et garder les ponts de la Meuse entre Fumay et Monthermé. Son quartier général était à Renwez (20 août). La 60ᵉ division de réserve, général Joppé, restée d'abord un peu en arrière, dans la région de Donchery (quartier général) était intercalée, le 17, entre les 11ᵉ et 9ᵉ corps (2).

Le quartier général de la 4ᵉ armée était à Stenay. Les 4ᵉ et 9ᵉ divisions de cavalerie, généraux Abonneau et de L'Espée, opéraient dans la région de Neufchâteau, couvrant ainsi le centre de l'armée, mais d'une façon insuffisante, comme nous le verrons.

L'ensemble représentait dix-sept divisions d'infanterie (3), dont quatre et demie seulement appartenant à la réserve. C'était, assurément, une magnifique armée, la plus belle que nous eussions mise en ligne au début de cette guerre. Avec les armées Ruffey et Maunoury, le tout comprenait plus de 31 divisions, soit environ 600.000

---

(1) La division du Maroc comprenait la brigade du général Blondlat : régiment colonial Pernot; régiment de zouaves Lévêque; la brigade X : régiment de marche de tirailleurs à 4 bataillons, colonel Fellert; régiment mixte, colonel Cros, 2 bataillons de tirailleurs et 1 bataillon de zouaves; 1 compagnie du génie, 2 escadrons du 9ᵉ chasseurs, 2 groupes d'artillerie seulement au lieu de 3. Le dernier bataillon ne débarqua que le 27.

(2) Au 20 août, la 52ᵉ d. r. tenait les ponts entre Mézières et Fumay; la 60ᵉ avait la 120ᵉ brigade à Gespunsart, Sugny, Pussemange, avec détachements sur la Semoy; la 119ᵉ brigade aux ponts entre Flize et Donchery.

(3) Les 2ᵉ corps, corps colonial, 12ᵉ, 17ᵉ, 11ᵉ corps étaient à 2 divisions et demie; le 9ᵉ corps à 2 divisions. Il y avait en outre 2 divisions de réserve et 1 brigade coloniale indépendante qui combattit avec le corps colonial.

rationnaires. Une telle masse, opérant sous une seule direction, avec un objectif bien défini, aurait dû, semble-t-il, être irrésistible. Nous verrons par quel concours de circonstances les résultats de son offensive furent purement négatifs.

IV

En face de nos trois armées, les Allemands allaient mettre pareil nombre en ligne. La plus importante, la Ve, était à leur gauche, devant les généraux Maunoury et Ruffey. Elle comprenait, du sud au nord, la 33e division de réserve (1), sortie du camp retranché de Metz, avec une brigade de landwehr. Le tout se tenait en liaison avec la 6e division de cavalerie et menaçait Verdun comme elle.

Le XVIe corps, général von Mudra, débouchant de Thionville par Aumetz, se portait dans la direction de Fillières, Joppécourt au nord-ouest, entre Audun-le-Roman et Longuyon.

Le VIe corps de réserve, à droite, était destiné à prendre Longwy (2).

Le Ve corps de réserve, général von Solms, après avoir stationné autour de Bettembourg, dans le grand-duché de Luxembourg, allait marcher sur Koerich, entre Arlon et Luxembourg, au nord-est de Longwy. Il était précédé du Ve corps, général von Strantz, qui suivait à peu près le même itinéraire.

Le XIIIe corps, général von Fabeck, formait la droite de la Ve armée et marchait d'Arlon sur Neufchâteau, au

---

(1) Faisant partie du XVIe corps de réserve.

(2) D'autres éléments furent engagés vers Xivry-Circourt, au sud de la ligne Audun-le-Roman, Longuyon (Hanotaux, V, p. 74).

nord-ouest, quand notre offensive l'obligeait à faire face à gauche (1).

Le VIe corps, général von Pritzelwitz, fit partie de la IVe armée jusqu'au 30 août, mais il avait opéré au sud de Neufchâteau, vers Rossignol, avec les troupes du Kronprinz, leur prêtant un précieux appui.

La Ve armée était sous les ordres du Kronprinz de Prusse, dont nous avons dit le rôle dans l'avant-guerre. Ce prince, obéissant à une tendance qu'on a souvent remarquée chez les héritiers de la Maison de Hohenzollern, avait paru, depuis des années, encourager les vues guerrières des pangermanistes, en opposition avec les idées pacifiques prêtées alors, un peu légèrement peut-être, au chef de la famille. Il accentuait si bien cette attitude, ne manquant pas une occasion de flatter les passions nationales, qu'il y gagnait une popularité réelle, dont l'Empereur ne laissait pas d'être jaloux. Les choses en venaient à ce point qu'une véritable camarilla se formait autour du prince, accusant volontiers Guillaume II de faiblesse et ne cachant pas qu'elle comptait sur l'avenir pour réparer ses fautes. On peut croire que l'évolution guerrière de l'Empereur, si évolution il y eut, en fut accélérée (2). En tout cas, le Kronprinz paraît avoir joué un rôle de premier plan dans les incidents qui aboutirent à rendre la guerre inévitable. Parmi les chefs de l'armée allemande, il représentait donc les passions pangermanistes en ce qu'elles

(1) A noter que le XIIIe corps paraît avoir eu des éléments en Lorraine une partie du mois d'août. Cf. *La grande guerre sur le front occidental*, II, p. 151.

(2) « Peut-être éprouve-t-il on ne sait quelle jalousie de la popularité acquise par son fils, qui flatte les passions des pangermanistes et ne trouve pas la situation de l'empire dans le monde égale à sa puissance » (M. Jules Cambon à M. Stephen Pichon, 22 novembre 1912, *Livre jaune*, p. 21).

ont de plus forcené. Mais ses aptitudes au commandement allaient promptement se révéler fort au-dessous de ce qu'eût exigé son rôle (1). Il est vrai que la même constatation s'applique à son père.

L'ensemble des forces sous ses ordres, en y comprenant le VIe corps, représentait 13 divisions et demie, dont huit appartenant aux formations actives. En outre, le Kronprinz pouvait puiser dans les garnisons de Metz et de Thionville, très proches des Hauts-de-Meuse et de Verdun.

La IVe armée, duc de Wurtemberg, comprenait indépendamment de son corps de gauche, le VIe, le XVIIIe corps de réserve, qui marchait sur Neufchâteau; le XVIIIe corps, général von Tchenck, qui se portait vers Bertrix, à l'ouest; le VIIIe corps de réserve, général von Egloffstein, qui allait opérer vers Paliseul, dans la même direction; le VIIIe corps, général Tulff von Tchelpe und Weidenbach, qui, venant du grand-duché de Luxembourg, serait, le 23 août, entre Paliseul et Gedinne. Deux divisions de cavalerie, les 3e et 8e, complétaient la IVe armée. L'ensemble, moins le VIe corps, représentait huit divisions d'infanterie, dont quatre de réserve.

Le duc Albert de Wurtemberg était, comme le Kronprinz, un prince héritier, dont la naissance faisait le principal mérite.

La IIIe armée comprenait, en premier lieu le XIXe corps, général von Laffert; parti de la région des Trois-Vierges (Ultlingen, à l'est de Houffalize), dans le grand-duché de Luxembourg, il était à Ambly (2) le 19 août, à Mont-Gauthier le 20 et se dirigeait à marches forcées

---

(1) Au sujet de *La manière du Kronprinz*, cf. *Débats* du 22 juillet 1917.

(2) A l'est de Rochefort.

vers les ponts d'Hastière et de Haybes, sur la Meuse, entre Dinant et Fumay. Une marche de vingt-cinq heures, du 22 au 23 à l'aube, le portait sur Bourseigne-Neuve et Hargnies, au nord-est de Fumay (1).

Le XIe corps, général von Pluskow, demeura peu de temps sous les ordres de von Hausen. Dès la fin d'août, il était appelé dans la Prusse orientale, où la pression des Russes se faisait violemment sentir.

Le XIIe corps, général von Elsa, corps saxon ainsi que le XIXe, exécutait plus au nord le même mouvement que ce dernier. Il était le 21 vers Sovet, à dix kilomètres nord-est de Dinant.

Le XIIe corps de réserve, général von Kirchbach, suivait la même direction générale et débouchait vers Sorinnes, à l'est de Dinant, le 23 août. Enfin, la division de cavalerie de la garde prussienne complétait cette armée, dont l'ensemble, le XIe corps compris, représentait huit divisions d'infanterie, dont deux de réserve, c'est-à-dire la même force que celle de la VIe.

Le général von Hausen, qui commandait la IIIe armée, était un ancien ministre de la Guerre saxon, assez peu goûté du commandement prussien, dit-on. L'empereur Guillaume l'aurait même durement traité aux manœuvres de 1912. Il ne devait pas longtemps conserver son commandement, en raison de lenteurs d'exécution qui lui furent reprochées à tort ou à raison.

L'ensemble de ces trois armées représentait un total de 29 divisions et demie, opérant sur un front qui s'étendait sur plus de 140 kilomètres à vol d'oiseau, de Dinant vers Conflans, à l'ouest de Metz. Nous disposions de forces

---

(1) De Dampierre, *Carnets de combattants allemands*, p. 158. La 24e division marcha du 22 à 2 h. 30 au 22 à 3 h. 30.

légèrement supérieures (31 divisions et demie), réparties de Fumay à Etain, sur un front moindre, 110 kilomètres environ. Les Allemands étaient en pleine exécution d'un immense mouvement de conversion autour de Metz comme pivot; si leur gauche était à pied d'œuvre, la droite avait à exécuter des marches forcées pour entrer en ligne. Tout semblait donc nous réserver la possibilité d'un brillant succès. Nous allons voir comment il nous échappa.

CHAPITRE IV

DISPOSITIONS POUR L'OFFENSIVE DES 4e ET 3e ARMÉES

Le théâtre d'opérations des Ardennes. — Renseignements recueillis sur les Allemands. — Projet du général Joffre. — Dispositions arrêtées pour les 4e et 3e armées. — Dispositif de l'ennemi. — Nature de la rencontre à prévoir.

I

Quand on vient des mornes étendues crayeuses de la Champagne, après avoir traversé les molles ondulations du Porcien, on voit l'horizon barré au loin d'un mur noirâtre, une sorte de ligne droite indéfinie, une falaise couverte de forêts. Tout d'abord la Meuse promène ses sinuosités au pied de cette barrière, en essayant de l'entamer. Puis, vers Charleville, elle y creuse un couloir étroit, qu'elle suit jusqu'à Namur.

Cette longue falaise, d'aspect sombre, qui reparaît au nord de Sedan, au nord de Mézières, au nord d'Hirson, c'est le talus méridional du plateau que recouvrait jadis l'immense forêt des Ardennes. Son bord septentrional n'est pas moins net : il commande le long fossé où coulent la Sambre et la Meuse, en aval de Namur. Ces deux côtés, nord et sud, se recoupent à angle aigu vers l'ouest. Vers l'est, au contraire, ils vont en s'écartant et le plateau qu'ils encadrent va se confondre sans limites précises avec l'Eifel et le plateau rhénan (1).

L'altitude de l'Ardenne varie de 300 à 500 mètres. Son sous-sol est formé par des couches primaires de grès et

(1) *L'Ardenne*, par Henry Bidou, *Débats* du 30 août 1914.

schistes ardoisiers qui, en des temps très lointains, constituaient un massif montagneux. Les intempéries, l'action incessante des eaux les ont depuis longtemps nivelées. Leur emplacement est, en partie, recouvert par les plaines crayeuses ou tertiaires du Hainaut et des Flandres, que leur fertilité a rendues célèbres.

Si le sol apparent de l'Ardenne est dépourvu de saillies marquées, ses couches profondes sont au contraire plissées et contournées au plus haut point. En outre, les rivières y coulent dans des rainures étroites et profondes. Ainsi de la Meuse, entre Charleville et Givet, de la Semoy, l'un de ses principaux affluents de droite. Entre sa source, près d'Arlon, et son embouchure, près de Monthermé, elle ne parcourt guère que 46 kilomètres à vol d'oiseau. Mais le développement total de son cours atteint 137 kilomètres, tant il est sinueux. Elle promène entre deux falaises un flot peu profond, dont les gués sont nombreux et faciles, tandis que l'ascension et la descente des berges sont pénibles (1). Quand on les a gravis, on pénètre dans un pays de hautes plaines, à peine couvertes d'une mince épaisseur de terre. Les couches schisteuses y affleurent partout et donnent à l'ensemble du paysage un caractère de sombre mélancolie. Les lieux habités, pauvres et disséminés, sont bâtis d'éclats irréguliers de pierres noirâtres, le plus souvent recouvertes d'une peinture jaune, brune ou grise, qui s'assombrit avec le temps. Les arbres portent un feuillage de teinte foncée. L'ensemble donne l'impression d'une vie dure et pénible. L'homme n'est là qu'un étranger; le plateau appartient aux sangliers et aux chèvres. La population, peu nombreuse, s'est confinée dans les vallées où elle travaille surtout les métaux.

(1) Hanotaux, V, p. 66.

Jadis, la forêt des Ardennes formait une nappe continue de verdure inhabitée et d'un parcours redoutable. Le christianisme mit longtemps à y pénétrer et la petite ville de Saint-Hubert porte encore le nom de l'évêque de Liége qui en fut le principal apôtre.

Pour l'atteindre en venant de Namur, on traverse d'abord le Condroz, pays de larges ondulations, où les prairies, les terres labourées, les boqueteaux de chênes et de bouleaux alternent comme pour le plaisir des yeux. Mais l'aspect change entièrement quand on pénètre dans la Famenne.

Cette région étale au loin d'immenses surfaces presque désertes, couvertes d'une nappe de verdure sombre, où les sapins avoisinent les chênes et les bouleaux. Les bois se succèdent à l'infini, formant à l'horizon, de tous les côtés, de grandes rides bleuies par l'éloignement, que séparent des bandes de prairies. Par endroits, l'eau stagne sur ce sol imperméable, reflétant un ciel le plus souvent bas et sombre.

Après Jemelle, le pays devient plus accidenté. Des lignes de collines, qui sont presque des montagnes en réduction, surgissent du plateau; le roc apparaît plus fréquemment. Dans les vallées, les prairies sont coupées de haies. Puis les arbres deviennent plus nombreux, les horizons se voilent de verdure et l'on entre dans ce qui reste encore de la grande forêt des temps passés.

Malgré la pauvreté du sol, le peu de densité de la population, l'exiguité de ses ressources, la situation de l'Ardenne lui a toujours valu un rôle important. La chaussée romaine de Reims à Trèves y traversait les emplacements actuels de Virton et d'Arlon. La ligne ferrée d'Ostende à Arlon, qui passe à Longlier, près de Neufchâteau, est la voie la plus directe conduisant du littoral au Saint-

Gothard et en Italie. En outre, dans les circonstances présentes, le plateau des Ardennes reliant la Lorraine aux plaines du Hainaut et des Flandres, il fallait s'attendre à ce que les forces allemandes opérant en Belgique s'y reliassent avec celles destinées à la défense de Thionville et de Metz.

II

Nous avons dit que, si coûteuse qu'elle eût été, la randonnée du corps Sordet en Belgique avait fourni des renseignements très précieux, mais incomplets (1). Devant lui, la cavalerie allemande formait un rideau qui cédait à sa pression sans se trouer pour lui laisser passage. On ne parvenait qu'imparfaitement à s'assurer de ce que cachait ce voile obstinément tendu devant nos yeux. Bref, on savait seulement, tout d'abord, que la Belgique orientale était couverte de cavalerie ennemie; de fortes organisations défensives étaient signalées derrière Geest-Gérompont et Ramillies-Offus, entre Tirlemont et Namur, avec de l'artillerie, des mitrailleuses et de l'infanterie (2).

Comme nous l'avons vu, dès le 9 août, le grand quartier général apprenait que vingt-trois corps d'armée allemands allaient opérer en Belgique, dont onze à l'ouest, par Liége. Le reste traverserait ce fleuve entre Namur et Givet, et le tout marcherait sur Paris. Mais ces données paraissent avoir été accueillies avec un scepticisme regrettable.

Vers le 13 août, d'autres renseignements parvenus au grand quartier général permirent d'établir la présence entre Liége et Neufchâteau des IXe, VIIe, Xe, IIIe, XIe,

(1) V. *supra*, p. 58 et suiv.
(2) Hanotaux, V. p. 76 et suiv.

XIXe, XIIe corps, suivis de la Garde prussienne, vers Stavelot, et précédés de quatre ou cinq divisions de cavalerie.

En outre, il semblait que, dans la région de Thionville, Luxembourg, un autre groupement comprît les VIIIe, XVIIIe, XVIe corps, avec deux divisions de cavalerie.

Le 16 août (1), on eut des raisons de penser que le groupement à l'ouest de la Meuse comprenait sept corps d'armée (IXe, X^{e}, VIIe, XIe, IIIe, IVe, VIe) et quatre divisions de cavalerie. On avait même tendance à réduire, un peu légèrement, l'ensemble des forces allemandes destinées à opérer sur la rive gauche de la Meuse aux éléments qui viennent d'être énumérés.

Par contre, on savait la présence dans le Luxembourg belge de trois corps au moins (Garde, XIXe, XIIe) et d'une division de cavalerie. De même, le groupement de Luxembourg, Thionville comprenait les VIIIe, XVIIIe, XVIe corps et deux divisions de cavalerie (6e et 3e).

Le 18 août, une division de cavalerie allemande était refoulée de Tintigny sur Arlon, c'est-à-dire de l'ouest à l'est, ce qui permettait de conclure à la probabilité d'un mouvement général des Allemands de l'est à l'ouest.

Le 19 août, on apprenait que des colonnes des VIIIe, IVe et X^{e} corps, précédées du IXe corps, avaient passé la Meuse entre Huy et Seraing, c'est-à-dire dans l'intervalle de Liége à Namur. On ne signalait pas de fortes masses à l'ouest de la ligne Houffalize, Bastogne. Plus au sud-est, Briey avait été évacué le 20 et cette région laissait aux observateurs l'impression du vide. Mais, la veille, 19 août, on signalait des colonnes marchant du nord-est au nord-ouest de Thionville; le 20, d'autres, venant de

(1) Hanotaux, *loc. cit.* Notons que ces données cadrent incomplètement avec le bulletin de renseignements de la 4e armée au 17 août.

l'est, allaient sur Neufchâteau dans la région au nord de la Sure. Au sud et vers Luxembourg on n'avait observé que des bivouacs entre Etalle et Arlon, sur la route de Tintigny, Florenville; on ne prêtait aucune importance aux mouvements observés dans cette région, bien que Longwy fût attaqué déjà vers Differdange, c'est-à-dire à l'est.

Enfin, le 20 août au soir (1), on considérait comme acquis que l'armée allemande au nord de la Meuse comprenait, outre trois divisions de cavalerie qui la précédaient, une division du IIᵉ corps, les IXᵉ, Xᵉ, VIIᵉ, IVᵉ corps et la Garde. Le tout marchait vers Bruxelles, la droite en avant.

Au sud de la Meuse, on admettait que les troupes allemandes s'étaient retranchées sur la Lesse, entre Rochefort et Dinant, vers la droite, tandis que leur gauche (XIXᵉ et XVIIIᵉ corps) avait été aux prises avec notre cavalerie vers Neufchâteau. L'ensemble des forces reconnues à cette date atteignait quatorze corps d'armée, auxquels s'ajoutait un nombre à peu près égal de corps non identifiés par notre cavalerie ou par le service de renseignements (2). Nous estimions les forces de l'ennemi à la moitié seulement de leur chiffre réel, erreur grave qui expliquerait à elle seule nos insuccès de la fin d'août.

III

Le grand quartier général semble avoir voulu attendre que l'offensive en Lorraine fut dessinée pour déclencher

(1) Hanotaux, *loc. cit.* A comparer avec le bulletin de renseignements de la 4ᵉ armée, 21 août.

(2) IIIᵉ et IXᵉ corps de réserve qui faisaient face aux Belges; IVᵉ R., Xᵉ R., VIIᵉ R., G. R., XIIᵉ R., VIIIᵉ R., XVIIIᵉ R., Vᵉ R., Vᵉ, XIIIᵉ, 33ᵉ div. R.; VIᵉ R. A noter que les XIᵉ corps et G. R. étaient destinés au front oriental (Hanotaux, V, p. 78 et suiv.).

celle des Ardennes. En outre, il voulait tenir toutes ses forces en main et les fractions du 9e corps ne purent entrer en ligne avant le 20 août. Les débarquements de la division marocaine, commencés dans la nuit du 21 au 22, n'étaient même terminés que le 27, ainsi que nous l'avons vu.

Enfin, on considérait la concentration des Anglais à la gauche de notre 5e armée comme devant être pratiquement achevée le 20 août, nouvelle raison de prendre l'offensive le 21 août, selon le programme arrêté.

Voici comment, dans les publications officielles ou officieuses, on a tracé les grandes lignes du projet d'opérations. On admettait que le plan allemand consistait, avec sept ou huit corps d'armée et quatre divisions de cavalerie, à s'efforcer de passer entre Givet et Bruxelles, ou même de prolonger encore davantage ce mouvement vers l'ouest.

Notre objectif serait tout d'abord de fixer et de mettre hors de cause le centre ennemi devant les armées de Langle et Ruffey, puis de nous rabattre avec toutes nos forces disponibles sur le flanc gauche des forces allemandes au nord de la Meuse (1). C'était donc un vaste mouvement enveloppant que nous allions tenter contre ces forces, la droite en avant, après avoir enfoncé le centre ennemi. On remarquera combien cette opération était risquée, par le fait même de notre sous-évaluation des forces de l'adversaire. En outre, les 3e et 4e armées, qui avaient à remplir la tâche la plus lourde, occupaient une ligne générale s'étendant d'Etain à Monthermé, c'est-à-dire orientée très sensiblement du sud-est au nord-ouest. Pour leur offensive, elles allaient prendre des directions à peu

(1) Cf. *Exposé de six mois de guerre*, p. 4 et 5.

près sud-nord, ce qui impliquerait nécessairement un dispositif par échelons, la gauche en avant. Or, en face d'elles, les forces allemandes, réparties entre la Meuse vers Namur et Thionville ou Metz, avaient une orientation générale sensiblement parallèle à la leur, mais la direction de leur mouvement était, dans l'ensemble, du nord-est au sud-ouest, comme on pouvait le déduire des renseignements recueillis.

Il résultait de ces circonstances que les 3e et 4e armées allaient être disposées suivant une ligne oblique par rapport à leur axe de mouvement; elles formeraient une sorte d'escalier descendant du nord-est au sud-ouest, chaque échelon marchant du sud au nord. Sans doute il pouvait se faire que nos corps d'armée débouchassent dans le flanc gauche de leurs adversaires marchant du nord-est au sud-ouest, mais le contraire était aussi vrai. Il était même plus vraisemblable, car notre droite étant plus rapprochée de l'ennemi que la gauche, il pouvait se faire que nos éléments fussent attaqués de flanc, sur leur droite, avant même d'être au contact de front.

Si, au préalable, la cavalerie et l'aviation avait délimité plus exactement le front de l'adversaire, nous aurions été amenés à prendre l'offensive, non suivant une ligne sud-nord oblique à notre front, mais normalement à ce front, dans une direction sud-ouest-nord-est, qui eût rendu notre mouvement plus facile et plus sûr.

Il semble, d'ailleurs, que certaines illusions aient contribué à orienter le grand quartier général dans une fausse voie. D'après M. Hanotaux (1), on y déduisait, des renseignements recueillis, l'intention chez l'ennemi de se borner, pour son centre, à un mouvement général de l'est

(1) V, p. 79 et suiv.

à l'ouest, ayant pour but d'appuyer celui de sa droite au nord de la Meuse. On admettait volontiers « qu'il s'abstiendrait de tout mouvement important vers nos 4e et 3e armées ». Nous prétendions « le surprendre par une vigoureuse offensive, en le laissant d'abord s'écouler vers le nord-ouest, en le surveillant de près, en nous rapprochant de lui peu à peu, en évitant surtout qu'il essayât de provoquer notre offensive par des détachements... », de façon à nous faire « tomber dans le piège et nous engager prématurément ». Nous voulions chercher la bataille, mais choisir notre heure. Aussi le secret le plus absolu fut-il gardé par le haut commandement, sans que, dans les 3e et 4e armées, on s'expliquât ce silence. C'est seulement le 20 août que les instructions reçues firent prévoir l'offensive. Encore ne semble-t-il pas que l'idée générale de notre manœuvre ait été communiquée dès lors aux deux commandants d'armée intéressés, ainsi qu'au général Maunoury.

IV

D'après les ordres reçus pour la nuit du 20 au 21 août, la mission de la 4e armée est de tomber par surprise dans le flanc des Allemands, en marche à travers le Luxembourg belge. Dès la découverte de l'ennemi, elle devra procéder à une offensive soudaine et violente, menée simultanément par ses six corps d'armée, les 52e et 60e divisions de réserve demeurant sur la Meuse et la Semoy pour en garder les passages.

Cette offensive de la 4e armée sera secondée par les trois corps de la 3e, cette armée marchant dans la direction générale d'Arlon, tout en couvrant le mouvement de la 4e, au nord-ouest de Rulle (1). Au cas où l'ennemi atta-

(1) Rulle entre Neufchâteau et Longwy.

querait cette dernière de flanc, la 3e armée contre-attaquerait aussitôt, en s'engageant au besoin face à l'est. Les divisions de réserve du général Maunoury assureraient la garde des Hauts-de-Meuse (1).

Le 20 août, à midi 30, le général de Langle arrêtait ses dispositions en conséquence.

Les gros de la 4e armée resteraient en place le 21, sauf nouvel ordre. Toutes les précautions seraient prises de façon à les dissimuler aux vues aériennes, surtout en ce qui concernait les parcs d'artillerie ou de voitures.

Afin d'assurer les débouchés de l'armée au nord de la Semoy et dans la clairière de Florenville, un certain nombre de détachements seraient portés en avant. Au fur et à mesure de ses débarquements, le 9e corps pousserait une brigade de chacune de ses divisions sur la Semoy, entre Alle et Bohan, ces deux points inclus. Leurs avant-gardes tiendraient les débouchés nord sur la ligne Houdremont, Baillamont, Vivy.

Le 11e corps avait déjà une brigade mixte dans la région Corbion, Bouillon, sur la Semoy: un régiment et une batterie à Dohan, à l'est de Bouillon; avec ces deux détachements, il tiendrait les débouchés sur le front Mogimont, Bellevaux, Auby.

Le 17e corps aurait de même, dans la région Herbeumont, Cugnon, une avant-garde constituée par la 65e brigade (2) avec un groupe d'artillerie. Leur mission serait de tenir les débouchés en direction de Saint-Médard, au sud-ouest de Neufchâteau.

Le 12e corps porterait également une brigade et un

(1) Hanotaux, V, p. 85 et suiv.

(2) Il semble que cette brigade ait été désignée parce que le 9e régiment avait déjà un bataillon dans cette direction, en soutien de la 4e division de cavalerie.

groupe dans la région de Florenville, Chassepierre, pour tenir les passages entre ce dernier point inclus et Izel inclus. Il ferait occuper Villers-devant-Orval et la ferme d'Orval, près des ruines de la célèbre abbaye, par l'avant-garde de sa division de droite. Le corps colonial tiendrait par des détachements Gérouville et Meix-devant-Virton. Le 2ᵉ corps porterait une avant-garde vers Tintigny, sur la route de Neufchâteau à Arlon.

Les mouvements nécessités par ces dispositions devraient s'effectuer dans le plus grand secret, de nuit, en se dissimulant dans les bois ou dans les lieux habités. Le 21, au point du jour, les détachements ainsi avancés seraient en place. Le 9ᵉ corps étant encore en voie de débarquer ses éléments, la 60ᵉ division de réserve maintiendrait la 120ᵉ brigade dans la région Gespunsart, Sugny, Pussemange, à l'est de Nouzon, tant que les éléments avancés du corps d'armée ne seraient pas sur la Semoy. La brigade rallierait ensuite le gros de la 60ᵉ division à Vivier-au-Court, entre Mézières et Sedan.

En somme, le but visé était de tenir les passages de la Semoy par des avant-gardes, la gauche de la 4ᵉ armée sensiblement en avant, tandis que les gros se dissimuleraient de leur mieux à l'aviation ennemie. Les mouvements s'opéreraient de nuit, ce qui comportait de graves inconvénients, peut-être à la veille d'une grande bataille, dans un pays difficile, inconnu de presque tous. Nous cherchions visiblement à surprendre l'adversaire et, dans ce but, nous évitions de l'inquiéter par des reconnaissances. Il en résultait que nous ignorions à peu près tout de ses forces et de ses emplacements, et que nous-mêmes étions exposés à être surpris.

« Tel, comme dit Merlin, cuide engeigner autrui,
Qui souvent s'engeigne lui-même » (1).

Le général de Langle complétait ces prescriptions par une instruction et par un autre ordre qui paraissent avoir compliqué plutôt que clarifié la tâche de ses commandants de corps d'armée. Il continuait de tabler sur un mouvement de flanc qu'il fallait laisser exécuter par l'ennemi : « Plus la région Arlon, Audun-le-Roman, Luxembourg sera dégarnie, au moment où nous passerons à l'offensive, meilleurs seront les résultats à escompter de la marche en avant de la 4e armée appuyée à droite par la 3e.

« Il est donc d'une importance capitale que nous laissions l'ennemi s'écouler devant nous vers le nord-ouest, sans l'attaquer prématurément et même en nous appliquant à ne pas tomber dans le piège qu'il pourrait nous tendre, en provoquant trop tôt notre offensive par des détachements dirigés sur notre front ».

Comment expliquer ces recommandations, si bien faites pour gêner notre offensive et même paralyser notre service de sécurité, trop souvent insuffisant? C'est que, suivant l'état-major de la 4e armée, l'ennemi n'opérait pas sur un front à peu près continu entre la Meuse et la Moselle. Il croyait à une énorme lacune entre les fractions signalées vers le premier de ces cours d'eau et celles opérant à l'est de Neufchâteau. Peut-être cette conception faisait-elle trop bon marché du vraisemblable.

L'état-major de la 4e armée n'en déduisait pas moins l'impérieuse nécessité de dissimuler les détachements avancés de la façon la plus complète. Leurs avant-gardes ou leurs avant-postes auraient même à s'abstenir de tirer

(1) La Fontaine, Livre IV, fable XI.

sur les groupes ennemis qui « glisseraient » devant elles vers le nord-ouest. Sous aucun prétexte, ces détachements ne passeraient à l'offensive. S'ils étaient attaqués, ceux des 9ᵉ et 11ᵉ corps s'efforceraient de se maintenir sur la ligne générale Auby, Mogimont, Oizy, Houdremont, jusqu'à ce qu'ils fussent soutenus par les gros. Mais ces derniers ne seraient portés en avant que sur l'ordre du général de Langle, ce qui réduisait à rien l'initiative des commandants de corps d'armée. Leurs détachements auraient à protéger dans tous les cas les débouchés immédiats des ponts de la Semoy, entre Dohan inclus et Membre inclus.

De même, le détachement du 17ᵉ corps devrait se maintenir au moins sur les ponts de Cugnon et d'Herbeumont, en assurant la liaison par Sainte-Cécile avec l'avant-garde du 12ᵉ corps à Florenville.

Cette dernière garderait en tout état de cause la région Chassepierre, Florenville, Pin, où elle serait éventuellement soutenue, sur l'ordre du commandant de l'armée, par le gros du corps d'armée. Enfin, les détachements du corps colonial seraient maintenus à Gérouville et Meix-sous-Virton, en liaison à droite avec le 2ᵉ corps, à gauche avec le 12ᵉ.

On voit quelle singulière combinaison d'offensive et de défensive reflétaient ces instructions. A quoi pouvait conduire une attaque ainsi ligotée dès le début? L'idée générale semblait être de ne pas dépasser la Semoy, sauf avec des avant-postes. Il n'était fait aucune mention des emplacements de l'ennemi, ni même du but général de l'opération. Mais on ne déplace pas plus de six corps d'armée, en une seule ligne, au début d'une offensive hautement annoncée, dans l'unique but de leur faire border une rivière, fût-elle plus difficile à franchir que ce modeste cours d'eau ardennais. En outre, les six corps de la 4e armée allaient se déplacer parallèlement à eux-mêmes, sans qu'il y eût idée de manœuvre apparente, ni concentration de forces prévue dans un secteur donné, ni même réserve générale d'une importance appropriée.

Les instructions précédentes faisaient abstraction de l'ennemi. Qu'arriverait-il si nos prévisions étaient trompées et si, au lieu de le surprendre en pleine exécution d'un mouvement de flanc, nous étions surpris nous-mêmes, disséminés en petites colonnes sur un espace immense?

Un dernier ordre, donné dans la soirée du 20 août, concernait les opérations du 21, non sans les compliquer encore davantage.

Le 21, avant le jour, les gros des corps d'armée seraient établis, le front sur la ligne Cons-la-Grandville, Saint-Menges, La Chapelle, Escombres, Messincourt, Pure, Matton, Morgues, Villers-devant-Orval, Margny, Sommethonne, Torgny, Jametz, la queue des combattants sur la ligne Bazeilles, Douzy, la Meuse, la Chiers, de Blagny à Margut, Brouennes, Baalon. Les mouvements nécessaires seraient opérés de nuit, comme pour les avant-gardes et au prix des mêmes inconvénients graves. Des zones éventuelles de mouvement étaient affectées aux corps d'armée, mais toute initiative leur était de nouveau interdite. L'ordre n° 18 était formel à cet égard : « Quelle què soit la situation sur le front des éléments avancés, les gros des corps d'armée ne feront aucun mouvement sans ordre du commandant de l'armée, en avant de la ligne indiquée... comme devant être atteinte au lever du jour par leurs têtes ».

Il ne faut pas oublier que le front de l'armée était fort étendu. De Cons-la-Grandville à Jametz il y a environ

60 kilomètres. Comment le commandant de l'armée, resté à Stenay, pourrait-il apprécier opportunément les incidents survenant sur cette immense ligne, de façon à faire intervenir les gros à propos? Sa combinaison revenait à mettre tous ses gros en réserve générale, c'est-à-dire à priver les commandants de corps d'armée de la grande majorité de leurs moyens d'action. Il y avait peut-être de l'imprudence à le faire.

A la 3e armée, l'ordre général du 20 août, 20 h. 30, prescrivait l'offensive dans la direction d'Arlon. Les instructions du général Ruffey assignaient Virton comme premier objectif au 4e corps, Tellancourt au 5e, Beuveille (1) au 6e. Ce dernier laisserait la 40e division en échelon vers la droite, la 54e et la 67e (2) divisions de réserve faisant à leur tour échelon par rapport à la 40e.

Ce dispositif devrait être pris avant le matin du 21 août, le 4e corps étant dès lors en relation avec le 2e, droite de la 4e armée.

Le 4e corps aurait mission de soutenir cette dernière dans la région de Virton. A cet effet, il porterait des avant-gardes sur la Basse-Vire, à Virton et à Latour, la queue de ses gros ne dépassant pas la Chiers. Le 14e hussards aurait à éclairer le front entre cette rivière et la ligne Ethe, Robelmont, au nord de Virton, en reconnaissant, s'il était possible, vers Belle-Fontaine, Etalle, à une dizaine de kilomètres plus au nord.

Le 5e corps, ses deux divisions accolées, la 9e à gauche de la 10e, déboucherait dans la direction générale de Longuyon, Tellancourt, avec ordre d'établir des avant-

(1) Beuveille entre Longuyon et Pierrepont; Tellancourt à l'ouest de Longwy.

(2) On sait que ces deux divisions faisaient partie de l'armée de Lorraine. Sans doute elles étaient temporairement mises à la disposition du général Ruffey

postes au nord de Cons-la-Grandville, vers Lexy, Cosnes, Villers-la-Chèvre, qui dominent le plateau nord de la Chiers.

Le 6e corps, opérant dans la région de Beuveille, se porterait également vers le nord, la 12e division à gauche, la 42e à droite, le 19e bataillon de chasseurs en flanc-garde dans les bois à l'est de Landres (1).

La 40e division, en arrière et en échelon de droite, serait face à Thionville et à Metz. Tout le 3e groupe de divisions de réserve, 54e, 55e, 56e, s'était un peu avancé vers le nord, derrière la 40e division. La 67e était vers Etain.

En somme, la 3e armée, plus encore que la 4e, allait opérer un mouvement par échelons, la gauche en avant, la droite fortement refusée et ses trois corps d'armée ne laissant derrière eux aucune réserve générale.

V

Au moment où allait commencer notre offensive, nous étions très incomplètement renseignés sur l'ennemi. On en a vu les raisons. Dans ce pays couvert, accidenté, nos avions très peu nombreux, notre cavalerie mal employée ou laissée trop souvent sans direction suffisante donnaient de rares renseignements, le plus souvent imprécis. Nos troupes s'étonnaient de l'inaction apparente des Allemands et l'attribuaient volontiers à une infériorité morale ou matérielle. Leurs dispositions étaient excellentes : « La marche en avant, après quinze jours d'attente dans la Woëvre, avait ravivé l'enthousiasme du départ, l'élan était admirable » (2).

A la date du 21 août, le bulletin de renseignements de

(1) Landres à l'est de Spincourt, quartier général du 6e corps.
(2) Général Malleterre. *Etudes et impressions de guerre*, I, p. 32.

la 4ᵉ armée portait que le groupement ennemi, sur la rive ouest de la Meuse, se composait des IXᵉ, Xᵉ, VIIᵉ, IVᵉ corps, de la Garde, d'une division du IIᵉ corps, avec trois divisions de cavalerie. Son front général était marqué par Louvain, Wavre.

Au nord-ouest de Metz, nos avions n'avaient reconnu, le 20 août, aucun mouvement dans la région Virton, Arlon, Longwy, mais ils confirmaient la présence de l'ennemi vers Arlon, Longwy, Esch-sur-Alzette. On savait aussi qu'il occupait l'intervalle entre la Meuse et la Lesse et qu'il s'était même retranché derrière cette rivière, face au sud. On ne donnait aucun renseignement nouveau sur les colonnes signalées le 20 dans la région de Ciney (à l'est de Dinant) et sur le front Houffalize, Neufchâteau. Toutefois les 4ᵉ et 9ᵉ divisions de cavalerie avaient, dans l'après-midi du 20, provoqué le déploiement de la majeure partie de deux divisions ennemies aux abords de Longlier (21ᵉ du XVIIᵉ corps et 28ᵉ du XIXᵉ). On pouvait en déduire la présence de deux corps d'armée au moins dans cette région.

On voit combien ces renseignements étaient vagues, incertains, surtout pour la région en avant des deux armées. Nous ignorions donc que la IIIᵉ armée défilait alors vers la Meuse au nord de la ligne Ambly, Saint-Hubert, Rochefort, Mont-Gauthier, renforcée constamment de troupes débarquant d'Allemagne. On savait encore moins que ce mouvement était couvert à hauteur de Paliseul par les VIIIᵉ corps et VIIIᵉ corps de réserve. On ignorait la présence du XVIIIᵉ corps de réserve derrière le XVIIIᵉ, celle du IVᵉ corps vers Mellier (sud-est de Neufchâteau). On avait signalé la présence de deux colonnes allemandes, le 20 août, vers 9 heures, la première la tête un peu au nord de Neufchâteau et la queue vers Witry, à l'est de cette ville; la seconde, la tête à Rives, au sud-ouest de Bastogne et la queue vers Hollange, au sud (1).

En réalité l'ensemble des armées allemandes de droite et du centre paraît s'être mis en mouvement le 19 août pour effectuer le mouvement débordant depuis longtemps prévu contre notre gauche. A cette date, la Ire armée, von Klück, passait la Gette et se dirigeait vers Bruxelles; la IIe, von Bülow, se conformait à ce mouvement plus au sud.

D'après M. Hanotaux (2), dans le plan primitif, l'armée Bülow devait entrer en liaison vers Givet avec la IVe armée (duc de Wurtemberg). Le mouvement de notre 5e armée (Lanrezac) vers la Sambre aurait dérangé ce projet, en créant entre les IIe et IVe armées un vide qui eût pu devenir dangereux. La IIIe armée (von Hausen), tenue jusqu'alors en deuxième ligne vers les Trois-Vierges (Ulflingen), dans le nord du grand-duché de Luxembourg, aurait reçu la mission de le combler en se portant à marches forcées vers la Meuse. Cette circonstance expliquerait son entrée en ligne, le 23 août seulement, alors que le mouvement d'ensemble était commencé depuis le 19.

Il est possible que cette explication soit inexacte et que la IIIe armée ait été simplement maintenue en arrière, de façon à permettre aux Ire et IIe armées, qui devaient être à sa droite, de gagner leurs premiers emplacements.

Quoi qu'il en soit, la IVe armée se mettait également en marche, le 19 août, pour se porter du grand-duché de Luxembourg vers la Meuse; la Ve armée (Kronprinz de Prusse) avait à progresser plus lentement, puisqu'elle

---

(1) Hanotaux, V, p. 88.
(2) *La bataille des Ardennes, Revue des Deux-Mondes, loc. cit.*, p. 747.

était la plus rapprochée du pivot, Metz ou Thionville. Elle paraît avoir reçu pour objectif Longwy, Montmédy et surtout Verdun, ce qui se concilierait très bien avec une mission plus sérieuse, qui lui incomba sûrement : celle de fixer une proportion aussi considérable de nos forces vers la Meuse, tandis que les Ire et IIe armées, soutenues des IIIe et IVe, auraient à jouer contre notre centre et notre gauche le rôle de beaucoup le plus important.

On sait, d'ailleurs, que la Ve armée était très fortement constituée. Le feld-maréchal Hæseler, le légendaire commandant du XVIe corps à Metz, accompagnait le Kronprinz comme une sorte de volontaire. Il n'est pas interdit de penser qu'on lui réservait le rôle de conseiller technique auprès d'un prince dont la mégalomanie pangermanique ne suppléait pas à l'inexpérience, doublée d'idées fausses.

A la date du 21 août, le VIe corps, vers Arlon, assurait la liaison entre la IVe armée, en marche vers la Meuse, et la Ve. Le Ve corps, suivi du Ve corps de réserve, était en mouvement du Luxembourg par Arlon au sud-ouest. Le 22, il aurait des éléments à Ethe, au nord-est de Virton.

Après avoir franchi la frontière belge à Martelange, le XVIIIe corps était engagé dans un combat de rencontre à Longlier, près de Neufchâteau (21 août). Le matin, ses escadrons de découverte avaient été surpris à l'abreuvoir par une fraction de cavalerie française (1).

Le XIIIe corps (27e division) était vers Virton le matin du 21, la 26e division étant dans la région de Longwy, dont la 52e brigade formait en partie l'investissement.

---

(1) Hanotaux, V, p. 113, d'après une source allemande.

Enfin, la 6e division de cavalerie battait l'estrade au sud de Longwy, jusqu'aux Hauts-de-Meuse (1).

Autant qu'on en peut juger par ces indications sommaires, les deux adversaires allaient se rencontrer sur le vaste front compris entre la basse Semoy et la Woëvre vers Etain, sans qu'il y eût, des deux parts, aucune idée de manœuvre tactique. Le résultat serait une bataille à fronts parallèles, ou plutôt une série d'engagements dans lesquels la plupart de nos éléments se verraient à l'improviste attaqués sur leur flanc droit. La nature boisée et accidentée du terrain rendait les vues difficiles et compliquait la liaison. La conception stratégique était très nette de part et d'autre: les conceptions tactiques, sinon nulles, du moins malaisées à percevoir (2). Notons encore que notre corps de gauche, le 9e, le plus avancé vers le nord et qui, par suite, aurait été exposé à rencontrer le premier des troupes allemandes, si le mouvement vers l'est de nos adversaires avait été aussi avancé qu'on le supposait chez nous, le 9e corps, disons-nous, était le plus incomplet, le moins prêt à marcher. Peut être eut-il été plus rationnel d'attendre son entrée en ligne pour déclencher l'offensive.

---

(1) Hanotaux. V. p. 90.

(2) Hanotaux. V. p. 90. D'après le même historien (*Revue des Deux-Mondes*. 15 février 1917. *loc. cit.*, p. 749). le soir du 21 août les armées allemandes auraient dessiné une sorte de fer de lance dont la pointe était à Bièvre, au nord-ouest de Paliseul; l'armée von Hausen formait l'arête nord, en venant de Saint-Hubert, Bastogne, Allerborn; l'arête sud était marquée par Bièvre, Paliseul, Bertrix, Neufchâteau, Rossignol, Etalle, Tintigny, Tellancourt, nord de Longwy, Differdange, Bazailles, Landres, Briey. L'intervalle était comble de troupes. Il ne semble pas que l'armée von Hausen ait eu un dispositif justifiant cette comparaison.

CHAPITRE V

LA JOURNÉE DU 21 AOUT

Ensemble du mouvement de la 4e armée. — Le 9e corps. — Le 11e corps. — Le 17e corps. — Le 12e corps. — Le corps colonial. — Le 2e corps. — Ordres pour le 22 août. — La 3e armée. — Le 4e corps. — Le 5e corps. — Le 6e corps.

I

D'après les prescriptions du général de Langle, les 9e et 11e corps, c'est-à-dire la gauche de la 4e armée, allaient sensiblement dépasser la Semoy, tandis que les corps de droite se borneraient à l'atteindre ou à s'échelonner en arrière jusqu'à la Chiers et même au sud.

La masse principale de l'armée, soit quatre corps (17e, 12e, corps colonial, 2e) marcherait entre Virton et Cugnon sur un front de 40 kilomètres environ à vol d'oiseau, très étendu pour un mouvement offensif dans le voisinage immédiat de l'ennemi et dans un pays aussi difficile. Notons encore qu'entre Florenville, droite du 12e corps, et Gérouville, gauche du corps colonial, il y aurait une lacune de douze kilomètres, très dangereuse en de telles conditions.

Au 9e corps, les ordres donnés pour la journée du 21 août peuvent se résumer ainsi : la 33e brigade pousserait ses bataillons disponibles sur la route de Bosseval, Sugny, Membre, afin d'aller tenir les ponts de Bohan et de Membre; la 36e brigade sur la route de Saint-Menges, bois de Floing, cote 390, Alle, pour tenir ceux de Vresse, de Mouzaivé et d'Alle. Le départ aurait lieu à 6 heures.

La 33e brigade aurait une avant-garde à Houdremont et la 36e une autre à Baillamont et à Vivy. Les bataillons débarqués trop tardivement ne rejoindraient sur la Semoy que dans la soirée, leur départ ayant lieu à 18 heures.

En cas d'attaque, on tiendrait la ligne Houdremont, Vivy. Le détachement de couverture de la 60e division, après avoir été relevé par le 9e corps dans la région de Gespunsart, Sugny, irait tenir les passages de la Semoy en aval de Bohan.

Ces mouvements s'opéraient sans incident. Le soir du 21 août, la 33e brigade avait son état-major à Membre, un bataillon du 90e aux avant-postes à Cérivaux (1) et deux bataillons à Membre et à Bohan; le 68e et deux groupes d'artillerie à Vrigne-aux-Bois. L'état-major de la 36e brigade était à Alle, un bataillon du 135e aux Chairières, un autre à Oisy, avec des avant-postes à Monceau et à Baillamont, un troisième réparti entre Six-Planes (2) et Vresse; le 77e avait un bataillon à Alle, tenant le pont, ainsi que le gué de Mouzaivé; deux bataillons à Saint-Menges et à Sedan; un escadron divisionnaire était à Alle, un autre à Vrigne-aux-Bois. Enfin, la 60e division de réserve tenait les ponts de la Semoy en aval de Bohan et la 52e ceux de la Meuse, de Mézières à Revin inclus. La 4e division de cavalerie était vers Bièvre et Gedinne (3).

On remarquera que la gauche du 9e corps restait sensiblement en arrière de la ligne indiquée pour ses détachements avancés, Oisy, Houdremont. Au contraire, le 11e corps, à sa droite, portait ses éléments de tête sur le

(1) Hameau sur la route de Membre à Houdremont.

(2) Hameau entre Vresse et Oisy.

(3) Les 4e et 9e divisions avaient passé la nuit du 20 au 21 dans la zone Paliseul, Offagne, Fays-le-Veneur (4e) et vers Cugnon, Herbeumont (9e).

front Bertrix, Offagne, au nord de la ligne Auby, Mogimont, Oisy qui lui avait été primitivement fixée (1). Le 2e chasseurs lançait trois pelotons en direction de Libin, de Recogne et de Neufchâteau. Le premier tombait entre Paliseul et Maissin, dans une embuscade dont il ne se tirait que par l'énergie de son chef, le lieutenant Dumas, Les deux autres se heurtaient également à de l'infanterie allemande. La 43e brigade, général Duroisel, dont l'état-major était à Bertrix, apprenait de la 9e division de cavalerie, « inactive à ses côtés », la présence de partis ennemis dans les forêts de Huqueny et de Luchy, au nord-est. Le colonel Costebonel, du 62e, organisait aussitôt quelques défenses à l'est de ce village. Dès la nuit du 21 au 22, une alerte se produisait aux avant-postes (2).

Au centre, le 17e corps portait son avant-garde (65e brigade, colonel Huc, et un groupe d'artillerie de la 33e division) sur Herbeumont, Cugnon. Le divisionnaire, général de Villeméjane, prenait le commandement de cette colonne, qui n'atteignait Herbeumont qu'à 7 h. 30, le 21 août. Elle y croisait deux escadrons du 25e dragons revenant de Neufchâteau pour rallier le reste du régiment à Sainte-Cécile. Ils avaient combattu le 20 auprès de Neufchâteau, avec la 9e division de cavalerie. Un bataillon du 87e, qui la soutenait, arrivant dans cette petite ville, dont il croyait l'ennemi éloigné, s'y était vu brusquement attaqué; il avait perdu son commandant, ses capitaines, plusieurs lieutenants et la majeure partie de son effectif (3).

(1) Ce mouvement résultait de modifications apportées dans la journée à l'ordre de la 4e armée pour le 21. Le 11e corps devait porter ses avant-gardes de la Semoy sur le front Bertrix, Offagne, au nord-est, ses gros jusqu'au front Auby, Bellevaux, la queue des combattants sur la Semoy.

(2) Colonel Bujac, *La bataille de Maissin* (août 1914), *Phare* du 8 août 1917.

(3) Hanotaux, V. p. 98. Nous verrons plus loin ce qu'il devint.

Le détachement du 17ᵉ corps poussé sur la Semoy pouvait être aisément compromis, si les forces ennemies se révélaient considérables. La situation apparaissait inquiétante.

Derrière la 65ᵉ brigade, une partie du gros (66ᵉ brigade, général Fraisse, deux groupes d'artillerie de la 33ᵉ division, artillerie de corps) se portait dans la région de Sainte-Cécile, en territoire belge, où le général Poline établissait, vers 11 heures, son poste de commandement. Le reste du corps d'armée s'échelonnait vers Muno et Messincourt.

On reconnaissait le cours de la Semoy, de Sainte-Cécile à Herbeumont. Cette rivière est tortueuse, guéable presque partout, mais bordée sur ses rives d'escarpements ou de pentes raides. Entre Sainte-Cécile et Herbeumont s'étend une forêt épaisse, au sol accidenté, qui formait obstacle sérieux aux communications entre l'avant-garde et le gros.

Le commandant de l'artillerie faisait rechercher des positions de batteries pouvant permettre de battre les pentes de la Semoy et les parties en ligne droite du cours de cette rivière. On n'en trouvait que dans une clairière au nord de Saint-Cécile. Les éléments de l'avant-garde étaient comme perdus dans ce pays couvert, attristé par la pluie.

La situation de ce détachement à Herbeumont, Cugnon, une zone de forêts devant lui et la rivière à dos, préoccupait vivement le général Poline. A midi il proposait par télégramme au général de Langle de porter son avant-garde au delà des forêts et de tenir avec des avant-postes la Vierre depuis Orgéo à Saint-Médard, le gros restant masqué dans la forêt d'Herbeumont. Ces propositions étaient adoptées, mais trop tard pour que l'exécution pût suivre. Dans la journée, le quartier général du 17ᵉ corps était porté à Messincourt, les divisions cantonnant dans la zone Muno, Fontenoille, Messincourt.

Certaines modifications étaient d'ailleurs apportées à l'ordre pour la journée du 21. On a vu celles concernant le 11ᵉ corps. Le 17ᵉ corps porterait son gros sur Sainte-Cécile et soutiendrait, s'il était nécessaire, son avant-garde sur les débouchés d'Herbeumont et de Cugnon vers Saint-Médard. En tout cas, il laisserait une division en réserve dans la région de Muno, Messincourt. Ordre était donné (11 h. 45) aux 11ᵉ, 17ᵉ, 12ᵉ corps d'organiser définitivement les positions de leurs avant-gardes, ce qui paraît trahir certains doutes au sujet de la facilité de notre offensive.

Les renseignements recueillis dans la journée au 11ᵉ corps, sur le voisinage de l'ennemi, ne parvenaient pas au 17ᵉ, soit qu'ils n'eussent pas été envoyés, soit par suite d'accident.

Au 12ᵉ corps, on se mettait en marche dès l'aube, de la région des Deux-Villes sur Florenville. On traversait le bois de Banel, puis la forêt d'Herbeumont, l'avant-garde étant précédée d'un escadron du 21ᵉ chasseurs. La pointe, forte de cinq cavaliers, rencontrait une cinquantaine de « uhlans » aux abords de Williers. L'ennemi tournait bride, poursuivi par les chasseurs, mais ceux-ci s'arrêtaient sous une vive fusillade partant d'une crête boisée. La colonne continuait néanmoins sur Florenville. Tout à coup elle était attaquée de flanc vers Izel et Jamoignes, c'est-à-dire du nord-est, et ce premier contact était impressionnant et meurtrier. Nos troupes n'en occupaient pas moins Florenville, mais on pouvait prévoir une attaque sur notre flanc droit, insuffisamment exploré par la cavalerie.

Au corps colonial, après une marche de nuit de 30 kilomètres, dit-on, la 5e brigade (Goulet) (21e et 23e régiments) (1) arrivait, dès 7 heures, à Gérouville, que douze kilomètres environ séparent de Florenville, vers le sud-est. D'après un témoin, l'état moral et matériel était excellent. L'esprit offensif coutumier aux coloniaux avait été encore accru par les impressions recueillies les jours précédents. Chacun s'accordait à juger la cavalerie et l'infanterie ennemies inférieures aux nôtres.

Au moment où la colonne atteignait Gérouville, une forte patrouille de cavalerie allemande en sortait. Le 23e colonial s'y établit, le gros de la brigade restant réparti entre la ferme d'Orval, Margny, Herbeuval et Montlibert.

Vers 16 heures, un détachement était constitué sous les ordres du colonel Néple, du 23e, pour se porter sur Jamoignes, au bord de la Semoy, et entrer en liaison avec le 12e corps, dont les éléments avancés occupaient, nous l'avons vu, Florenville, vers l'ouest. Il tombait une pluie d'orage, fouettée par un vent violent. On surprit, dans la ferme de la Hailleule (2), une patrouille allemande qui se défendit bravement, mais qui succomba enfin. On continua jusqu'à Jamoignes, où l'on cantonna péniblement, en pleine nuit, sous l'averse, après avoir parcouru 50 kilomètres environ depuis la veille.

Malgré l'heure tardive, on chercha la liaison à gauche avec le 12e corps, à droite avec la 3e division coloniale, et on ne la trouva pas. Notons qu'à Jamoignes les coloniaux dépassaient très sensiblement la ligne qui leur avait été assignée comme objectif, de Gérouville à Meix-devant-Virton, et cette pointe se révélait bientôt comme singu-

(1) La 5e brigade était complétée par un groupe d'artillerie, un peloton du génie et une demi-section de brancardiers.

(2) Ne figure par sur la carte au 80.000^e; sans doute sur la route de Gérouville à Valansart.

lièrement dangereuse (1). Dans la nuit, ils occupaient les vastes ruines de l'abbaye d'Orval, au nord de la ferme et du château de ce nom. Mais on y apprenait que l'ennemi était la veille à la ferme de Mohimont, à moins de 3 kilomètres vers le sud-est, et qu'il en était parti à la nuit seulement.

A droite de la brigade Goulet, la 3° division coloniale (général Raffenel) se portait en deux colonnes à travers bois, sans précautions spéciales : elle croyait n'avoir devant elle que deux divisions de cavalerie allemande, les 3° et 8°, en pleine retraite. L'une de ses avant-gardes atteignait, le 21 août, le hameau de Saint-Vincent (2), au sud-est de Jamoignes.

La 2° division, général Leblois, était en arrière, ainsi que le commandant de corps d'armée, général Lefèvre, qui avait gardé à sa disposition l'artillerie, le génie de corps et un régiment de la 3° division.

A la droite du corps colonial, le 2° corps poussait ses avant-gardes, la 3° division au nord de Montmédy, la 4° à l'est, dans la région de Velosnes. Ordre était donné de ne franchir la frontière sous aucun prétexte. Le gros du corps d'armée serrait le plus possible sur ses têtes. On signalait des escarmouches aux avant-postes.

Jusqu'à cette date, le corps d'armée n'avait envoyé aucune reconnaissance en Belgique. A 16 heures, son régiment de cavalerie reçut l'ordre de partir à 18 heures pour une petite ville belge, « à 30 kilomètres de la frontière » (3). Il y précéderait l'avant-garde du corps d'armée qui arriverait à 6 heures le lendemain.

(1) Il y a dix kilomètres environ de Jamoignes à la ferme d'Orval et à Gérouville.

(2) Hanotaux, V, p. 100.

(3) Ce bourg paraît être Tintigny ou Belle-Fontaine, mais il n'est pas à 30 kilomètres de la frontière.

Il pleuvait, la nuit était noire. Le régiment ne détachait aucune patrouille sur ses flancs. Sans qu'il pût sans douter, il passa au travers de troupes allemandes et arriva, vers 23 heures, au point indiqué, non sans stupéfaction et terreur du bourgmestre. Ce dernier accourut pour prévenir le colonel que toute une division allemande campait aux environs. L'avant-garde, avisée, s'arrêtait sur place, la cavalerie rétrogradait en hâte, mais cet incident montrait de reste combien nous étions mal éclairés. Il ne pouvait que troubler singulièrement le commandant du 2e corps dans le concept qu'il s'était fait de la situation (1). D'ailleurs ces détails semblent difficilement explicables. Comment le gros de la colonne put-il ne pas suivre l'itinéraire de l'avant-garde? S'il la suivit, pourquoi le général commandant la brigade de tête put-il s'en éloigner?

Faute de données précises, il est malaisé de comprendre les mouvements opérés par le 2e corps les 21 et 22 août. Le gros de la 3e division paraît avoir quitté les environs de Juvigny pour ceux de Montmédy, qu'il gagna par une marche de nuit (2).

II

A 18 heures, le général de Langle donnait l'ordre concernant les opérations du 22.

La mission de la 4e armée était nettement offensive. Elle

---

(1) D'après le général Bon, *Causeries et souvenirs*, p. 157, auquel nous empruntons ces détails, « le général commandant la brigade de tête du gros » poursuivit sa marche sur un chemin parallèle à la route suivie par l'avant-garde et arriva dans la petite ville à 7 heures, le 22, sans avoir été avisé. Nous ne savons ce qu'il devint.

(2) Lieutenant Deville, *op. cit.*, p. 27.

allait marcher vers le nord, appuyée en échelon en arrière et à droite par la 3e armée. « L'ennemi, portait l'ordre, sera attaqué partout où on le rencontrera ».

Les 4e et 9e divisions de cavalerie étaient groupées en un corps provisoire, au risque d'en diminuer encore le rendement, avec mission de reconnaître au sud de la route Recogne, Libin, Beauraing; nous négligions ainsi les directions de Neufchâteau et d'Arlon, intéressantes à plus d'un titre. Au cas d'une bataille, le corps de cavalerie se porterait à la gauche du 11e corps.

Quant aux corps d'armée, ils allaient tous se porter en avant, sur une seule ligne, avec des objectifs relativement fort éloignés. La seule réserve serait constituée par une division coloniale, la 2e.

Le 9e corps, à la gauche, se porterait dans la zone Bièvre, Houdremont, Alle, Bohan.

Le 11e corps aurait pour objectif général Maissin, tout en couvrant son flanc gauche par un détachement dans la région Bièvre, Graide. Le 17e corps marcherait sur Jehonville et Ochamps, le 12e corps sur Recogne et Libramont, le corps colonial sur Neufchâteau, le 2e corps sur Léglise.

Si l'ennemi ne venait déranger nos combinaisons, l'armée occuperait, dans la soirée du 22, un front irrégulier, Houdremont, Bièvre, Graide, Maissin, Jehonville, Ochamps, Recogne, Libramont, Neufchâteau, Léglise. L'ensemble dessinerait un angle obtus s'ouvrant au sud, avec son sommet à Maissin.

Le mouvement devait être réglé de telle sorte que les avant-gardes des 11e, 17e, 12e corps et du corps colonial se présentassent, à 9 heures, sur la ligne Paliseul, Bertrix, Straimont, Suxy, Fossés. Celle du 2e corps débou cherait, à 6 heures, de Bellefontaine (1). Mais les dispositions précédentes allaient provoquer de fâcheux croisements dans les colonnes. Les avant-gardes du 11e corps devaient, en effet, rester sur leurs emplacements d'Offagne, Bertrix jusqu'à ce qu'elles fussent dépassées par les têtes de colonne du 17e corps. De même, l'avant-garde du 17e corps, à Saint-Médard, demeurerait en place jusqu'au passage des têtes du 12e corps. Il faudrait nécessairement ensuite que ces avant-gardes coupassent les lignes de marche des 12e et 17e corps, au prix d'inconvénients évidents.

De même les gros du 11e corps devaient dégager, avant 4 heures, la route Dohan, Fays-les-Veneurs, ce qui impliquait un départ très matinal, compliqué par l'heure tardive à laquelle parvenait l'ordre de l'armée (2).

Dans son ensemble, ce document ne trahit aucune inquiétude pour notre flanc droit, bien que les renseignements recueillis jusqu'alors soient des moins rassurants à cet égard. Ils indiquent, en effet, la présence de masses considérables dans la région de Neufchâteau, d'Arlon, de Longwy, d'Esch-sur-Alzette. D'autres sont signalées au nord de la Lesse, reliant évidemment les premières aux forces allemandes déjà sur la rive gauche de la Meuse. N'allons-nous pas être exposés, en marchant vers le nord, à ne rencontrer tout d'abord aucune résistance de front, mais à être attaqués de flanc, c'est-à-dire dans de mauvaises conditions?

Notre plan de bataille est d'une extrême simplicité. On marchera droit devant soi. Le terrain a été découpé en

(1) Au sud-est de Tintigny.

(2) Cet ordre daté du 21, à 18 heures, parvenait au 17e corps à 22 h. 30 et probablement plus tard au 11e corps.

zones de huit à dix kilomètres de largeur et on lance un corps d'armée dans chacune.

L'ordre du 22 août se résume en une marche offensive pour toute l'armée disposée sur une seule ligne, sans idée de manœuvre. Au cas le plus favorable, il conduirait à une bataille de rencontre avec des colonnes allemandes marchant de l'est à l'ouest, mais la disposition de notre gauche et de notre centre, qui doit s'étendre le soir du 22 d'Houdremont à Libramont, sur une ligne sensiblement dirigée de l'est à l'ouest, n'est pas pour nous assurer le succès. Toutes les chances sont, au contraire, pour que nos colonnes du centre soient elles-mêmes attaquées dans leur flanc droit.

D'autre part, l'instruction du 20 août semble montrer que l'intention du général de Langle n'est pas d'empêcher les Allemands de marcher au nord-nord-ouest, c'est-à-dire de passer la Meuse.

Il se propose sans doute, conformément aux directives du grand quartier général, d'attaquer l'ennemi retranché derrière la Lesse, de le rejeter vers le nord, puis de déboucher sur les derrières des forces opérant à l'ouest de la Meuse, de couper leurs communications, pendant que ces mêmes forces seront attaquées de front par la 5e armée.

Derrière la Lesse, les Allemands forment évidemment flanc-garde pour couvrir le passage des troupes qui passent alors la Meuse en aval de Namur, fait bien connu, signalé par nos bulletins de renseignements. Dès lors, si l'on veut empêcher cette flanc-garde d'accomplir sa mission, nul meilleur moyen que de porter le principal effort sur sa droite, de façon à la couper de la Meuse et à la refouler vers l'est, ce qui exclut l'attaque de front montée pour le 22 août. Il faudrait, non pas répartir uniformément nos six corps d'armée, comme il arriva, mais porter le maximum de nos forces à leur gauche, de façon à jeter contre la droite allemande deux ou trois corps. Le reste serait échelonné vers l'est, occupant des positions fortement organisées et agissant surtout par son artillerie.

D'ailleurs, attaquer la ligne de la Lesse était faire abstraction des forces allemandes signalées vers Neufchâteau, Virton, Arlon, Luxembourg, c'est-à-dire des plus proches, de celles que nous avions le plus d'intérêt à détruire. Pour le faire, il eût fallu changer notre axe de mouvement. Au lieu de l'orienter vers le nord, il eût été nécessaire de l'incliner franchement au nord-est; une flanc-garde au sud de la Lesse nous eût couvert dans cette direction, jusqu'à la mise hors de cause des forces venant de Neufchâteau, Luxembourg. Mais cette destruction exigeait une idée de manœuvre, une concentration sur un secteur choisi et non une marche de front, sans plus, du genre de celle qui fut opérée par la 4e armée.

La solution admise était évidemment la plus simple, mais elle pouvait être coûteuse si l'ennemi venait à la compliquer. Pour en trouver une autre, il eût fallu de l'étude, une préparation sérieuse et du temps. On préféra se jeter à corps perdu sur un ennemi dont on ne connaissait ni l'emplacement, ni la force, et l'attaquer partout où on le rencontrerait. Il en devait résulter fatalement des attaques peu ou point préparées par l'artillerie, destinées à échouer devant un ennemi sachant faire usage du terrain et de la surprise tactique, ainsi que d'une artillerie lourde à laquelle, presque partout, nous n'aurions rien à opposer.

Notons encore que nos objectifs désignés étaient à une étape des zones de départ. Ne pouvait-il survenir des incidents avant qu'ils fussent atteints? Dans ce cas, le commandant de l'armée, resté à Stenay, à 40 kilomètres en arrière, serait incapable de parer à l'imprévu, surtout ne disposant que d'une division coloniale à Jamoignes, en arrière de sa droite. L'étendue du front et la distance rendraient son intervention personnelle nécessairement tardive, ce qui présenterait des inconvénients d'autant plus sérieux que, jusqu'alors, l'initiative des commandants de corps d'armée avait été singulièrement restreinte par les ordres et les instructions de l'armée.

Depuis Napoléon Ier, les fronts de marche et de bataille se sont démesurément accrus. Le rôle du commandant d'armée ne peut plus être ce qu'il était en 1805, en 1806 ou même en 1813. La direction personnelle lui échappe pendant le combat, où il ne peut intervenir que par ses réserves. Encore faut-il que les commandants d'unités subordonnées soient orientés à l'avance sur ses intentions et habitués à user d'initiative dans les limites du cadre tracé par leur chef. Ces conditions ne paraissent pas avoir été réalisées le 22 août à la 4e armée, et nous allons en voir les conséquences.

III

Le mouvement de la 3e armée s'accomplissait, le 21 août, sans incident sérieux. Nos colonnes avaient l'impression du voisinage de l'ennemi, mais aucune idée précise de ses forces. On signalait des colonnes allemandes en marche au nord de la Sure, sans y prêter d'importance.

La 7e division de cavalerie, général Gillain, avait mission d'éclairer l'armée dans la direction de la frontière luxembourgeoise, vers les lignes Arlon, Luxembourg et Esch-sur-Alzette, Bettembourg. Quelques escarmouches se produisaient entre ses éléments et les détachements avancés de l'ennemi.

Le 4e corps, général Boëlle, marchait en deux colonnes,

le 14ᵉ hussards éclairant l'ensemble, avec ordre de reconnaître vers Etalle et Clairefontaine. La 8ᵉ division, général de Lartigue, se dirigeait sur Virton par Vitarville, Velosnes, Torgny, Lamorteau, Dampicourt; la 7ᵉ, général de Trentinian, par Petit-Xivry, Allondrelle, La Malmaison, Ruette et Latour.

Dans l'après-midi, les éléments avancés de la division Lartigue occupaient Virton, après une escarmouche contre un bataillon et la compagnie de mitrailleuses du 123ᵉ (XIIIᵉ corps). Le reste de la division cantonnait dans la zone Vieux-Virton, Saint-Mard, Harnoncourt, Rouvroy, Dampicourt; son quartier général était à Saint-Mard.

Quant à la division Trentinian, elle avait son avant-garde à Latour et le reste dans la zone Ruette, La Malmaison, Allondrelle; le quartier général était à Latour. Quelques coups de feu avaient été tirés dans le bois d'Allondrelle.

Le 14ᵉ hussards cantonnait à Chenois et à Saint-Mard; l'artillerie et le génie de corps à Lamorteau et Torgny. Le quartier général du 4ᵉ corps était à Velosnes.

Ordre était donné d'établir des avant-postes dont la ligne de résistance passerait par Gomery (liaison avec le 5ᵉ corps), Ethe, la cote 210, deux kilomètres au nord de Chenois, Bellevue, la cote 295 et Houdrigny (liaison avec le 2ᵉ corps).

Pour ces troupes, la journée avait été pénible; certaines prolongeaient leur marche jusque dans la nuit. On croyait l'ennemi loin encore (1), bien que la cavalerie eût été au contact de nombreuses patrouilles. On le signalait dans les bois vers Longwy, au nord de Latour et de Virton, notamment à Ethe et à Saint-Léger, vers le nord-est. Les

(1) Paul Lintier, *Ma pièce*, p. 61, cité par Hanotaux, V, p. 101.

habitants de Virton prétendaient qu'il y avait 300.000 Allemands dans la forêt d'Arlon.

Le 5ᵉ corps, général Brochin, avait reçu l'ordre de déboucher entre la route de Virton, Châtillon et celle de Longwy, Aubange, ces deux routes exclues. Il semblait donc qu'on ignorât l'attaque de Longwy par les Allemands. Pourtant on entendait le canon et, dans la soirée, une lueur rougeoyait au-dessus de cette petite place, que le bombardement commençait d'incendier. Les troupes s'établissaient à l'ouest, sans avoir pu entrer en relation avec elle. Quelques-unes étaient au contact immédiat. Ainsi du 46ᵉ, à Cosnes, qui tiraillait la soirée et la nuit tout entières. Le moral de tous était excellent, malgré les fatigues de longues marches. On était rentré dans Longuyon, au milieu de l'enthousiasme des habitants, qui avaient eu déjà le contact de l'ennemi (1).

Au 6ᵉ corps, général Sarrail, la 12ᵉ division tenait la gauche et devait suivre la direction générale de la ligne ferrée Longwy, Arlon. La 42ᵉ, général Verraux, partant de la région Buzy, Eton, suivrait la route Fléville, Landres et atteindrait les environs de Xivry-Circourt. La 40ᵉ, général Hache, formait flanc-garde générale de la 3ᵉ armée, face à Thionville et à Metz, son quartier général à Spincourt. Les gros des divisions de réserve se portaient dans la même direction et au sud, vers Domrémy-la Canne.

Le mouvement de la 12ᵉ division paraît s'être accompli sans incident. A la 42ᵉ, le 94ᵉ, qui était à l'avant-garde, recevait quelques coups de fusil en arrivant à la cote 281, près de Fléville, et subissait des pertes (2). La tête du

(1) Galtier-Boissière, *En rase campagne, 1914. Un hiver à Souchez, 1915-1916*, p. 32.

(2) Dix-sept hommes.

gros atteignait Domprix au moment où l'avant-garde allait entrer dans Circourt (15 heures). Le 19e bataillon de chasseurs formait flanc-garde vers l'est. Après avoir eu un vif engagement dans le bois à l'est de Landres, il avait commencé l'attaque de Higny, quand survenait un ordre du corps d'armée : on devait s'arrêter et cantonner dans les environs de Xivry-Circourt, le quartier général de la division à Ollières.

Etait-ce suite d'une mauvaise répartition de la cavalerie, d'un emploi défectueux de cette arme ou de ces deux causes réunies? Toujours semble-t-il qu'au 6e corps on ne recueillait sur l'ennemi que des renseignements insignifiants. Le temps exécrable, de la pluie et du brouillard, y contribuait. Pourtant les troupes manifestaient de la bonne humeur. Leur confiance dans le commandement n'était pas ébranlée, malgré le décousu de certains mouvements, le défaut de liaison entre certaines colonnes et la rencontre imprévue de fractions ennemies, alors qu'on les estimait encore éloignées. On commençait à se rendre compte qu'il était plus nombreux qu'on ne le prévoyait.

CHAPITRE VI

LA BATAILLE DES ARDENNES (22 août) A LA 4e ARMÉE

Le 9e corps. — La cavalerie. — Le 11e corps. — Combat de Maissin. — Le 17e corps. — Ordres donnés. — La 34e division à Offagne. — — Retraite du 17e corps. — Le 12e corps. — Le corps colonial. — La colonne Goulet. — Combat de Neufchâteau. — — Le 2e corps. — Combat de Meix-devant-Virton. — Résultats d'ensemble.

I

Le 22 août, dans les Ardennes, le temps est couvert, brumeux. En certains endroits le brouillard est si épais que les servants du caisson ne voient pas la tête des chevaux de l'attelage (1).

Au 9e corps, les ordres pour la journée du 22 août se résumaient comme il suit : Les deux escadrons du 7e hussards devaient se porter sur Gedinne par Saint-Menge, Sugny, Membre, Houdremont; départ à 4 heures. Ils pousseraient des reconnaissances sur Haut-Fays, Vouêche, Vencimont, Willerzie et chercheraient la liaison avec le corps provisoire de cavalerie.

Derrière eux, le mouvement de la 17e division s'opérerait en deux colonnes. A droite, la 36e brigade et un groupe d'artillerie atteindraient Alle pour 9 heures, l'avant-garde étant à Oisy, un bataillon à Bièvre, en liai-

(1) Hanotaux, *La bataille des Ardennes*, *Revue des Deux-Mondes*, 15 février 1917, p. 760.

son avec le 11e corps. Le gros de la brigade se rassemblerait ensuite au nord de la Semoy.

A gauche, la 33e brigade, avec deux groupes d'artillerie, aurait pour 9 heures son gros à Membre, son avant-garde au nord de Nafraiture, un bataillon à Houdremont. Puis son gros se rassemblerait également au nord de la Semoy.

La division du Maroc continuerait de s'organiser dans la zone de ses débarquements; le bataillon du 32e et l'artillerie de corps resteraient à Sedan, où ils seraient à la disposition du commandant de corps d'armée qui porterait son quartier général en cette ville.

Le 22 août, en face du 9e corps, les Allemands sont loin encore. La 32e division (XIIe corps) est le 21 vers Sovet (1), à dix kilomètres au nord-est de Dinant. Au nord de la Lesse et au nord-ouest de Rochefort, c'est le XIXe corps. Il n'y a rien entre cette rivière et la région Beauraing, Gedinne.

Dans la matinée du 22, le 7e hussards rendait compte que la ligne de Paliseul, Bièvre n'était pas tenue par l'ennemi. A 14 heures environ, la 4e division de cavalerie était vers Gedinne et la 9e vers Graide, au nord-est de Bièvre.

Le mouvement des 36e et 33e brigades s'opérait sans incident, mais on entendait le canon vers l'est. Très tard dans la soirée, on apprenait que le 11e corps avait été arrêté dans son offensive au nord de Paliseul et que d'autres corps d'armée, vers l'est, avaient dû rétrograder. Le premier renseignement précis venait de Bièvre à 23 h. 35. La 9e division de cavalerie traversait alors ce village, allant sur Houdremont, à l'ouest. On apprenait la retraite du

(1) De Dampierre, *Carnets de combattants allemands*, p. 17.

11ᵉ corps de Maissin (1) sur Carlsbourg, mouvement qui ne compromettait pas encore la situation du 9ᵉ corps.

Au 11ᵉ corps, le mouvement commençait le 22 août, à 4 heures. A droite, la 22ᵉ division, général Pambet, suivait la direction Auby, Fay-les-Veneurs, partie est de Paliseul; la 21ᵉ, général Radiguet, la route de Bouillon à Paliseul (partie ouest). Le général Eydoux, l'artillerie et le génie de corps marchaient avec la 21ᵉ division.

L'objectif visé était Maissin. Ce village occupe le centre d'une clairière, autour de laquelle tout le terrain est coupé et couvert. Le service de la cavalerie y est très difficile.

Au sud et à l'ouest, s'élève une ligne de hauteurs qui en défendent les approches. On ne peut les aborder au sud sur un grand front. Il n'y a place, entre les bois, que pour une division et son artillerie. A l'ouest, le terrain, plus découvert, permet une action plus étendue. Une vallée orientée sud-nord offre une bon cheminement pour amener des troupes à pied d'œuvre.

D'après ces considérations, le général Eydoux confiait à la 22ᵉ division la tâche d'engager le combat de front, à cheval sur la route de Paliseul à Maissin, tandis que la 21ᵉ, appuyée par l'artillerie de corps, déborderait l'ennemi par l'ouest pour attaquer son flanc droit.

Par ordre de l'armée, la 21ᵉ division avait dû, avant 6 heures, se porter à l'ouest de la ligne Bouillon, Recogne, de façon à faire place au 17ᵉ corps. Elle précédait donc la 22ᵉ et quittait la route de Paliseul à Maissin, à 9 h. 30, au passage à niveau de Paliseul, pour se diriger sur Opont

(1) Maissin, hameau au nord-est de Paliseul; Carlsbourg, hameau au sud-ouest. La 52ᵉ division de réserve était le 22 vers Château-Regnault, au sud de Monthermé (H. Libermann, *Ce qu'a vu un officier de chasseurs à pied*, p. 17).

et Our, au nord-ouest. A Our, elle devait faire face à droite et marcher sur l'objectif commun, Maissin. Elle détachait sur son flanc gauche, à Porcheresse, deux pelotons de cavalerie, les 2e et 3e bataillons du 137e et une batterie, sous le commandement du colonel de Marolles.

La veille, un orage très violent avait gêné la marche. La chaleur était devenue très lourde. Néanmoins, les troupes se montraient pleines d'entrain. Le général Eydoux avait établi un poste de commandement à la sortie nord de Paliseul. Le 2e chasseurs rendit compte qu'il occupait Maissin, après en avoir chassé un escadron allemand. Il reçut l'ordre de continuer vers le nord, en explorant dans la direction des Baraques. En même temps, le général annonçait au commandant de l'armée l'intention de faire occuper Maissin par la 21e division et de coopérer avec la 22e à l'action du 17e corps, dont on cherchait inutilement le contact sur la ligne indiquée par l'ordre pour le 22 août.

Mais à peine les premiers éclaireurs du 19e régiment (1) se montraient-ils devant Maissin, que de tous les bois d'alentour surgissaient des masses ennemies qui garnissaient des tranchées préparées à l'avance. Depuis plusieurs jours, dit-on, les Allemands travaillaient à cette organisation défensive; ils avaient pratiqué des abatis, tracé des réseaux de fils de fer, creusé des tranchées, précédées parfois de fausses défenses, pour faire croire à la présence de troupes.

Vers le milieu du jour, le 19e engageait le combat de

(1) Avant-garde de la 22e division; au gros, 1 bataillon du 118e, l'artillerie divisionnaire, 2 bataillons du 118e; la 43e brigade, le 337e de réserve. Le 2e bataillon du 19e marche en tête. A Paliseul, il se dirige sur Framont, Anloy, pour couvrir le flanc droit du corps d'armée, prendre position sur la hauteur du moulin de Villance et relier le 11e corps au 17e.

front, avec « une bravoure incomparable », à cheval sur la route de Paliseul à Maissin. Il entrait rapidement dans ce village, dont il enlevait la moitié sud, le 1er bataillon à droite, le 3e à gauche. Son action était préparée, puis appuyée par l'artillerie divisionnaire placée, deux groupes en échelon à l'est de la route, un groupe à l'ouest, à 300 mètres en avant, dans une légère dépression.

Le feu de l'ennemi, qui disposait d'un grand nombre de mitrailleuses, était d'une extrême violence. Il fallait engager successivement un bataillon du 118e régiment, dont les deux autres bataillons étaient en flanc-garde à l'est, puis les 62e et 116e.

Les batteries étaient soumises à un feu très bien réglé de 77 et de 105. A l'ouest de la route, celle du capitaine Gallati perdait, en très peu de temps, son chef et la majeure partie de ses servants; son matériel était fort endommagé. A l'est, la batterie Parmentier était très éprouvée également. Comme, à l'extrême droite, des tirailleurs ennemis se montrent sur une crête et menacent nos pièces, dont le soutien d'infanterie est trop loin pour intervenir à temps, un officier va réclamer l'appui d'un bataillon

Le capitaine Parmentier est blessé grièvement, son lieutenant tué. C'est avec peine qu'on peut amener les avant-trains et se replier sur une position en arrière.

Le tir de l'ennemi est facilité par sa connaissance du terrain. De notre côté, au contraire, l'artillerie a peine à trouver des objectifs. L'impression ressentie est que les batteries allemandes tirent mal. La plupart de leurs obus éclatent trop haut; beaucoup ne font pas explosion.

Cependant, le 19e gagne du terrain dans Maissin, au prix de pertes très sensibles. Il arrive à border la rue de Libin, qui coupe le village de l'est à l'ouest; le bataillon du 118e qui l'appuie chemine péniblement sur un plateau balayé par les feux de l'adversaire. Entre 15 et 16 heures, un bataillon du 62e et un autre du 116e viennent encadrer celui du 118e, sans pouvoir progresser sous des nappes de projectiles. Enfin, vers 19 heures, des signaux faits par le 19e montrent que ce régiment est maître de Maissin; les éléments avancés des 118e, 62e, 116e, stimulés par ce succès, y sont entrés également et aident le 19e à refouler une contre-attaque. Le village est à nous (1).

Dans son mouvement offensif, la 22e division a été appuyée par la 21e. Partie de Paliseul à 9 h. 30, elle a cru devoir faire une grand'halte à la fin de laquelle (13 h. 30) elle a entendu le canon du général Pambet. A 15 heures, elle débouche d'Our et marche par brigades accolées, la 42e à droite (4 bataillons) sur Maissin; la 41e à gauche en direction générale de la cote 385, au nord-ouest. Le général Radiguet prescrit de ne déployer tout d'abord que des avant-lignes légères, afin de permettre à l'artillerie de battre les lisières du bois. Le 293e de réserve a l'ordre de se placer derrière la gauche de la 41e brigade, pour parer à tout mouvement débordant. Mais la distance à parcourir l'empêche d'arriver en temps opportun.

L'artillerie de la division ouvre le feu à 16 h. 15 environ; l'artillerie de corps vient ensuite l'appuyer. Toutes ces batteries nettoient méthodiquement les lisières des bois et allongent leur tir à mesure des progrès de notre infanterie. Le 77 et le 105 allemands les contrebattent

(1) Les prisonniers appartiennent au 118e (hessois), 25e division, XVIIIe corps. La plupart sont tués ou blessés, dans la matinée du 23, par un obus de 105.

sans leur infliger de pertes sensibles, mais il est impossible de les repérer.

Vers 19 h. 50, la droite de la 42e brigade pénètre dans Maissin, où elle rejoint la 22e division et où des foyers d'incendie ne tardent pas à se révéler sous les obus ennemis. La 41e brigade, les 64e et 65e en ligne, refoulent l'adversaire vers les hauteurs d'Anloy. Mais le feu destructeur des mitrailleuses allemandes arrête la poursuite. Un moment retentit de leur côté la sonnerie française « Cessez le feu ». La 21e division y répond par la sonnerie de la charge, qu'exécutent les tambours et clairons du 65e et qui est répétée sur toute la ligne. L'infanterie met baïonnette au canon et se précipite en avant aux accents de la *Marseillaise*. Il est exactement 18 h. 55.

La division hessoise (25e), qui était en face du 11e corps, bat en retraite en désordre, poursuivie par les obus de notre artillerie. La nuit lui permet d'échapper à une entière défaite, mais elle n'en recule pas moins de 15 kilomètres, dit-on. Nos troupes occupent sa troisième ligne et s'y installent. On ramasse les blessés, on remet de l'ordre dans les unités. On se prépare à repousser une contre-attaque qui a lieu à 2 heures du matin, sans succès.

Cependant la flanc-garde de droite est obligée de se replier devant des forces très supérieures, le 17e corps ayant laissé ce flanc à découvert. Quant à la flanc-garde de gauche, celle du colonel de Marolles, elle lutte héroïquement à Porcheresse. Dès son arrivée elle a occupé ce village et les hauteurs qui le dominent. Vers 20 heures, deux bataillons allemands, qui se sont introduits dans le château et le parc, avec la complicité, dit-on, du propriétaire, font irruption dans le village et, par dessus le mur du parc, balayent les rues des balles de leurs mitrailleuses.

Mais nos troupes veillent et ouvrent un feu très vif des fenêtres, des toits, des barricades. L'ennemi bat en retraite sur le château, après avoir incendié l'église et les maisons voisines; il a même tué le curé et quelques habitants.

Dans la nuit du 22 au 23, le 11ᵉ corps est en pointe, ses deux flancs découverts. A gauche, le détachement de Marolles a écarté tout danger immédiat; mais à droite la retraite du 17ᵉ corps compromet la sécurité de son voisin. La menace de l'ennemi dans cette direction devient de plus en plus sérieuse; des feux nourris d'infanterie et de mitrailleuses retentissent sur le flanc droit, où est échelonné le 337ᵉ, lieutenant-colonel Magnan, face à l'est. Le général Eydoux juge nécessaire de battre en retraite pour ne pas être coupé de Bouillon, c'est-à-dire de tout ravitaillement.

La 22ᵉ division reçoit l'ordre de retraite immédiate vers 21 heures, la 21ᵉ à 22 heures; ce n'est pas sans les plus vifs regrets. De même, à la 21ᵉ division, « chacun comptait poursuivre au jour l'ennemi ».

Dans Maissin, le 19ᵉ (colonel Chapès) n'a reçu aucun ordre. Vers 3 heures du matin, apprenant par ses patrouilles que les autres corps ont disparu et qu'il reste isolé, il décide la retraite. A 6 h. 30 seulement, le 1ᵉʳ bataillon se met en mouvement vers Paliseul, sans être inquiété. Mais les Allemands dessinent une attaque contre le 3ᵉ bataillon, qui est ainsi conduit à tenir le village jusque vers 9 heures. Il suit alors le 1ᵉʳ bataillon, sans plus de difficulté, et va le rejoindre à Bouillon, où ils cantonnent.

Le 2ᵉ bataillon du 19ᵉ avait, nous l'avons vu, été porté en flanc-garde de droite vers Villance. Il cherchait inutilement la liaison avec le 17ᵉ corps. D'autre part, la hauteur du moulin de Villance était tenue par l'ennemi, qui apparaissait également à l'est et au sud-est; le chef de bataillon tombait mortellement atteint, en reconnaissant cette position. Le capitaine qui lui succédait croyait devoir se replier directement sur Paliseul devant la menace allemande.

Les pertes du 19ᵉ étaient lourdes : 9 officiers et 300 hommes tués, dont deux chefs de bataillon; 4 officiers et 600 hommes blessés ou disparus.

Tous les blessés n'avaient pu être évacués, faute de moyens suffisants. Une centaine, non transportables, furent laissés à Our avec un aide-major du 65ᵉ qui, fait prisonnier contre tout droit, dut risquer plusieurs fois sa vie pour empêcher leur massacre. D'après le rapport qu'il fournit à son retour, les Allemands auraient enterré plus de 2.800 cadavres de leurs compatriotes sur le front de la 21ᵉ division.

La retraite du 11ᵉ corps fut pénible. Le gros des troupes s'arrêta dans le bois au sud du carrefour des routes de Bouillon à Paliseul et à Bièvre. Certains régiments continuèrent plus au sud, comme le 116ᵉ qui alla cantonner à Nollecourt. Sur l'ordre du général Radiguet, le détachement de Marolles se replia dans la direction d'Oizy, Mogimont (1 heure).

Jusqu'à l'aube, le général Eydoux resta au carrefour pour remettre de l'ordre dans ses troupes. Le bois était rempli d'éléments du 11ᵉ corps, auxquels étaient venues se joindre de nombreuses fractions du 17ᵉ qui erraient à l'aventure. Une colonne de cuirassiers, en marche de l'est à l'ouest, cherchait à se frayer passage dans cette cohue, en file indienne. Par la nuit noire « et avec l'impossibilité d'allumer même une lanterne », le commandement était difficile.

Au matin, le général Eydoux laissait la surveillance au

général Favereau, commandant l'artillerie, et se portait vers Bouillon. Déjà toutes les voitures s'étaient écoulées dans la forêt de Bouillon, en marche sur La Chapelle et Sedan; l'artillerie était allée prendre position sur les hauteurs de Noirfontaine, Sensenruth, Botassart, qui couvrent Bouillon au nord, ou sur la rive gauche de la Semoy, pour arrêter toute poursuite. L'infanterie se retirait sur Bouillon, sous la protection d'une forte arrière-garde, commandée par le général Radiguet.

Chose incompréhensible, l'ennemi n'inquiétait pas la retraite, en sorte que le gros du corps d'armée pouvait s'installer au cantonnement-bivouac dans Bouillon et au sud. Malgré les fatigues d'une journée, d'une nuit et d'une matinée consacrées à la marche ou au combat, le moral de ces troupes était « parfait ». Elles admettaient que leur recul n'était pas imposé par l'ennemi, mais résultait des ordres du commandement.

II

D'après l'ordre donné pour le 22 août au 17e corps, il devait opérer son mouvement en trois colonnes de brigade, précédées par le 9e chasseurs. Celle de droite, ayant à traverser des bois étendus, était faible en artillerie et devait suivre l'itinéraire Est assigné au corps d'armée : Herbeumont, Bertrix, Ochamps. Elle était constituée par la 66e brigade, général Fraisse (11e régiment, colonel Appert; 20e régiment, colonel Détrie), avec deux groupes d'artillerie divisionnaire. L'autre brigade de la 33e division (65e, 7e régiment, colonel Hello, et 9e régiment, colonel Hue) devait, dès 4 heures, être à la lisière Est de la forêt d'Herbeumont et tenir par ses avant-postes la ligne de la Vierre, entre Saint-Médard et Orgéo. Elle y attendrait qu'elle eût été dépassée par les têtes de colonne du 12e corps, vers 9 heures, croyait-on; puis elle s'engagerait sur le chemin de Saint-Médard à Bertrix. Dans ce dernier village, le général de Villeméjane rejoindrait sa brigade de tête (66e), dont il prendrait le commandement. Le groupe de la 65e rallierait le reste du 18e d'artillerie, colonel Paloque.

L'itinéraire de la colonne de droite était presque parallèle à celui indiqué pour la gauche du 12e corps : Saint Médard, Orgéo, Saupont, Pré-du-Bois, forêt de Luchy, Recogne. Il n'y avait entre eux qu'un intervalle de 4 kilomètres en moyenne.

Les deux colonnes de gauche du 17e corps étaient constituées par la 34e division (général Alby) : la 67e brigade, général Dupuis, 14e et 83e régiments, devait marcher par Cugnon, Geripont sur Assenois, Jehonville; la 68e, colonel Bertaux, 59e et 88e régiments, par Dohan, Fays-les Veneurs sur Offagne. L'artillerie divisionnaire (34e division) et l'artillerie de corps étaient réparties entre ces deux brigades, sous cette réserve que l'artillerie de corps restait à la disposition du général Poline.

Ce dernier marchait au centre du corps d'armée, en tête du gros de la colonne Dupuis. Nous ignorions que, dans cette même journée du 22, les deux divisions du XVIIIe corps se portaient sur Ochamps (25e) et sur Bertrix (21e) (1), venant de l'est, ce qui compromettait fortement notre droite. Pourtant deux de nos divisions de cavalerie (4e et 9e) avaient opéré dans la région de Neufchâteau jusqu'à la veille. On s'explique mal qu'en dégageant le front de l'armée, le 22, pour se porter à Gedinne

(1) Hanotaux, V. p. 110-113.

et à Graide, elles n'aient pas gardé le contact ou, si elles le gardaient, tenu le 17e corps au courant des mouvements de l'ennemi.

Nos trois colonnes avaient à traverser une zone boisée qui, par place, mesurait plus de 10 kilomètres de largeur. Ce passage difficile s'effectuait sans incident. On passait la Semoy. Un brouillard épais masquait tous les mouvements à l'observation aérienne, du moins pendant une partie de la matinée.

Les avant-gardes du 17e corps n'atteignaient la route Paliseul, Bertrix qu'à 10 heures environ, c'est-à-dire avec un retard d'une heure, moins grave en raison de celui des corps voisins, 11e et 12e. L'avant-garde du 11e, qui était à Bertrix, ralliait son corps d'armée par la route de Fays-les-Veneurs, coupant ou longeant ainsi les colonnes du 17e corps, sur plus de huit kilomètres.

Vers 14 heures, la 34e division rendait compte qu'Offagne paraissait occupé. Le général Poline, qui avait établi son poste de commandement près de la route de Fays, Recogne, à 2 km. 500 environ de Fays, prescrivait aux divisionnaires de procéder méthodiquement à l'attaque, en la faisant mûrement préparer par l'artillerie, après reconnaissance par les avant-gardes.

Pour attaquer Offagne, le général Alby disposerait, s'il était nécessaire, des deux groupes de l'artillerie de corps marchant avec la colonne de gauche (colonel Bertaux).

Vers 15 heures, il rendait compte de la prise d'Offagne et recevait l'ordre de continuer sur Jehonville et le bois de Sart, pendant que le général Poline portait son poste de commandement à la sortie nord-est d'Assenois. La 65e brigade, colonel Huc, qui était à Bertrix venant de Saint-Médard, allait également sur Assenois, où elle avait reçu l'ordre de s'établir dans les bois, en réserve du corps d'armée. Elle devait reconnaître les itinéraires permettant de marcher soit sur Ochamps, soit sur Jehonville.

Sur les entrefaites, la 66e brigade, général Fraisse, rendait compte qu'elle éprouvait des difficultés à pousser jusqu'à Ochamps. Le général Poline faisait donc chercher des emplacements de batteries sur la lisière nord de la forêt de Luchy, afin de préparer cette attaque. En même temps (15 heures environ), il prescrivait au général Malcor, commandant l'artillerie du corps d'armée, de rechercher des positions à l'est de Jehonville, d'où l'artillerie de corps de la colonne Dupuis pourrait tirer également sur Ochamps, facilitant ainsi le débouché de la colonne Fraisse sous le feu de l'artillerie allemande en batterie vers la cote 510, au nord-est d'Ochamps.

Mais, à 16 heures environ, des obus ennemis commencèrent de tomber à la lisière sud-ouest de la forêt de Luchy, vers le point où le chemin de Bertrix à Ochamps pénètre dans ce couvert, c'est-à-dire sur les derrières de la colonne Fraisse, déjà engagée de front, lui donnant l'impression qu'elle était cernée.

Peu après, le général Poline, qui était à la sortie est de Blanche-Oreille, recevait avis, par un motocycliste venant de Bertrix, que la colonne refluait de la forêt de Luchy et que son artillerie, les trois groupes du avait été en grande partie enlevée dans ces bois.

On sut ensuite comment était survenu ce

Toute la brigade, moins un bataillon, et les neuf batteries du s'étaient engagés dans les bois sur un seul chemin. L'un des groupes, qui essayait de se mettre en batterie à la lisière nord, était anéanti en quelques instants par l'artillerie lourde allemande (1). L'affolement com-

(1) C'est peut-être à cette destruction que fait allusion le carnet allemand cité par M. Hanotaux, V, p. 113.

mençait. On tourbillonnait sur place, tandis qu'à deux kilomètres au sud d'Ochamp retentissait une fusillade nourrie. Les fantassins, démoralisés, se groupaient autour de leurs chefs, ne tirant même pas au commandement. Finalement, ils s'échappaient de la forêt par Acremont, au sud-est de Jehonville, essayaient de gagner Bertrix, déjà occupé par l'ennemi, filaient sur les Hayons, puis sur Bouillon, sortant ainsi complètement de la zone du 17e corps et gênant gravement la retraite du 11e. Ils étaient mal reçus à Bouillon et devaient parlementer pour être admis (1). Des 36 pièces du neuf seulement avaient pu être sauvées. Les autres, surprises en colonne sous bois, avaient perdu leurs attelages tués à bout portant ou à coups de baïonnette et restaient aux mains de l'ennemi.

Cependant les renseignements parvenus au général Poline étaient confirmés par les obus allemands qui atteignaient déjà Bertrix et Assenois. Le commandant du 17e corps se portait à la 65e brigade et prescrivait au colonel Hello de former avec le 7e régiment barrage à l'est d'Assenois, à cheval sur la route de Libramont à Bouillon, vers la cote 463; il pourrait ainsi recueillir les troupes refluant de la forêt de Luchy. Le colonel Huc recevait l'ordre de diriger le 9e régiment (2 bataillons) (2) sur Bertrix et d'en organiser la défense. Le capitaine Allehaut était envoyé à la colonne Dupuis vers Jehonville, avec mission de porter un groupe de l'artillerie de corps à l'ouest d'Assenois, vers un petit bois. Ces pièces battraient les débouchés sud de la forêt de Luchy et coopéreraient à l'action de la 65e brigade.

---

(1) Hanotaux, V, p. 112, d'après le *Journal inédit* du commandant G....

(2) Un bataillon était en soutien de la 9e division de cavalerie.

Enfin, le général Poline faisait arrêter des groupes d'infanterie et des attelages du 18e d'artillerie conduits par un sous-lieutenant de réserve, le tout refluant en désordre vers l'ouest. Des renseignements complémentaires qu'il recevait, il résultait que la colonne avait dû perdre la liaison avec le 12e corps; mal éclairée par la cavalerie et par son avant-garde, à découvert sur son flanc droit, elle ne s'était pas rendu compte que l'ennemi avait déjà pénétré dans la forêt, à l'est de la route où elle était entassée, l'artillerie sur la chaussée et l'infanterie sur l'accotement droit. Il y avait alors un vide mesurant près de neuf kilomètres entre la droite du 17e corps et la gauche du 12e, vide résultant des mouvements mêmes de ce dernier. Nous verrons qu'il n'avait pas marché sur ses objectifs, Recogne et Libramont, à l'est d'Ochamps. Il n'avait même engagé personne sur la deuxième partie de son itinéraire de gauche.

On peut en conclure que ce funeste accident est dû en premier lieu au défaut de liaison entre nos colonnes; mais il est également imputable à des fautes d'exécution tout à fait choquantes, à une insuffisance visible d'instruction professionnelle qui avait permis à cette malheureuse brigade de s'engouffrer tête baissée dans la forêt de Luchy, au voisinage immédiat de l'ennemi, sans prendre les moindres précautions pour couvrir son flanc exposé et même ses derrières, protégés d'un peu loin par la brigade Huc, à Bertrix.

Pendant que ces tristes événements se passaient à la

droite du 17e corps, la 34e division menait son attaque sur le bois de Sart et sur celui au nord. Vers 15 heures, un compte rendu faisant connaître que le 11e corps éprouvait de grosses difficultés dans son offensive sur Maissin, le général Poline prescrivait au général Alby d'y coopérer avec une fraction de l'artillerie de corps et les éléments d'infanterie dont il pourrait disposer.

Dans la soirée, on apprenait que le 11e corps était en retraite.

D'autre part, des éléments de la brigade Huc, disposés en repli et en barrage, cédaient à la pression ennemie. La situation devenait dangereuse, en raison du vide existant entre les 12e et 17e corps, dans un pays couvert où les liaisons latérales étaient très difficiles, même en plein jour. Le général Poline jugea imprudent de laisser des troupes, déjà fâcheusement impressionnées, sous le coup d'une attaque de nuit éventuelle. Au lieu de stationner sur place, comme il le voulait d'abord, il allait donc se reporter derrière la Semoy, où il pourrait réorganiser ceux de ses éléments que cette courte offensive avait déjà dissociés. Peut-être eût-il été prudent de limiter davantage la retraite du 17e corps.

Quoi qu'il en soit, vers 19 heures, le général donnait ses ordres en conséquence, la 33e division devant aller sur Herbeumont, la 34e sur Cugnon et Dohan. Aucun compte rendu n'était parvenu des débris de la colonne en retraite sur Bouillon. Pour couvrir notre recul, le général Malcor (1) recevait le commandement des restes de la 33e division et du groupe Gézé, du 57e, venu sur les entrefaites au nord de Fays, avec ordre d'arrêter toute poursuite. L'ennemi n'en manifestait aucune velléité.

(1) Commandant l'artillerie du 17e corps.

Le chef d'état-major du corps d'armée, colonel Grégoire, allait aussitôt rendre compte au général de Langle, à Stenay. Le 17e corps avait subi de lourdes pertes : 3 colonels, 4 chefs de bataillon, presque tous de la 33e division, avaient été tués et parmi eux le commandant de la 65e brigade. Au 11e régiment, 24 officiers avaient été mis hors de combat et 25 au 20e. L'effet moral était plus grave, de beaucoup, comme il arrive pour les échecs survenant au début d'une campagne. Après l'enthousiasme et les rêves des premiers jours, c'était un réveil singulièrement brutal.

III

Le 12e corps partait de la région Florenville, Les Deux-Villes, en arrière et à droite du 17e corps. Ses objectifs, Recogne et Libramont, étaient à peu près à la hauteur de ceux du 17e (Jehonville et Ochamps). Il devait donc nécessairement les atteindre après que ce corps aurait atteint les siens. De plus, le général Roques jugea nécessaire, pour traverser la forêt d'Herbeumont, de procéder par échelons, la lisière sud constituant le premier objectif du corps d'armée réparti sur un très large front. Comme le général Poline, il constituait trois colonnes à la sortie de la forêt. A gauche, la 24e division portait ses deux brigades au nord dans la direction de Saint-Médard et au delà; puis venait vers l'est une brigade de la 23e division, la deuxième et l'artillerie de corps restant en réserve, au nord de Florenville. Les deux artilleries divisionnaires marchaient avec les brigades de première ligne (1).

A hauteur de Saint-Médard et de Straimont, on rencontrait déjà l'ennemi qui engageait un vif combat. De

(1) Hanotaux, V, p. 114.

ce fait le 12e corps était très sensiblement en arrière du 17e, sans que ce dernier en fut avisé, faute de liaison. La 24e division finissait néanmoins par enlever Névraumont, puis un bois en arrière, qui était pris à la baïonnette. Elle franchissait alors la route de Neufchâteau à Bertrix jusqu'à la hauteur de Rossart. Ses pertes étaient sévères, surtout aux 100e et 126e, mais elle couchait sur ses positions, à la droite de celles qu'évacuait le 17e corps pour se replier derrière la Semoy.

Dans la journée, le général Roques recevait du commandant du corps colonial un avis portant qu'attaqué violemment, il avait besoin de secours. Les réserves du 12e corps se portaient donc vers la droite; elles paraissent n'avoir pas été engagées, mais cette menace empêchait l'ennemi d'assaillir le flanc droit du corps d'armée, comme il arriva pour ses voisins. A la nuit, il s'organisait sur les positions occupées.

Le corps colonial était moins heureux. L'ordre pour le 22 août portait qu'il marcherait en deux colonnes sur Neufchâteau, éclairé par le 3e chasseurs d'Afrique. A gauche, la 5e brigade coloniale et divers éléments adjoints partiraient de la ferme d'Orval, pour marcher sur les Bulles, Suxy, Montplainchamps. Elle serait suivie de la 2e division coloniale, qui marcherait par Thonne-le-Thil, Herbeuval, la ferme d'Orval et Pin, sans dépasser Jamoignes. Elle y resterait en réserve d'armée.

A droite, la 3e division coloniale se porterait vers le nord par Saint-Vincent, Mesnil-Brévanne, Rossignol, Les Fossés. Les gros des avant-gardes devaient franchir, à 6 heures, le 22, la ligne Mesnil-Brévanne (1), Jamoignes.

---

(1) La carte de France au 80.000e porte *Breuvanne*, sur la Semoy, au sud de Rossignol.

Le général Lefèvre paraît avoir laissé le quartier général du corps colonial à Baalon, c'est-à-dire à 4 kilomètres de la Meuse à Stenay. Or il y a près de 40 kilomètres à vol d'oiseau de cette dernière ville à Neufchâteau, ce qui impliquait d'énormes difficultés pour la liaison et le commandement.

La réserve du corps colonial était constituée par un régiment de la 3e division, avec l'artillerie et le génie de corps. Entre les premiers objectifs indiqués, Mesnil-Brévanne, Jamoignes, et Neufchâteau, une large forêt, celle de Chiny, formait un rideau difficilement pénétrable. Néanmoins on avait cherché à régler les mouvements de sorte que les deux colonnes, marchant de front, pussent déboucher sur Neufchâteau à la même heure, tandis que, vers l'ouest, le 12e corps, et, vers l'est, le 2e corps appuieraient leur offensive.

A la 5e brigade (général Goulet), l'avant-garde comprenait un peloton du 6e dragons et deux bataillons du 23e colonial, colonel Nèple. Le gros suivait à 1.500 mètres : un bataillon du 23e, trois bataillons du 21e, un groupe d'artillerie, une compagnie du génie, le train de combat, une ambulance, des brancardiers.

La colonne se constituait aux Bulles seulement; le gros en partait à 7 h. 20. Le peloton de dragons à l'avant-garde, composé en grande partie de réservistes, montés sur des chevaux de réquisition (1), était insuffisant comme nombre et fatigué par les marches précédentes, ainsi, sans doute, que par l'abus qu'on avait fait de ses forces, suivant la tradition à peu près constante pour la cavalerie divisionnaire.

Dès la lisière du bois de Chiny, près le château des

---

(1) C'était la composition habituelle de la cavalerie divisionnaire.

Greuttes, il était accueilli par des coups de feu et se repliait. Mais la cavalerie allemande qui l'avait refoulé ne tenait pas davantage devant l'infanterie de l'avant-garde. Il faisait une chaleur torride. Un avion ennemi survolait la colonne avec insistance. On cherchait la liaison avec la colonne de droite, sans la trouver (1).

On débouchait devant Suxy, au milieu des bois. Quelques coups de feu étaient encore tirés; puis un escadron allemand se retirait vivement et l'on continuait de marcher sous bois, en se gardant sur les flancs par des compagnies détachées.

Vers 10 h. 45, la tête débouchait devant Montplainchamps, à la cote 240, sur la rive gauche de la Vierre, que traverse la route. On découvrait au loin, sur la droite, les toits d'ardoise de Neufchâteau par dessus les pentes boisées bordant la rivière. La colonne avait déjà parcouru 15 kilomètres d'une marche très dure.

Les habitants déclaraient que, depuis huit jours, Neufchâteau était occupé par l'ennemi, mais que, la nuit et le matin, des colonnes nombreuses en étaient parties vers l'ouest, sur Saint-Médard et Bertrix.

A 11 heures, l'avant-garde reprenait son mouvement. Les dragons passaient le pont de la Vierre, pour se replier presque aussitôt devant des coups de feu. Une compagnie se déployait et gravissait la rampe menant des bords de la rivière sur le plateau. Une fusillade plus nourrie l'arrêtait. Il fallait déployer une seconde compagnie qui était immobilisée de même, sous un feu violent partant des abords ouest de Neufchâteau. L'artillerie allemande ouvrait le feu; la nôtre répondait à 13 h. 45 seulement, plus

---

(1) Hanotaux, V, p. 118. Cf. Colonel Bujac, *Nos 3e et 7e régiments coloniaux sur la Semoy (22 août 1914)*. *France du Sud-Ouest*, février 1918.

de deux heures après le début de l'engagement. Une batterie ennemie, à 700 ou 800 mètres à l'ouest de la ville, tirait sur les bois de sapins où s'étaient accrochées les deux compagnies du 23e colonial. Celles-ci reprenaient leur mouvement en avant, perdant du monde sous le feu de mitrailleuses qu'il fallait menacer d'une attaque à la baïonnette pour les faire déguerpir (1).

L'une des compagnies, capitaine Triol, était contre-attaquée par l'infanterie allemande et subissait de fortes pertes. Réduite à 40 hommes, son capitaine blessé, elle refluait jusqu'à une ferme à mi-hauteur du plateau et s'y maintenait.

La compagnie O'Kelly avait ordre d'attaquer Neufchâteau par la gauche, sur le chemin de Petitvoir. Elle s'apercevait bientôt que l'ennemi garnissait des tranchées armées de mitrailleuses, et elle ne pouvait gagner du terrain dans cette direction. On engageait un nouveau bataillon du 23e, commandant Amiel. Il traversait la Vierre, poussant jusqu'au bois d'Ospot, d'où il chassait l'ennemi. Amiel, blessé, encore étendu sur le sol, ne cessait d'encourager ses soldats.

Ceux-ci débouchaient devant une nouvelle ligne allemande, établie en avant de la lisière ouest de Neufchâteau. Elle était occupée par des fractions d'une brigade hessoise venue ce jour-là de Libramont. D'autres troupes ennemies se montraient à l'ouest. Nos compagnies étaient entre deux feux. Leurs officiers, visés surtout, tombaient en nombre (2). Le colonel Nèple était averti qu'on apercevait une longue ligne allemande et que des fantassins arrivaient pour la prolonger vers l'est. Jusqu'alors le gros de la colonne Goulet avait paru se désintéresser de l'ac-

(1) Hanotaux, V, p. 119.
(2) Hanotaux, V, p. 120.

tion, sans qu'on puisse en apprécier les motifs. Nèple avait dû engager toutes ses réserves. Il faisait demander du renfort et ralliait les débris de ses compagnies autour d'une maison du bord de la route, sur la rive droite du ruisseau. Aussitôt ce groupement attirait un feu terrible. Une de nos sections de mitrailleuses essayait d'entrer en action sur un renflement de terrain. Elle était écrasée en quelques instants par les mitrailleuses allemandes, et le nombre des tués ou des blessés s'accroissait constamment. Autour du poste du colonel Nèple s'étendait une véritable « zone de mort ». Les Allemands s'infiltraient dans le bois d'Ospot; leur artillerie tirait à 1.200 mètres sur le pont de la Vierre, le rendant presque inaccessible (14 h. 30). Le combat continuait cependant, sans que le gros de la colonne intervînt.

A 15 h. 20, l'approche de l'ennemi obligeait Nèple à quitter la maison. Les restes de ses deux bataillons se retiraient sous la protection d'une cinquantaine d'hommes qu'il avait réunis. Un autre groupe, une quinzaine d'hommes seulement, commandés par le lieutenant-colonel Maillard, continuait de tirer sur place. Une partie de notre ligne gagnait les bois de sapins sur une croupe au sud de Grapfontaine.

Un peu au sud du ruisseau, le colonel Nèple était mortellement atteint. Maillard quittait enfin la maison si héroïquement défendue et prenait la direction du combat.

Chose incompréhensible, des agents de liaison envoyés au général Goulet un seul avait pu l'atteindre. Il était en liaison avec le 12e corps vers Straimont, mais ignorait totalement ce qui se passait à la 3e division coloniale, et l'ennemi essayait de nous déborder dans cette direction.

Goulet tenta d'agir vers l'est, pour dégager son avant-garde et préparer l'entrée en ligne de la 3e division. Il déployait son gros au nord de Grapfontaine et à hauteur de Montplainchamps pour recueillir l'avant-garde. La gauche des quatre bataillons restants, celui du commandant Ibos, du 21ᵉ, opérait dans la vallée de la Vierre, tout en gardant la liaison avec le 12ᵉ corps. Elle ne parvenait pas à progresser vers le nord, mais couchait sur les positions occupées.

Cependant l'ennemi continuait de s'étendre vers l'est, cherchant visiblement à nous déborder. D'autre part, nous ne pouvions trouver la liaison avec la 3ᵉ division coloniale qui, on le sut le lendemain seulement, n'avait pas dépassé Rossignol. Il ne restait que trois compagnies en réserve. A 20 heures, Goulet donna l'ordre de se replier jusqu'à la lisière nord du bois de Basse-Heveau. Ce mouvement s'opéra par échelon, avec la plus grande régularité, sans que l'ennemi tentât de nous poursuivre. La brigade rentrait ainsi à Suxy, le bataillon Ibos la couvrant à la lisière des bois (22 h. environ). Puis, sur l'ordre du général Leblois, commandant la 2ᵉ division, elle se repliait sur Bulles, qu'elle atteignait à 2 heures du matin, le 23, dans un état de fatigue extrême. Le bataillon Ibos et quelques éléments du 23ᵉ passaient la nuit sur le champ de bataille et ralliaient la brigade au jour, en colonne de route (1), ce qui tendrait à prouver que notre repli avait été précipité et qu'il eût été possible de défendre la lisière des bois.

Le XVIIIᵉ corps allemand avait combattu à l'ouest de Neufchâteau et le VIᵉ au sud. Entre eux, il se produisit une trouée que le XVIIIᵉ corps de réserve fut chargé de boucher. La 24ᵉ division de réserve marcha sur Neufchâteau, la 41ᵉ brigade venant de Jusseret et de Lescheret,

(1) Hanotaux, V, p. 122; Colonel Bujac, *loc. cit.*

au nord-est, la 42e de Folschette. Elle atteignit la ville au moment où allait commencer l'attaque de Nèple (1). La 21e brigade d'artillerie de campagne, un bataillon d'artillerie à pied et une brigade de cavalerie auraient en outre pris part au combat.

Dans ce malheureux engagement, nos pertes furent très lourdes, surtout au 23e. Celles des Allemands auraient été évaluées à 1.300 tués et 3.000 blessés, c'est-à-dire à un chiffre supérieur de 25 % au nôtre. Un témoin aurait vu onze canons de 77 rendus inutilisables par nos feux. Un régiment allemand aurait été à peu près anéanti au débouché du bois nord-est de Neufchâteau. A la fin du jour, il lui serait demeuré 5 officiers seulement. Un groupe d'artillerie voisin aurait été détruit.

Les Allemands n'auraient fait qu'une centaine de prisonniers non blessés.

Ces renseignements paraissent sujets à caution. Un fait certain est que la colonne Goulet avait subi un échec sérieux, résultant en grande partie de dispositions vicieuses. Elle avait engagé son avant-garde dans un combat disproportionné, sans la soutenir en temps opportun, ne faisant intervenir son artillerie que tardivement. En outre, elle n'avait pas été soutenue elle-même par le reste du corps colonial, dont une grande partie n'était pas engagée et qui eût dû l'être, puisqu'il s'agissait d'attaquer des forces supérieures. Enfin, la brigade Goulet s'était peut-être trop hâtée de regagner la ligne de la Semoy, sans qu'il y eût nécessité et au risque d'atteindre le moral de la troupe, considération qui eût dû imposer d'autres procédés.

---

(1) M. Hanotaux écrit (V, p. 123) entre 11 heures et 12 heures. S'il s'agit de l'heure allemande, comme il est probable, cela correspond à notre « entre 10 heures et 11 heures ».

IV

La 3e division coloniale, général Raffenel, avait atteint le 21 Tintigny et Saint-Vincent. Elle devait se porter le 22, par Rossignol, sur Neufchâteau.

D'après divers récits (1), elle marchait dans la formation suivante : 1er régiment colonial et une batterie de 75 à l'avant-garde, général Montignault; le 2e régiment colonial au gros suivi de huit batteries, la compagnie du génie entre ses 2e et 3e bataillons, disposition qui ne s'explique guère. Les 3e et 7e régiments suivaient. Entre eux, l'artillerie de corps.

La colonne s'engageait sous bois, par une chaleur humide, accompagnée de brouillard. On prévoyait une longue étape, près de 40 kilomètres.

On traversa sans encombre la forêt du Grand-Bois; on dépassa le village de Saint-Vincent à 7 heures, pour reprendre la marche vers 7 h. 15. Le général Lefèvre et le colonel Puypéroux, son chef d'état-major, marchaient avec le 2e colonial. Vers 7 h. 30, le 1er colonial, ayant traversé le pont de Breuvanne, sur la Semoy, était accueilli par une vive fusillade en approchant de Rossignol. On dépassait néanmoins ce village et l'artillerie se mettait en batterie sur ses deux ailes, face à la lisière de la forêt de Neufchâteau, à 600 mètres environ au nord de ses dernières maisons.

Peu à peu, le 1er colonial, les 1er et 2e bataillons du 2e s'engageaient à fond dans ces bois. Il n'y avait aucune liaison à gauche et à droite. La réserve du 2e colonial s'établissait près d'une carrière, à l'ouest de la route de Neufchâteau et à 250 mètres de la lisière du couvert. Déjà quelques hommes refluaient vers l'arrière. Les deux

(1) Hanotaux, V, p. 126; Colonel Bujac, *loc. cit.*

régiments, qui auraient dû suivre immédiatement l'artillerie divisionnaire, ne se montraient pas encore (1). Vers 8 h. 30, le général Montignault réclamait l'intervention d'un nouveau régiment. On ne pouvait lui envoyer que deux compagnies servant jusqu'alors de soutien à l'artillerie. Celle-ci, par suite de lenteurs inexpliquées, n'avait pas encore achevé son déploiement; sa queue défilait en colonne par pièces sur la route, au sud du pont de Breuvanne, non sans subir déjà des pertes sérieuses. Elle traversait vivement le pont et venait s'établir par pièces accouplées sur le chemin de Breuvanne à Rossignol, prenant sous un feu d'écharpe les Allemands qui essayaient de sortir de la forêt de Neufchâteau. Le combat se prolongeait quelque temps, indécis. Le général Rondony était tué (2). Le pont de Breuvanne s'effondrait sous le feu repéré de l'artillerie allemande, tirant d'une position dominante (cote 441) à la lisière du bois.

A ce moment, la 1re brigade et l'artillerie de la 3e division coloniale étaient tout à fait isolées du reste du corps d'armée. Les 1er et 2e régiments s'étaient complètement engagés, moins une compagnie (9e du 2e) en soutien d'artillerie. Deux autres (11e et 12e du 2e), établies au nord de Rossignol, pouvaient seules servir de repli aux fractions engagées sous bois. Malgré de fortes pertes, ces vaillantes troupes empêchèrent six heures durant l'ennemi de déboucher de la forêt de Neufchâteau. Le colonel Gallois fut tué, le lieutenant-colonel Gadoffre, du 2e colonial, grièvement blessé.

L'ennemi tenta un mouvement débordant à l'ouest du

(1) Hanotaux, V, p. 126, sans explication de ce fait. Nous en verrons plus loin les motifs.

(2) D'après le colonel Bujac, *loc. cit.*, il avait accompagné dans Rossignol le général Raffenel, bien que sa brigade fut en queue.

village; il fut contenu par la 12e compagnie du 2e colonial. Vers 14 heures, nouvelle attaque dirigée de la forêt de Neufchâteau sur Rossignol. Le combat fut acharné, notre artillerie fit des prodiges. Les compagnies qui occupaient les lisières nord et ouest tinrent l'ennemi en respect, puis se replièrent lentement sur le parc du château de Rossignol.

A ce moment les Allemands tentaient une nouvelle offensive venant de l'est, sous un feu d'artillerie. Ce qui restait du 1er colonial se réunissait au 3e bataillon du 2e et essayait de percer au sud-est, sans y parvenir. Le général Raffenel se faisait tuer, dit-on, un fusil à la main. La plupart des officiers étaient tués ou blessés. L'artillerie était dans les conditions les plus tragiques. Voici ce qu'écrit un témoin : « Des marsouins, quelques-uns ont pu s'échapper; de l'artillerie, personne. A 7 heures du soir, après être resté douze heures sous un feu épouvantable, il ne restait plus qu'un charnier de notre belle artillerie divisionnaire : les canons étaient hors de service, après avoir consommé toutes les munitions, les chevaux étaient éventrés, la moitié du personnel était hors de combat. Les survivants, à la nuit, étaient faits prisonniers par les Allemands.... Les hommes ont été d'une bravoure sans égale.... Alors qu'ils étaient sûrs d'y passer tous, pas un n'a flanché : ils ont servi leurs pièces comme à la manœuvre » (1).

Parmi les pertes, l'une des plus cruelles était celle du petit-fils de Renan, le lieutenant Psichari, le mystique auteur de l'*Appel des Armes*, des *Terres de Soleil et de Sommeil*, du *Voyage du Centurion*.

---

(1) Lettre d'un survivant prisonnier en Allemagne citée par H. Massis, *Vie d'Ernest Psichari*, *Revue hebdomadaire* du 1er janvier 1916.

Pendant que la 1re brigade était ainsi écrasée, les 3e et 7e régiments (3e brigade) livraient deux combats distincts de celui de Rossignol. Vers 9 heures, le 3e (colonel Lamolle) défilait encore dans Saint-Vincent, au nord de Breuvanne, quand une attaque se dessinait vers l'est. Le régiment faisait face à droite « avec la même souplesse et le même calme que sur le terrain de manœuvres » (1), les 3e et 2e bataillons en première ligne. Vers 10 heures, le général Rondony réclamait l'intervention du 3e régiment en faveur de l'artillerie divisionnaire, encore coincée entre le pont de la Semoy et Rossignol. On y portait le 3e bataillon (commandant Mast), qui, vers midi, avait l'occasion de prendre part à la défense de ce village. Son chef était atteint de cinq blessures.

Quant aux 1er et 2e bataillons, ils s'efforçaient d'arrêter l'ennemi au sud de la Semoy, sans y parvenir. A la nuit, après avoir recueilli des isolés de la brigade Montignault, ils se retiraient vers Jamoignes, quand ils rencontraient à Fresnois les avant-postes de la 6e brigade (général Caudrelier, 2e division). Ils se portaient ensuite à Pin, après avoir subi de très grosses pertes.

Un autre combat avait lieu à l'est de Saint-Vincent. Vers 9 h. 30, le 7e colonial entrait dans ce village, déjà sous le feu de l'ennemi. Le général Lefèvre l'arrêtait sur place, pour le garder en réserve. Le colonel Mazillier jugeait nécessaire de se couvrir vers l'est en dirigeant son 1er bataillon, commandant Sévignac, sur la croupe 385 (vers 11 heures); le 2e bataillon était ensuite porté au nord-est de Saint-Vincent, face à l'ennemi débouchant de Tintigny. L'artillerie de corps, colonel Lenfant, cherchait des emplacements au nord-ouest. Mais, dès la sortie de

(1) Colonel Bujac, *loc. cit.*

Saint-Vincent, elle était accablée de projectiles; un seul groupe (commandant Peltier) parvenait à prendre position au sud-est du village; les autres demeuraient inactifs, ce qui ne se comprend guère.

Le 7e colonial était très vivement engagé; vers 15 h. 30, sa situation devenait critique. Un grand nombre d'officiers étaient déjà tombés. Par deux fois, les compagnies du centre se ruaient en avant, pour être bientôt ramenées. Vers 14 heures, un officier d'état-major était venu annoncer l'entrée en ligne prochaine de la 2e division.

Vers 16 h. 10, les Allemands abordaient la lisière de Saint-Vincent, refoulant les compagnies de la gauche et du centre sur un grand bois à proximité de la station. Les compagnies de droite, aidées par une charge du 3e chasseurs d'Afrique, se dégageaient plus aisément.

Les débris du régiment passaient la nuit à Soye, puis réoccupaient à l'aube les emplacements du soir.

Le 1re brigade était à peu près . La 3e avait perdu 66 officiers et 3.200 hommes environ. Des trois généraux de la 3e division, Raffenel et Rondony étaient tués, Montignault blessé grièvement.

Les pertes des Allemands auraient été de 5.000 hommes (2). Ce n'était pas payer trop cher
Deux de nos brigades à peu près

(3), trois généraux et une foule d'officiers tués, blessés ou disparus, tels étaient les résultats d'une offensive mal conduite et dont le prin-

---

(1) Colonel Bujac, *loc. cit.* Le colonel Mazillier commande actuellement le 1er corps colonial.

(2) Hanotaux, V, p. 130. D'après cet historien, le 1er groupe d'artillerie était sur la crête ouest (de Tintigny?), le 2e plus près de Tintigny, le 3e sur un mouvement de terrain au nord de la Semoy.

(3)

cipe même est discutable, comme nous le dirons en temps et lieu.

Dans le cas du combat de Rossignol, la cause immédiate de notre échec tient au décousu de notre action, à l'absence de toute protection vers l'est. La 3e division avait ainsi été coupée en trois tronçons engagés dans des combats isolés, sans direction commune. Elle avait subi une sorte de surprise.

Quant à la 2e division coloniale, général Leblois, on se souvient qu'elle était en réserve d'armée et ne devait pas dépasser Jamoignes, à l'ouest de Rossignol. Elle y recueillit les débris de la 3e division et arrêta la poussée des Allemands, tenant jusqu'au lendemain dans une position médiocre (1).

V

Le 2e corps opérait à la droite du corps colonial. Parti de la région nord de Montmédy, Velosnes, il devait se porter en une seule colonne sur Sommethonne, Meix-devant-Virton et son objectif final était Léglise, au sud-est de Neufchâteau. Le quartier général irait à Tintigny. Le point de départ du corps d'armée étant très sensiblement au sud de celui des coloniaux, il en résultait que, si les heures de mise en marche étaient à peu près les mêmes, ainsi qu'il arriva, les colonnes du corps colonial seraient tout à fait à découvert sur leur droite pendant la presque totalité de leur mouvement. Cette disposition

(1) D'après M. Hanotaux, *La bataille des Ardennes*, *Revue des Deux-Mondes*, 15 février 1917, p. 750 et suiv., le 12e corps aurait, vers Izel-Jamoignes, combiné son action avec la 2e division coloniale, qui aurait couvert la retraite de son corps d'armée sur Gérouville.

Le même auteur (V. p. 132) porte que la 4e brigade coloniale (4e et 8e régiments) se dévoua pour sauver la division et ne put y parvenir.

résultait de l'ordre même du commandant de l'armée. Elle explique en grande partie les échecs graves du corps colonial et du 17ᵉ corps.

Le 2ᵉ corps se mettait en mouvement le 22, à 3 heures, par un fort brouillard. On a vu les incidents survenus dans la nuit à sa cavalerie et à son avant-garde. Malgré les avertissements répétés des paysans belges, nul ne supposait l'ennemi aussi près. La marche était lente en raison du brouillard. Après de nombreux arrêts, on passait la frontière, près de Sommethonne, où les habitants paraissaient soucieux. Vers 8 heures, on atteignait Villers-la-Loue, qui semblait désert. Le général Gérard était arrêté dans ce village, consultant ses cartes quand sifflaient les premiers obus (8 h. 30). Ils tombaient à la fois sur la tête et sur le centre de la colonne, encore en marche par quatre. On croyait devoir reporter le poste de commandement du corps d'armée à Sommethonne et les deux divisions ne tardaient pas à être isolées l'une de l'autre. L'énergie du général Cordonnier et du colonel commandant le 42ᵉ d'artillerie nous permettaient de sortir de ce mauvais pas. On essayait de dégager le passage vers le nord en lançant une brigade de la 4ᵉ division à l'assaut, sans préparation d'artillerie suffisante. Cette attaque se heurtait à des tranchées, garnies de mitrailleuses; elle échouait entièrement et le général de brigade était mortellement blessé (1).

A 11 heures, le 2ᵉ corps avait trois régiments de la 4ᵉ division (général Rabier) vers Tintigny et Bellefontaine, dans le voisinage immédiat du champ de bataille de Rossignol (2), où une colonne du corps colonial allait être écrasée.

(1) Général Bon, p. 158.

(2) M. Hanotaux (V, p. 134) écrit même à Tintigny et à Bellefon-

Le 4e régiment de cette division et une brigade de celle de queue étaient engagés sur le front Meix, ferme d'Houdrigny, à la gauche du 4e corps. Parti de Villers-la-Loue, malgré un feu d'artillerie lourde qu'il supportait facilement, après un premier instant de surprise, le 51e engageait deux de ses bataillons et pénétrait dans Meix, qu'il occupait jusqu'au lendemain.

Autant qu'on peut le déduire des données informes qui nous sont connues, deux groupes d'artillerie et un régiment recevaient, vers 16 heures, l'ordre d'aller renforcer des éléments déjà en action sur Le Hayon, mouvement de terrain en fer à cheval qui domine tout le pays à l'ouest de Meix-devant-Virton. Un groupe du 17e traversait la forêt au nord de Sommethonne et cherchait un emplacement à la gauche des batteries placées, mais ce régiment ne tirait pas tout d'abord « faute d'objectif » (1). Visiblement, nous employions mal l'artillerie qui, de son côté, n'était pas encore accoutumée à ce qu'on a nommé « le vide du champ de bataille ». Partout, en effet, l'ennemi dissimulait soigneusement ses formations, même en marche, ou ses batteries. On ne pouvait apercevoir aucun objectif animé et il fallait se résoudre à tirer sur des emplacements probables ou sur des lignes de marche éventuelles. En outre, les Allemands avaient longuement étudié et repéré le terrain, comme en Lorraine, et leur réglage était très rapide.

Vers 17 heures, le 2e corps combinait son action avec celle du 4e corps qui, depuis le matin, combattait aux abords de Virton. La ligne de ces deux corps d'armée était

---

taine, mais alors on ne s'expliquerait pas le désastre qui, vers la même heure, frappait la 3e division coloniale à Breuvanne, Rossignol, dans le voisinage immédiat de Tintigny.

(1) Lieutenant Deville, *Carnet d'un artilleur*, p. 28. Cf. Hanotaux, V. p. 132.

marquée par Robelmont, la ferme d'Houdrigny; Virton, évacué en partie par la 8e division, avait été entièrement réoccupé à 17 heures environ. Les troupes allemandes qui s'étaient portées entre Ethe et Virton étaient refoulées au nord de Belmont et Virton nous restait. A la nuit, on apprenait que la division de tête du 2e corps s'était battue « comme des lions », sans beaucoup de pertes (1). Elle était en relation par sa gauche avec le gros du corps d'armée.

L'impression de ce combat si confus, si incohérent d'après le peu que nous en savons, n'était pas plus nette. Si les uns croyaient à un demi-succès, d'autres constataient l'importance des pertes, pour un résultat à peu près nul. De nombreux isolés des troupes coloniales s'étaient jetés dans le 2e corps. D'ailleurs nos troupes se rendaient compte de certaines causes d'infériorité : l'absence d'artillerie lourde, celle d'avions français, pendant que les appareils allemands se montraient très actifs; enfin l'habileté de l'ennemi à se dissimuler aux vues (2).

On constatait aussi qu'il faisait une énorme consommation de projectiles, pour des résultats médiocres. Notre artillerie, en particulier, avait très peu souffert. Au 17e, pour quatre batteries engagées, il y avait 12 tués et une vingtaine de blessés (3). L'infanterie gardait un excellent moral et ses effectifs dépassaient encore en moyenne 200 hommes par compagnie (4).

En somme, les résultats de la journée variaient beaucoup selon les corps d'armée. Le 9e corps n'avait pas été engagé; après son succès de Maissin, le 11e avait opéré

(1) Le corps d'armée aurait pourtant eu 3.000 blessés.
(2) Hanotaux, V, p. 135, d'après Deville, *loc. cit.*, p. 45.
(3) Deville, p. 29 et suiv.
(4) Général Bon, p. 185.

une retraite difficile, ainsi que le 17e, dont une division entière, la 33e, était gravement affaiblie; le 12e corps conservait le terrain occupé; le corps colonial avait subi un échec plus grave encore que celui du 17e corps; enfin, au 2e corps, la journée était indécise, mais pouvait autoriser certaines espérances.

Dans l'ensemble, l'offensive de la 4e armée avait complètement échoué. Ses attaques incohérentes, sur un front très étendu, s'étaient heurtées presque partout à des forces supérieures, quand elles n'avaient pas été brisées par des coups droits dans leur flanc. Les conséquences morales étaient plus graves encore que celles de nature matérielle. Que pouvaient penser des troupes ainsi rejetées au sud de notre frontière, dès le début d'une offensive qu'elles avaient accueillie avec l'enthousiasme et la confiance la plus entière?

La première idée du général de Langle était d'abord de reprendre le combat dès le matin du 23. Dans la nuit, il donnait les ordres nécessaires. Mais il dut bientôt se rendre compte que son projet était inexécutable et se résigna au mouvement rétrograde que plusieurs corps d'armée avaient déjà commencé sans son ordre.

CHAPITRE VII

LA BATAILLE DES ARDENNES A LA 3e ARMÉE

(22 Août)

Rôle de la 3e armée dans l'offensive d'ensemble. — Le 4e corps. — Combat de Virton. — Combat d'Ethe. — Le 5e corps. — Combats de Longwy. — Le 6e corps. — Combats sur la Crusnes. — Résultats d'ensemble.

I

Les instructions données par le général Ruffey pour la journée du 22 août étaient basées sur les renseignements suivants, forts incomplets comme on peut en juger : « La zone méridionale du Luxembourg et particulièrement la région Sud-Est de Luxembourg est occupée, mais on n'y a vu que des mouvements sans importance; on n'a signalé également que quelques bivouacs ou cantonnements d'infanterie et d'artillerie entre Etalle et Arlon. Longwy a été attaqué le 20 août dans la direction de Differdange, où se trouve la grosse artillerie ».

La mission de la 3e armée était double : en premier lieu, couvrir la droite de la 4e armée en marche vers le nord; faire face à toute attaque venant du nord et de l'est.

Le 22 août, la première partie de cette mission incomberait au 4e corps, qui pousserait l'une de ses divisions dans la direction d'Etalle et l'autre vers Saint-Léger, Châtillon, de façon à pouvoir contre-attaquer par Etalle et par Vance toutes les forces ennemies débouchant d'Arlon dans le flanc droit de la 4e armée.

Le 5e corps, agissant dans la région comprise entre les routes exclues Virton, Châtillon, Arlon et Musson, Halanzy, Messancy, se porterait vers Meix-le-Tige, Rachecourt, avec mission de refouler ce qui sortirait d'Arlon et d'aider le 6e corps, à sa droite, à déboucher vers Aubange, Athus, au nord-est de Longwy.

La deuxième partie de la mission réservée à la 3e armée serait remplie par le 6e corps, qui, disposant de l'artillerie lourde de l'armée, masquerait avec une de ses divisions la position de Differdange, à l'est de Longwy, et déborderait avec une autre division, par Longwy, cette même position. Il disposerait à cet effet de la zone comprise entre la Chiers et la limite sud-ouest du terrain affecté au 5e corps. Sa 3e division, demeurant en flanc-garde dans la région Fillières, Mercy-le-Haut, serait prête à contre attaquer tout ce qui sortirait de Fontoy.

La 7e division de cavalerie éclairerait dans la région d'Audun-le-Roman, Rochonvillers, et chercherait ensuite à passer au nord de la zone boisée Villerupt, Rumelange, pour se porter vers Esch-sur-Alzette, d'où elle explorerait vers Thionville, Bettembourg, Luxembourg.

Au cas où elle ne pourrait s'ouvrir passage, elle se replierait dans la région de Longwy, pour passer ensuite par le nord de cette place.

Un groupe de deux divisions de réserve viendrait dans la région Spincourt, Mouaville, pour couvrir le flanc droit du 6e corps et se tenir prêt à combattre tout ce qui déboucherait de Briey.

La place de Longwy coopérerait à l'action du 6e corps.

L'ordre donné par le général Boëlle, pour se conformer à ces instructions complexes, peut se résumer comme il suit :

La mission du 4e corps est de couvrir la droite de la 4e armée (2e corps), qui marche vers le nord.

Le 14e hussards se portera dans la région de Vance, entre Etalle et Arlon, afin de renseigner sur les mouvements de l'ennemi entre la route de Vance, Arlon incluse et celle d'Etalle, Habey-la-Neuve, Heinstert incluse. Ce régiment partira de Chenois à 4 heures, avec un bataillon de la 7e division en soutien.

Cette division, général de Trentinian, marchera sur Ethe, Saint-Léger et Châtillon, « avec mission de contre-attaquer, par Vance, tout mouvement de l'ennemi vers l'ouest menaçant le 2e corps ». Départ d'Ethe à 5 heures.

La 8e division, général de Lartigue, marchera par Virton sur Etalle, « avec mission de contre-attaquer toute troupe menaçant le flanc droit du 2e corps », dans la zone à l'ouest de la route incluse Etalle, Habey-la-Neuve. Départ de Virton à 4 h. 30.

Le général Boëlle marchera en tête du gros de la division Trentinian (1). L'artillerie et le génie de corps seront rendus, à 7 heures, à Latour, d'où ils suivront en queue la colonne Trentinian, un bataillon du 317e réparti entre les groupes et derrière eux (2).

La mission incombant aux divisions du 4e corps est « nettement offensive », malgré les difficultés du terrain. La surveillance sur le flanc des colonnes par les escadrons divisionnaires devra être « très active ».

Aucune autre disposition n'est prescrite pour couvrir le flanc droit de la 7e division, évidemment le plus exposé. Les renseignements, si insuffisants, communiqués par

(1) En réalité, il marcha avec la division Lartigue, qu'il ne quitta pas de la journée.

(2) Un bataillon du 315e serait rendu à 8 heures à Marville pour assurer la garde du quartier général de l'armée venant de Verdun.

l'armée ont sans doute persuadé le commandant du 4e corps que la résistance à prévoir serait purement frontale. En outre, il compte sur l'intervention du 5e corps à sa droite, bien qu'elle puisse faire défaut.

Notons encore que, jusqu'à Etalle et à Châtillon, les deux divisions vont suivre des directions divergentes, séparées par le massif difficile des bois de Saint-Léger, d'Ethe et d'Etalle.

Dans l'après-midi du 21, le 14e hussards a recueilli quelques données nouvelles. De La Malmaison, au sud-ouest de Virton, il rendait compte que la vallée de la Basse-Vire (la rivière de Virton), ainsi que la ligne ferrée de cette ville à Athus, au nord-est de Longwy, étaient tenues par de l'infanterie et des cavaliers pied à terre, entre Latour et Signeulx (1). De l'infanterie était signalée à Ruette, des cavaliers à pied à Grandcourt, au sud-est de Latour et de Signeulx (1). On savait par un blessé qu'un bataillon et la compagnie de mitrailleuses du 123e (27e division, XIIIe corps) étaient arrivés de Luxembourg à Virton le 21, à 7 heures; les habitants déclaraient qu'Ethe et Saint-Léger étaient occupés.

On pouvait conclure de cet ensemble que l'ennemi se montrait en force au nord et au nord-est. Vers 13 heures, on entendait le canon dans la direction de Longwy. Le commandant de cette place faisait savoir que des colonnes allemandes passaient au nord, venant du grand-duché et marchant vers l'ouest. D'où une menace évidente pour le flanc droit du 4e corps.

Le soir du 21, vers 17 heures, l'avant-garde de la division Lartigue avait atteint Virton. Deux bataillons, 2e et 3e du 115e, étaient aux avant-postes, sur les hauteurs au

---

(1) Hanotaux, V, p. 137.

nord, tenant la route d'Ethe et vers Houdrigny. Une compagnie du même régiment gardait le hameau de Bellevue, sur la route d'Etalle. Durant la nuit du 21 au 22, des combats s'engageaient dans cette direction; le commandant Coquerelle, du 115ᵉ, y était tué, mais la liaison était bien établie avec le 91ᵉ, qui tenait la droite du 2ᵉ corps et soutenait le bataillon du 115ᵉ, dont les munitions étaient épuisées.

Dans Virton, tout était calme. Les habitants se montraient pleins de confiance, assure un témoin oculaire (1).

L'ordre du 4ᵉ corps pour le 22 août était daté de Velosnes, à 23 h. 50. Il ne parvint à la 7ᵉ division, à Ruette, qu'entre 2 heures et 2 h. 30. Ce retard, dû à une cause encore inconnue, se reproduisit sans doute pour la 8ᵉ division, dont l'état-major était à Saint-Mard. Il ne fut pas sans influence sur les événements. A la division Trentinian, l'ordre pour le 22 fut expédié à 3 heures, alors que certains éléments devaient être rassemblés à 4 heures au plus tard. Il en résulta des retards inévitables pour la mise en route des deux divisions.

Le général de Lartigue avait pris les dispositions suivantes. L'avant-garde, sous les ordres du colonel Chabrol, commandant la 15ᵉ brigade, était composée de trois pelotons de l'escadron divisionnaire, du 130ᵉ, de la compagnie du génie. La tête devait passer à 4 h. 15 au point initial, bifurcation des chemins de Virton et de Vieux-Virton, à environ un kilomètre au nord-est de Dampicourt. Le gros, commandé par le colonel commandant la 16ᵉ brigade, comprenait le reste de la division, moins deux compagnies et quelques cavaliers d'arrière-garde. Le régiment de tête, 124ᵉ, devait passer à 4 h. 45 au point initial.

(1) Hanotaux, V, p. 138, d'après Paul Lintier, *Ma pièce*, p. 70.

Le 22 août, par un brouillard épais, le 130e se mettait en mouvement vers 5 h. 30, avec un retard de plus d'une heure. Dès 6 heures, le général Boëlle arrivait à Virton et établissait son poste de commandement dans la ville. Le 130e s'engageait sur la route ouest, dans la direction de Bellevue; mais, dès 6 h. 05, le colonel Chabrol rendait compte que la tête d'avant-garde était arrêtée devant la lisière sud du bois de Virton. Quatre compagnies du 130e étaient déjà déployées, bien qu'il fût difficile, en raison du brouillard, de se rendre compte des forces de l'ennemi. Il garnissait, avec des mitrailleuses et de l'infanterie, des tranchées en bordure du bois.

Devant cette résistance imprévue, le 130e engageait successivement ses trois bataillons; le reste de la division se massait dans Virton; à 6 h. 45, le 124e était en position d'attente, le 3e bataillon à la lisière est de Virton, les autres à l'intérieur (1). Notre première ligne se battait un peu au hasard dans le brouillard, sans savoir nettement où était l'ennemi. Le gros de la colonne restait sur l'itinéraire de marche, non sans imprudence, pour ne pas s'égarer.

L'artillerie divisionnaire recevait l'ordre d'appuyer l'avant-garde, qui était, nous l'avons vu, dépourvue de cette arme et avait attaqué sans aucune préparation. L'un des groupes trouvait un emplacement à l'ouest de Virton. Les deux autres, canonnés, ne pouvaient s'établir que vers 9 heures, à l'est de Dampicourt, au sud-ouest.

Cependant l'avant-garde poursuivait péniblement son combat. Le colonel Chabrol, commandant la 15e brigade, était mortellement blessé, ainsi que le colonel Lafargue, du 130e. Vers 7 h. 45, ce régiment se repliait après avoir

(1) A. Joubaire, p. 27.

subi de grosses pertes, et le 124e était engagé en soutien, le 3e bataillon à cheval sur la route, le 1er aux abords nord et nord-est de Virton. Le dernier prononçait vers le nord une contre-attaque, bientôt arrêtée par l'artillerie allemande (1).

Le 2e bataillon du 124e avait été porté à l'ouest de Virton, en avant de la lisière, en soutien d'artillerie. Un témoin oculaire y décrit ainsi la situation :

« A peine en place, *dans le brouillard* et notre artillerie aveugle jusqu'à 8 heures..., nous fûmes arrosés par des rafales de 105 et d'artillerie légère, et en même temps par un feu d'infanterie et de mitrailleuses parfaitement repéré.... A 10 heures du matin, heure à laquelle notre artillerie fit rage, notre commandant de brigade et trois officiers de son état-major étaient blessés et, dans mon bataillon, nous avions : tués, le commandant du bataillon, deux capitaines et quatre lieutenants.... L'effectif en officiers... était réduit, à 11 heures du matin, à un capitaine... et trois lieutenants, dont deux officiers de réserve... » (2).

Par suite d'une erreur d'interprétation, un bataillon du 115e avait abandonné la hauteur à l'est de Virton. L'ennemi s'y jetait aussitôt et on ne pouvait la reprendre. Cependant le brouillard s'était dissipé vers 8 h. 45. Le 117e recevait l'ordre d'attaquer entre Virton et la ferme d'Houdrigny, pour tenter de déborder l'ennemi qui se portait sur Robelmont et cherchait à déboucher des bois au nord de Virton. Notre artillerie, gênée par la brume, puis par l'absence d'objectifs visibles et par le défaut d'ordres, paraît être entrée en jeu tardivement (3).

(1) A. Joubaire, *loc. cit.*
(2) Lettre du Lieutenant X., 15 septembre 1914.
(3) A. Joubaire, p. 30.

Sur les entrefaites un grand désordre régnait dans Virton : « 115e, 117e, 124e, 130e, tout est confondu. Ce troupeau humain » (1) refluait vers Saint-Mard, puis sur la cote 280, à 1.500 mètres au sud-ouest. Là, il se reformait (midi). Le général Boëlle avait dû reporter son poste de commandement sur la route de Saint-Mard à Harnoncourt, où il resterait jusqu'à 19 h. 30. Il prenait ses dispositions pour installer solidement le gros de la division Lartigue entre Vieux-Virton et Ruette, où l'on tiendrait à tout prix. Il se préparait même à porter sur sa droite un détachement en soutien du 5e corps, qui signalait sa situation dangereuse vers Signeulx. D'ailleurs nos éléments avancés n'avaient pas abandonné Virton, où l'ennemi ne pénétrait pas de tout le jour.

Le général Boëlle avait rappelé de la colonne Trentinian l'artillerie de corps, 44e régiment, qui la suivait en queue. Elle prit position vers la cote 280 et la Tuilerie, d'où elle tira très vivement. L'intervention du 2e corps à la gauche du 4e contribuait à rompre l'élan de l'ennemi et le combat devenait stationnaire. A 19 heures, le feu allemand ayant faibli, le 117e, colonel Jullien, qui n'avait pas quitté son emplacement d'Houdrigny, se lançait à la charge, clairons sonnant, et, avec l'aide du 91e (2e corps), refoulait, après un brillant engagement, l'infanterie allemande dans les bois.

L'impression générale était presque d'une victoire. « Moral des hommes parfait dans la tourmente, malgré d'effroyables tableaux », écrit un officier du 134e, 2e bataillon (2). Mais nos pertes étaient grandes et le général Boëlle, n'ayant plus un bataillon en réserve, se bornait à faire tirer des rafales pour affirmer son succès. Le der-

(1) A. Joubaire.
(2) Lettre citée du lieutenant X.

nier coup de canon retentissait de notre côté vers 20 heures. Le 117e bivouaquait sur le plateau de Robelmont et se repliait par ordre, à partir de la même heure.

La division Lartigue n'avait pu dépasser Virton, mais elle gardait le terrain occupé. Ses pertes étaient très considérables. Au 124e, par exemple, 5 officiers tués, dont les commandants Favier et Brunet; 14 blessés, 1 disparu; 9 hommes de troupes tués, 259 blessés et 498 disparus, tués ou grièvement atteints pour la plupart (1). Les 115e et 117e avaient beaucoup souffert également.

II

Pendant ce combat, un autre engagement avait lieu à l'est, sur la route d'Arlon.

Le général de Trentinian avait pris, pour le 22 août, les dispositions suivantes : L'avant-garde, commandée par le général Félineau, comprenait le 104e, un groupe d'artillerie, la compagnie divisionnaire du génie, deux pelotons de l'escadron divisionnaire. Sa tête devait passer à Gomery, à 4 h. 30. Le gros, formé d'un bataillon du 103e, de deux groupes divisionnaires, de la 13e brigade, de l'artillerie et du génie de corps avec un bataillon du 317e, suivrait à 5 h. 45.

Le 14e hussards, lieutenant-colonel de Hautecloque, soutenu par un bataillon, devait contribuer à couvrir la première partie de ce mouvement. Suivant l'ordre du général Boëlle, ce régiment était rassemblé le 22 août, à

(1) A. Joubaire, p. 30 et suiv.. D'après la lettre citée du lieutenant X., au 1er bataillon, 2 officiers blessés, dont le commandant. 135 hommes hors de combat; au 3e, le commandant et 3 officiers tués, 3 blessés, 300 hommes hors de combat. Le 2e était réduit à 8 officiers et 308 hommes.

4 heures, à la sortie est de Chenois. Il se mettait en marche pour Latour, où il devait trouver le 3e bataillon du 103e. Mais cette unité, aux avant-postes la nuit précédente, n'était pas encore rassemblée, en raison de la réception tardive des ordres. Sans l'attendre, le 14e hussards marchait sur Ethe, en se bornant à se faire précéder par un escadron d'avant-garde, le 4e, le reste demeurant en colonne de route.

Ce dispositif d'exploration était d'autant plus fautif qu'il faisait un brouillard épais. « On ne voyait pas à dix pas ».

A un kilomètre d'Ethe, sur le chemin de Latour, l'avant-garde rencontrait des cavaliers ennemis qui étaient bousculés. Une partie allait sur Bleid, poursuivie par le 3e escadron. Le reste traversait Ethe (6 heures), toujours suivi du 4e escadron, puis cherchait à barrer la route de Saint-Léger par un combat de feux. Le 1er escadron mettait pied à terre et s'ouvrait passage à coups de carabines. L'avant-garde reprenait sa marche, le gros du régiment restant dans Ethe, en attendant qu'elle eût regagné sa distance. Bientôt après, aux abords du château d'Ethe-Gevimont, elle était saluée par une vive fusillade venant des bois au nord et semblant provenir d'infanterie. Sur les entrefaites, le 3e bataillon du 103e (commandant Vicq) était arrivé à Ethe. Le lieutenant-colonel de Hauteclocque rappelait son avant-garde et poussait ce bataillon en avant. Deux compagnies et un peloton de hussards suivaient la route; une section et un autre peloton s'engageaient sur le chemin bifurquant vers le nord, après le pont du chemin de fer.

A partir de ce moment, aux coups de feu venant de la direction de Saint-Léger s'en joignaient d'autres tirés du nord de la route. L'intensité de ce tir devenait telle qu'il fallait replier le 14e hussards dans la tranchée que suit la voie ferrée à l'est de la station. Le régiment y restait vingt à vingt-cinq minutes.

Cependant la tête de l'avant-garde de la division, qui devait quitter Ruette à 3 h. 45 environ, n'avait pu en partir que vers 4 h. 30, pour les raisons que nous avons indiquées. Le général de Trentinian marchait entre l'avant-garde et la tête du gros.

A peine en route, il jugea prudent, au lieu d'assurer la liaison des 4e et 5e corps seulement vers Meix-le-Tige, suivant l'ordre du général Boëlle, de l'opérer sans retard. Il détacha un officier, avec ordre de prendre le premier bataillon disponible à la 13e brigade et de le diriger sur Bleid. Cette unité y ferait la liaison et servirait en même temps de flanc-garde de droite. Après avoir dépassé Bleid, elle suivrait les hauteurs au nord-est, afin de couvrir la division en marche sur Saint-Léger.

Pour lui donner le temps de se porter à la hauteur voulue le général de Trentinian fit arrêter toute la colonne pendant près d'une heure; puis, ne recevant aucun renseignement de Bleid (1), il la remit en marche vers Ethe, par Gomery.

A 6 heures, craignant pour son flanc gauche, quand la division tournerait vers l'est, sur la route d'Ethe à Saint-Léger, il envoya l'ordre de porter le dernier bataillon du 103e au nord d'Ethe, pour surveiller avec trois compagnies les principales directions menant vers les bois.

La marche continuait très ralentie en raison du brouillard, quand le général de Trentinian faisait prescrire à l'avant-garde de ne point s'attarder ainsi. Ce n'était pas

(1) Le capitaine de Jouvencel, qui dirigeait le bataillon sur Bleid, n'a jamais reparu.

en marchant à 2 kilomètres à l'heure qu'on pourrait faire une étape de 20 kilomètres. L'intérêt de l'ennemi étant de retarder la colonne, si quelque patrouille se montrait à droite ou à gauche, il suffirait de lui opposer une force équivalente, sans ralentir la marche de l'ensemble.

Vers 7 heures, le général Félineau recevait un premier renseignement du 14e hussards, daté de 6 h. 45. Le colonel de Hauteclocque faisait connaître qu'il avait chassé des cavaliers d'Ethe, en leur infligeant des pertes. Entre 7 heures et 8 heures survenait un deuxième compte rendu, daté de 7 h. 30 et se rapportant au mouvement du bataillon de soutien. D'ailleurs, à ce moment même, la tête du gros de l'avant-garde, arrivant à la sortie d'Ethe, était accueillie par des coups de feu tirés du nord de la voie ferrée, sans que le brouillard permît de distinguer leur provenance. Tout en continuant sa marche, le 3e bataillon du 104e (commandant Levin) déployait successivement des éléments face à cette direction. La fusillade s'accentuait et devenait bientôt très nourrie de part et d'autre. A 8 h. 30, l'avant-garde était entièrement déployée, les 3e et 1er bataillons du 104e le long de la voie ferrée. Déjà le commandant Levin avait été mortellement blessé. Les 3e bataillon du 103e et 2e du 104e combattaient face à l'est, au nord de la route de Saint-Léger, vers le château de Gevimont. La compagnie du génie Durand était déployée au fond de la vallée parallèle à la route, en face de l'étang de Claireau.

Cependant, le 14e hussards, subissant des pertes malgré l'abri que lui offrait la tranchée du chemin de fer, se reportait derrière des maisons au sud, la tête à hauteur d'un passage en dessous. Le colonel de Hauteclocque, voulant savoir de qui venaient les feux tirés du nord, tentait une charge en fourrageurs dans cette direction. Une première fois il avait un cheval tué sous lui. Il réitérait cette tentative, pour être atteint de deux blessures et démonté à nouveau. Sauf un, tous les cavaliers qui l'avaient accompagné étaient tués ou blessés.

Voyant la situation sans issue, il se décidait à ce qu'il aurait dû faire depuis longtemps. Il prescrivait au régiment, entassé dans la rue principale, un demi-tour par peloton. Le capitaine Delafon avait été envoyé en queue pour amorcer cette retraite. En pénétrant à vive allure dans le village, il débouchait devant une de nos pièces braquée dans la direction du régiment. Après avoir prévenu les artilleurs, il tournait à droite, c'est-à-dire vers l'ouest, et se voyait à 200 mètres d'une barricade garnie de fantassins allemands, qui ouvraient un feu violent. Il fallait se rejeter vers l'est et remonter ensuite le chemin allant vers Gomery. Cette voie, écrit un témoin, était encombrée de voitures d'artillerie « en parfait quiétude ». Quelques instants après, elle allait être transformée « en charnier ».

Apres un arrêt dans le bois de Gomery, d'où ils furent chassés par les obus, les débris du 14ᵉ hussards se retirèrent sur ce village, puis sur Ruette, La Malmaison, Allondrelle et Velosnes, où ils arrivèrent vers 15 heures. Le matin du 23 août, il restait 180 chevaux intacts et 14 officiers, sur un total de 620 chevaux et 32 officiers présents le 21 août. Le lieutenant-colonel de Hauteclocque, blessé, était demeuré dans Ethe; le chef d'escadrons de Brémond d'Ars avait disparu (1). Assurément les services rendus n'étaient pas en proportion de ces sacrifices.

Au moment où il apprenait que de l'infanterie barrait la route de Saint-Léger au 14ᵉ hussards, le général de

(1) Tué aux abords du village. Ancien attaché militaire en Grèce.

Trentinian, alors en queue de l'avant-garde, doublait son artillerie et entrait dans Ethe par le chemin de Gomery. C'est à ce moment que la fusillade éclatait à l'est, au nord et à l'ouest.

Les compagnies de queue, deux batteries et le gros de l'escadron divisionnaire étaient, avec l'état-major de la division, dans la rue orientée est-ouest, lorsque les débris du 14e hussards refluèrent en trombe désordonnée. Le commandant Macker, chef d'état-major, organisait rapidement la défense du village, tandis que le capitaine Jordan, du 26e, mettait deux pièces en batterie face au passage en dessous dont nous avons parlé et face à l'ouest. Au sud, une autre batterie s'établissait près de la Tuilerie.

Déjà des batteries ennemies s'étaient révélées à cinq ou six kilomètres vers l'est, dans la direction où eût dû être, sinon le 5e corps, du moins la flanc-garde dirigée sur Bleid. Elles tiraient sur le chemin de Gomery, sans doute repéré à l'avance. En quelques instants, presque tous les chevaux de la batterie de queue étaient tués ou blessés.

Coup sur coup, le général de Trentinian faisait partir plusieurs agents de liaison pour hâter l'arrivée du gros de sa colonne. Il envoyait le capitaine Jullien, avec mission de pousser en avant la 13e brigade, en essayant de déborder le village par l'ouest. Le cheval de cet officier était blessé et il avait peine à accomplir sa mission. La route était couverte de cadavres et les Allemands tiraient sur le moindre isolé.

Ils occupaient la partie ouest d'Ethe, mais nous continuions de tenir à l'est et il y affluait des débris des bataillons de l'avant-garde. On s'efforçait de les rallier et l'on tenait l'escadron divisionnaire prêt à charger, en prévision d'une attaque jugée imminente.

Cependant les éléments disposés le long de la voie ferrée étaient violemment pris à revers, sur leur droite, par de l'infanterie allemande, venue avec des mitrailleuses dans les bois au nord de la route. Le 3e bataillon du 104e et la compagnie du génie se repliaient progressivement vers la station du chemin de fer. D'autres éléments des 2e bataillon du 104e et 3e du 103e refluaient par le fond de la vallée.

A midi, les fractions de ces bataillons restées dans Ethe se voyaient encercler par le feu de l'ennemi et surtout par ses obus. Son artillerie, par un tir violent et ininterrompu, non seulement interdisait aux troupes du gros le débouché du Jeune-Bois et du bois des Loges vers Ethe, mais couvrait de projectiles les fractions, si peu importantes qu'elles fussent, qui essayaient de gagner ces bois, en venant du nord. Elle allait jusqu'à tirer sur des blessés se traînant péniblement vers la lisière.

Sur les entrefaites, le général Félineau était rentré dans Ethe, où il rencontrait le divisionnaire. Celui-ci, jugeant que sa place n'était plus à l'avant-garde, chargeait le commandant de la 14e brigade de défendre le village aussi longtemps que faire se pourrait; puis, avec son état-major et son escorte, il s'efforçait d'aller prendre le commandement du gros.

Il venait de porter quelques éléments du 104e, avec le commandant Forcinal, sur la crête au sud-ouest d'Ethe, sans qu'ils parvinssent à s'y installer. Il tentait ensuite d'envoyer dans cette direction le gros de l'escadron divisionnaire. Ne pouvant remplir leur mission, ces hussards se dirigeaient sur Saint-Mard (1). Un peloton resté dans Ethe sortait par un chemin compris entre les deux routes

(1) Cet escadron comptait au plus 80 chevaux le matin du 22 août.

de Latour et de Gomery, non sans perdre une partie de son effectif.

Entre 12 h. 30 et 13 heures, le général de Trentinian donnait le signal du départ. Son entourage s'était rassemblé derrière un gros tas de bois qui le cachait aux vues. A un moment donné, tous, par groupe de trois, partirent à grande allure vers le Jeune-Bois, sous un feu violent qui causa des pertes.

Le général arriva ainsi aux environs de Gomery, où il trouva le colonel Farret, du 101e, avec quelques-uns de ses éléments. A sa grande stupeur, il apprenait que le commandant de la 13e brigade, colonel Lacotte, avait donné l'ordre de la retraite, sans s'inquiéter du sort de l'avant-garde. Le général de Trentinian ordonnait aussitôt au 101e de reprendre l'offensive en direction d'Ethe et de Latour. En même temps, il prescrivait aux compagnies du génie de corps, alors dans Gomery, d'en organiser la lisière nord et d'y tenir coûte que coûte.

Puis il faisait rechercher le colonel Lacotte et, dans tous les cas, arrêter partout la retraite amorcée. On ne parvenait pas à trouver le commandant de la 13e brigade. Le commandant Macker faisait ouvrir le feu par un groupe du 26e, en batterie au nord-ouest de Ruette et qui hésitait à tirer, faute d'être éclairé sur la situation. Il se portait ensuite sur le chemin de Ruette à Gomery, pour arrêter tous les isolés qui battaient en retraite.

Sur les entrefaites, le général de Trentinian était allé à l'artillerie du gros, alors vers Latour, après avoir erré, dit-on, à la recherche de positions favorables, n'apercevant aucun objectif dans le vide ambiant, attendant des ordres et recevant des obus sans les rendre (1). Sur son

---

(1) Hanotaux, V, p. 142, d'après Lintier, *Ma pièce.*

ordre, ces batteries appuyaient l'offensive du 101e, en prenant sous leur feu les premières lignes d'infanterie allemande qui arrivaient déjà au sud-est de Belmont, en deçà du bois des Loges. L'ennemi reculait légèrement tout en restant maître de ce couvert. Après d'inutiles efforts, le 101e, menacé sur son flanc droit par la retraite du 5e corps, se retirait lentement vers Latour, sous la protection de l'artillerie divisionnaire que renforçait un groupe de l'artillerie de corps.

Dans la soirée, le commandant Macker arrivait à La Malmaison, quand le général de Trentinian prescrivait de continuer la retraite sur Villers-le-Rond, par Allondrelle et Charency.

(1).

Après le départ du général de Trentinian, le général Félineau s'efforçait d'organiser la défense d'Ethe. Il n'avait d'abord sous la main que quelques groupes disparates d'infanterie, appartenant aux compagnies refoulées sur le village. Presque tous leurs officiers et leurs sous-officiers étaient déjà tombés. L'adjudant Sedillot, du 103e, avait commencé l'amalgame de ces groupes, de sa propre initiative et avec un calme très méritoire. Il continua sous la direction de l'état-major de la 14e brigade et parvint à grouper ainsi 300 fantassins, ainsi que 150 à 200 hommes du génie.

Le général Félineau confiait au capitaine Durand l'organisation de la défense des issues vers l'est; le capitaine

(1) D'après le général de Trentinian, il aurait reçu l'ordre (vers 19 h. 30) de cantonner la division entre Allondrelle et Villers-le-Rond. Aucun document à notre connaissance ne confirme cette affirmation. Macker, devenu lieutenant-colonel commandant le 92e, a été tué sous Verdun en 1916.

Jourdan, du 26e d'artillerie, et le capitaine Moleux, du 103e, étaient chargés de défendre la partie ouest, que les Allemands paraissent avoir abandonné dans l'intervalle. On élevait des barricades. Derrière celles de l'ouest, deux pièces balayaient les rues dans cette direction. Les maisons de la lisière nord, mises en état de défense, étaient garnies de défenseurs.

Le reste du groupe de l'avant-garde était immobilisé sur le chemin conduisant à la scierie, moins deux pièces sous les ordres du sous-lieutenant L'Hoste, du 26e, aidé, à défaut de servants valides, par des cavaliers démontés et des fantassins.

Elles canonnaient avec la dernière énergie et le plus grand succès les tranchées allemandes par dessus les maisons du village.

Cependant le commandant Forcinal ramenait dans Ethe les débris de son bataillon. Il était aussitôt utilisé pour occuper, avec une partie de son effectif, les lisières de jardins au sud-ouest. Le reste se portait dans la vallée, vers Virton, pour empêcher tout mouvement tournant de ce côté.

Des cavaliers du 14e hussards, la plupart démontés, au nombre de cinquante environ, formaient une petite réserve à l'intérieur du village.

La défense ainsi improvisée continuait « avec une farouche énergie », grâce à l'absolu dévouement des officiers et des sous-officiers qui trouvait un écho dans les soldats. Les Allemands cherchaient à déboucher de l'ouest. Ils étaient mitraillés à très courte portée. Les deux pièces du sous-lieutenant L'Hoste, surtout, faisaient parmi eux d'épouvantables ravages. A 18 heures, ils exécutaient sur tout le village un bombardement d'obus fusants de 77 et de 105. L'Hoste était grièvement blessé. Le combat continuait ainsi jusqu'à la tombée de la nuit. Aucun secours n'étant ni arrivé ni annoncé depuis le départ du divisionnaire, le général Félineau estimait que sa tâche avait pris fin (20 heures).

Il choisissait pour direction de retraite celle de Gomery, où devait le conduire un chemin de terre indiqué par un habitant et qui permettait d'éviter la route directe balayée par les obus.

Pour ne pas attirer intempestivement le feu de l'ennemi, on répandit de la paille sur la première partie de cet itinéraire; on entoura de foin les roues des voitures et l'on prescrivit un silence absolu. Une section d'infanterie prit la tête, avec le guide en question. Puis venaient les huit pièces sauvées et les voitures; la fraction du 14e hussards, les cavaliers démontés et 600 fantassins environ. Les éléments d'infanterie aux barricades devaient se retirer successivement et constituer l'arrière-garde.

Cette marche de nuit s'accomplit heureusement. Toutefois ont dut abandonner trois voitures trop lourdes pour des pentes aussi raides. On atteignit Gomery, puis Ruette où l'on s'arrêta une heure environ, après s'être grossi de divers débris des 3e bataillon du 105e et 2e du 104e restés dans les bois de Laclaireau et de Gérimont. On se dirigea ensuite sur La Malmaison, Allondrelle, Charency, Vezin où l'on arriva au point du jour et où l'on retrouva, bivouaquée, une partie du gros de la division.

Cette retraite, ainsi que la défense d'Ethe, faisait grand honneur au général Félineau.

La 7e division avait été durement éprouvée dans ce combat incohérent : 124 de ses officiers restaient sur le champ de bataille; les quatre pièces de la 9e batterie du 26e, démontées, étaient perdues également. L'effet moral d'un mouvement rétrograde aussi accentué, survenu dès le premier engagement, était de nature encore plus grave. Il est surprenant que nos troupes l'aient supporté aussi vaillamment.

D'après M. Hanotaux (1), le Ve corps prussien, auquel s'était heurté le 4e corps, souffrit beaucoup également. Il dut être reformé dans la région d'Arlon et resta quinze jours sans reparaître sur le front.

Le 22, à 23 h. 30, la plus grande partie de la 7e division était à Villers-le-Rond, au bivouac. Quatre batteries environ du 26e et sept ou huit du 44e étaient réparties entre ce village et Charency; le génie de corps, le parc du génie et l'équipage de ponts étaient à Epiez, le tout sous la garde de deux compagnies, l'une du 315e et l'autre du 317e. En avant d'elles, le bataillon Boone, du 317e, restait en avant-postes à La Malmaison.

III

Parti de Longuyon, le 5e corps marchait en deux colonnes, la 9e division à gauche et la 10e à droite. Elles avaient devant elles la forêt des Monts, tenue par l'ennemi; vers Musson, au nord du ruisseau de la Batte, des batteries lourdes tiraient sur Longwy.

Les directions affectées aux 4e et 5e corps étaient nettement divergentes. En effet, le 5e corps devait attaquer le front compris entre Signeulx et la redoute du Bel-Arbre, à l'ouest de Longwy, et il y a cinq kilomètres à vol d'oiseau entre Signeulx et Ethe, ce qui impliquait un défaut de liaison pour ces deux offensives. Ordre fut donné à la 10e division, avec deux groupes d'artillerie et le génie de corps, de se porter entre la redoute du Bel-Arbre et la ligne

(1) V, p. 143.

Gorcy, Musson, tout en se gardant vers la Chiers, sur le flanc droit. La 9e division, laissant un régiment, avec les deux groupes restants de l'artillerie de corps, à la disposition du commandant de corps d'armée, attaquerait de Gorcy exclu à Signeulx, dans la direction générale Saint-Pancré, Baranzy, Gennevaux.

A gauche, la 9e division s'avançait sans précautions suffisantes, par un léger brouillard. Elle passait la frontière, puis la Basse-Vire, sa gauche à Signeulx. Mais l'ennemi tenait les hauteurs du nord; d'autres forces allemandes débouchaient de l'est et prenaient de flanc les éléments que nous poussions vers Bleid. Ils se jetaient aveuglément sur ce point d'appui, à 1.500 mètres, sans préparation d'artillerie, et se heurtaient à des tranchées précédées de fils de fer barbelés (1).

L'artillerie lourde allemande ajoutait à la surprise de nos troupes. Vers 11 heures, leur gauche n'avait pu déboucher de Signeulx et il était nécessaire de la soutenir. Vers 13 heures, il n'y avait pas encore de liaison avec la 7e division (4e corps).

Cependant, la 10e division gagnait quelque terrain dans la région Cosnes, Gorcy, vers l'objectif fixé Musson, Halanzy. Le 46e, colonel Malleterre, formait avant-garde. Dès le matin, ce régiment se portait de Cosnes à Gorcy et cherchait à progresser dans le bois de Musson et la forêt des Monts, à cheval sur la frontière. Mais ces bois, couronnant des hauteurs dominantes, étaient fortement garnis de défenseurs. Nos tirailleurs avaient peine à gravir leurs pentes sous un feu intense. L'ennemi étant dissimulé derrière les lisières, notre artillerie ne croyait pas devoir entrer en action (2). Une seule pièce tirait sur la

---

(1) Hanotaux, V, p. 145.
(2) Hanotaux, V, p. 146.

route de Gorcy à Musson. L'un de nos bataillons parvenait néanmoins à pénétrer dans les bois.

Le 89e était « en soutien d'artillerie » à droite. De 6 à 9 heures, nos troupes demeuraient ainsi sous un feu de pièces lourdes, ruineux pour leur moral (1), sans riposte de l'artillerie française qui attendait peut-être des ordres. Quant à l'état-major du 5e corps, il semble avoir également attendu l'entrée en ligne du 6e corps, qui ne se produisit qu'à 9 heures. La 10e division se portait lentement en avant. Mais, dès 11 heures, survenait l'ordre de retraite, qui paraît avoir été tout à fait inattendu. C'était le recul après la sensation de la victoire. Un témoin écrit qu'il en pleura (2). Le mouvement gagnait d'un régiment à l'autre, sans qu'on en vît bien les raisons. Au 46e, un officier d'état-major, déjà venu vers 10 heures, apportait à 12 heures l'ordre de retraite générale. Il fallait faire vite, car les Allemands occupaient déjà Cosnes, disait-il. Le 46e se mettait en mouvement et atteignait le plateau de Cosnes, vers 13 heures. Or l'ennemi n'occupait nullement ce village, à un peu plus de trois kilomètres des remparts de Longwy. Il l'avait attaqué, mais pour être repoussé. Dans ces conditions, l'ordre de retraite générale paraissait incompréhensible. Les officiers en cherchaient inutilement l'explication.

Voici comment le général Malleterre décrit les sentiments qui agitèrent son régiment, le 46e, dès la prescription de la retraite :

« D'un seul coup l'ardeur tomba. Les jambes furent coupées. Il fallut rétrograder péniblement; des unités échappèrent momentanément à la main du colonel. Le

(1) Cf. Galtier-Boissière, p. 48.

(2) Hanotaux, V, p. 145, d'après les *Lettres inédites du sous-lieutenant Dufau*, du 89e.

régiment couvrait la retraite qui n'était inquiétée que par les gros obus de l'artillerie lourde, dont ce fut la première et assez émotionnante apparition. Pas de fantassins devant nous : un champ de bataille vide! Les Allemands étaient arrêtés, leurs brigades décimées faisaient même demi-tour, mais leurs obusiers formaient un barrage infranchissable. Devant l'avalanche imprévue, nous reculâmes, sans pertes d'ailleurs. On reculait... après avoir cru à l'avance victorieuse!

« Le souci du chef est alors d'empêcher la désagrégation et de maintenir le faisceau des énergies collectives. Le ralliement se fit assez facilement le lendemain, sur une position de repli dont nous préparâmes la défense. Les hommes étaient un peu étonnés, mais gardaient leur bonne humeur et leur entrain... » (1).

Le soir, tout le 5ᵉ corps bivouaquait au nord de Longuyon; la 10ᵉ division avait peu souffert, la 9ᵉ avait été fortement éprouvée, dit-on, sans qu'on puisse en apprécier les raisons.

Le bataillon du 46ᵉ qui avait pénétré dans les bois de la frontière ralliait le régiment à minuit. Averti de la retraite à 14 heures seulement, il avait effectué son mouvement rétrograde sans rencontrer personne. L'impression de tous était celle d'un recul inopportun, devant des Allemands qui se retiraient eux aussi. L'impression était « affreuse », au dire d'un témoin (2).

Cet inexplicable combat de Longwy avait des conséquences graves, non par lui-même, mais par l'abandon de la liaison avec le 4ᵉ corps, qui amenait notre échec à Ethe. La petite place, dont nous avions presque atteint

(1) Général Malleterre, *Etudes et impressions de guerre*, I, p. 33.
(2) Sous-lieutenant Dufau, du 89ᵉ, Hanotaux, V, p. 146.

les glacis, n'était pas dégagée et les Allemands ne pouvaient que concevoir une piètre idée de nos forces morales devant une retraite aussi prompte.

IV

A la droite de la 3e armée, le 6e corps, général Sarrail, se reliant lui-même aux divisions de réserve de l'armée Maunoury, devait soutenir l'offensive des 4e et 5e corps, en la couvrant au besoin vers Thionville et Metz.

Le corps d'armée marchait vers le nord, la 12e division à la gauche, la 42e à droite; la 40e division d'infanterie s'échelonnait en arrière et à droite, formant flanc-garde vers la Moselle, et la 6e armée la prolongeait jusqu'aux Hauts-de-Meuse. Ce groupement, constitué le 19 août seulement au moyen de six divisions de réserve (1), avait reçu l'ambitieuse mission de commencer l'investissement progressif du front sud-ouest de Metz, nouvelle preuve que notre grand quartier général nourrissait de singulières illusions sur les proportions numériques des armées en présence.

D'après les dispositions arrêtées par le général Ruffey, une des divisions du 6e corps devait masquer la position de Differdange, à l'est de Longwy; une autre la déborderait par Longwy; la troisième se tiendrait prête à contre-attaquer un ennemi débouchant de Fontoy, au sud-est d'Audun-le-Roman, pendant que la 7e division de cavalerie (général Gillain) éclairerait vers ce dernier point et se porterait vers Esch-sur-Alzette, Luxembourg, ou se replierait sur Longwy.

(1) A ces six divisions se joignait alors la 72e, de la défense mobile de Verdun.

La 12e division marchait à gauche par Arrancy, Beuveille, Cons-la-Grandville; la 42e, à droite, par Pierrepont et Boismont, son objectif ultérieur étant Differdange. La 40e division était vers Mercy-le-Haut, au sud-est, couverte au nord-est par la division Gillain. Le général Maunoury paraît avoir mis deux de ses divisions, 54e et 67e, à la disposition du général Ruffey. Elles recevaient l'ordre de se porter, le 22, dans la région Spincourt, Mouaville (1) pour couvrir également le flanc droit et les derrières du 6e corps, en parant à une contre-attaque venant de Briey. Disons de suite que la 7e division de cavalerie, dont les chevaux étaient déjà épuisés, ne rendit aucun service et que les divisions de réserve ne purent être en place le 22, pour des motifs inconnus.

Dès le début du mouvement au 6e corps, on s'apercevait que l'ennemi avait pénétré plus au sud que l'on ne pensait : il s'était fortement retranché derrière la Crusnes et à cheval sur la Chiers, sa droite à la forêt de Monts, en arrière de la redoute de Bel-Arbre. On rencontrait ses fractions avancées sur une très grande étendue de terrain.

En effet, des éléments de la Ve armée (Kronprinz de Prusse) s'étaient portés entre les 5e et 6e corps, et avaient organisé défensivement le terrain, dit-on (2), au nord et à l'est de Doncourt-lès-Longuyon (3) et de Baslieux. De là, leur artillerie lourde prenait sous son feu les ponts de la Crusnes qu'il nous fallait traverser.

Les colonnes allemandes se mettaient en marche dès l'aube. A 8 heures, elles s'emparaient de Cons-la-Grandville, sur la Chiers, coupant ainsi en deux notre 12e divi-

---

(1) Mouaville à l'est d'Etain.
(2) Hanotaux, V, p. 149.
(3) Hameau au nord-est de Beuveille.

sion, dont une partie était déjà au nord de la rivière. Elles attaquaient alors la fraction sud (23e brigade et éléments de la 24e), en même temps qu'elles menaçaient de flanc la 42e division en marche au nord de la Crusnes, vers Pierrepont et Beuveille.

A ce moment, la 40e division, général Hache, passait ce ruisseau à l'est. Elle abordait Ville-au-Montois et Fillières, quand elle était très violemment attaquée par le XVIe corps venant de droite. En même temps l'ennemi débouchait de Cutry, Chénières, Laix, au nord, et une division se portait d'Aumetz sur Fillières.

Malgré ces attaques concentriques, nos troupes tenaient d'abord victorieusement. L'ennemi ne pouvait déboucher de Fillières. Au dire d'un témoin, les cadavres y étaient si serrés qu'ils se tenaient debout parmi les ruines.

A la 42e division, vers 8 heures, la tête d'avant-garde sortait de Pierrepont, au moment où le gros débouchait devant ce village. A droite, deux compagnies du 16e bataillon de chasseurs formaient flanc-garde. La cavalerie faisait connaître qu'elle n'avait rencontré l'ennemi nulle part. A ce moment même, un obus éclatait au sud de Pierrepont et l'action s'engageait vivement.

Le général Verraux faisait déployer le 162e dans le bois au nord-est de Pierrepont; il renforçait d'un groupe du gros celui de l'avant-garde, déjà au feu. Le dernier groupe de la 42e division prenait position sur une hauteur en avant de Pierrepont et l'infanterie cherchait à progresser par la droite, tandis que, vers l'ouest, l'engagement à la 12e division devenait très vif. Le général Sarrail faisait dire que, si la 42e pouvait disposer de réserves, il y avait lieu de les engager dans cette direction.

Il semble que nos tentatives pour déboucher vers le nord aient été vite arrêtées; la 42e division se bornait à tenir sur place. D'ailleurs, à droite, la 40e, très éprouvée dans son offensive sur Fillières, était finalement obligée de céder le terrain, et l'une de ses brigades se voyait même dans une position des plus critiques. A 20 heures, le général Verraux rencontrait à Saint-Supplet le général Hache, qui lui déclarait que la situation de la 40e division l'obligeait à se retirer derrière l'Othain. Néanmoins il décidait d'abord d'attendre les événements; puis, ne recevant aucun ordre et apprenant que les Allemands débouchaient de Xivry-Circourt sur sa droite, il prescrivait que la retraite commencerait à 2 heures, dans la même direction. La 42e division avait eu de lourdes pertes, mais son moral restait intact.

En arrivant à Nouillon-Pont, sur l'Othain, le général Verraux apprenait que la 12e division s'était retirée également entre Arrancy et la ferme de Constantine. La 40e, fortement éprouvée, se reformait autour de Billy-sous-Mangiennes.

Le XVIe corps s'était concentré, le 22 août, près d'Aumetz, peut-être sans savoir que nous avions entamé l'offensive. On apprit que nos troupes, en grande force, se montraient dans la région de Mercy-le-Bas, au sud-ouest. La Ve armée donnait l'ordre de nous en chasser. Une division dut attaquer par les hauteurs de Joppécourt, une autre par Errouville et Serrouville, au nord, pour tourner notre gauche vers Fillières (1). C'est ainsi que se produisaient les combats de rencontre précédemment résumés

Dans la soirée du 22 août, le général Sarrail était à Arrancy, très forte position d'où il comptait reprendre l'offensive le 23. A la nuit, la 54e division de réserve était venue tenir les hauteurs d'Ollières, Domprix, au sud-est.

(1) Hanotaux, V, p. 150, 154, d'après von Zobeltz, *der Grosse Krieg*.

Elle s'y retranchait. La 67e division était encore au sud-ouest, vers Senon, Amel.

En somme, si la 3e armée n'avait pas gagné de terrain le 22, elle en avait peu perdu, malgré la supériorité numérique de l'ennemi. Les 4e et 5e corps se maintenaient sur la rive droite de la Chiers, le 6e corps sur la Crusnes. La plupart des engagements de la journée étaient des combats d'avant-garde et beaucoup de nos éléments n'avaient pas combattu. Le général Ruffey donnait donc, le 22 à minuit, l'ordre de reprendre l'offensive dès le lendemain (1).

Comme pour la 4e armée, les échecs subis par la 3e, d'ailleurs d'une gravité beaucoup moindre, tenaient avant tout aux malheureuses instructions du grand quartier général. Elles avaient permis à l'ennemi de nous attaquer par surprise, alors que nos colonnes s'échelonnaient du nord-ouest au sud-est, marchant vers le nord et se prêtant ainsi nécessairement à une attaque sur leur flanc droit, découvert. L'idée première de ce mouvement, basée sur les renseignements incomplets fournis par la cavalerie et les avions, était très critiquable et ne pouvait guère amener que des échecs, quelles que fussent les dispositions arrêtées par les exécutants.

---

(1) Hanotaux, V, p. 154.

CHAPITRE VIII

RETRAITE DE LA 4e ARMÉE (23 Août)

Les lignes naturelles de défense derrière la 4e armée. — Premières intentions du général de Langle. — Le 9e corps. — La 52e division. — Surprise de Monthermé. — Le 11e corps. — Retraite du 9e corps. — Retraite du 11e corps. — Retraite du 17e corps. — Le 12e corps. — Le corps colonial. — Le 2e corps. — Ordre pour le 24. — Ses inconvénients.

I

Repoussée dans son offensive du 22 août, la 4e armée avait derrière elle plusieurs lignes naturelles de défense . la lisière de la forêt des Ardennes, puis la Chiers entre Montmédy et son confluent dans la Meuse. Cette dernière aurait prolongé notre ligne vers l'ouest, tandis que l'Othain la prolongerait à l'est. Mais l'occupation de ces positions défensives ne pouvait se concilier avec une retraite de la 5e armée et de l'armée britannique. C'est sans doute ce qui devait empêcher les 3e et 4e armées de s'établir derrière la Meuse, la Chiers et l'Othain, puis, finalement, derrière la Meuse, ligne de défense beaucoup plus sérieuse que la première.

Dans la nuit du 22 au 23 août, la première intention du général de Langle fut de réclamer de ses troupes un effort décisif vers le front Beauraing, Laroche. Un ordre était envoyé dans ce sens. Le 9e corps, renforcé des premiers éléments de la division marocaine, devait, tout en se couvrant vers Houdremont, Bièvre, prendre l'offensive vers Paliseul pour soutenir le 11e corps et tenter de déboucher dans cette direction.

Un autre ordre, qui paraît antérieur et qui était particulier au 9e corps, précisait ainsi qu'il suit la tâche de ce dernier.

Le 23 août, il pousserait une avant-garde à Gedinne, en réunissant le gros de ses éléments propres (combattants) dans la zone de Bièvre, Oizy, Gros-Fays, Mouzaivé, Bohan, Nafraiture, Houdremont; son quartier général irait à Vresse.

La division marocaine se concentrerait dans la région Sugny, Neufmanil. A droite du 9e corps et en arrière du 11e, la 60e division serait groupée dans la zone Vivy, Cornimont, Corbion, Noirmont, Mogimont. A gauche du 9e corps, la 52e division se porterait dans la région Hautes-Rivières, Hautrue, Braux, Château-Regnault, Monthermé, les Hauts-Buttés et pousserait une avant-garde à Willerzie.

Enfin, un dernier ordre, également particulier au 9e corps, spécifiait que, tout en couvrant la gauche de l'armée dans la région Houdremont, Bièvre, le corps d'armée appuierait l'offensive du 11e corps, qui attaquerait au nord de Paliseul.

La multiplicité de ces prescriptions était faite pour amener de la confusion. D'ailleurs la situation qu'ils envisageaient ne cadrait aucunement avec la réalité, en sorte qu'ils étaient devenus, en grande partie, inexécutables, avant même d'être parvenus à destination.

Le général Dubois donnait dans la nuit (22 août, 22 heures) un ordre visant une collaboration du 9e corps avec le 11e, comme le voulait le général de Langle.

Les deux escadrons du 7e hussards étaient mis à la disposition du général Dumas pour couvrir son flanc gauche. Ils pousseraient des reconnaissances sur Willerzie, où ils chercheraient la liaison avec la 52e division, sur

Vencimont, Haut-Fays, Gembes-en-Ardenne, Porcheresse, où ils se relieraient au 11e corps.

A 4 heures, la division Dumas pousserait un régiment et un groupe en avant-garde à Gedinne, avec mission de couvrir le corps d'armée. Le gros serait dans la région Houdremont, Bièvre, Oizy, Nafraiture, prêt à soutenir éventuellement le 11e corps, avec lequel le général Dumas aurait à se mettre en liaison intime.

L'artillerie de corps et le bataillon du 32e seraient rendus à 8 heures entre Vresse et Mouzaivé, à la disposition du commandant de corps d'armée et prêts à se porter sur Houdremont ou sur Oizy.

Dès 2 heures du matin, le 23, le général de Langle faisait savoir que les corps de droite avaient peu progressé, en raison des difficultés rencontrées. Seul, le 11e corps avait pu « atteindre » Paliseul.

A 4 heures, les rapports d'avant-postes rendaient compte de la non arrivée à Willerzie de la 52e division. Celle-ci, pour des raisons inexpliquées, n'avait pas encore dépassé les Hauts-Buttés (1). On signalait, en outre, que, dès 3 heures, le corps provisoire de cavalerie s'était replié sur la Semoy. De forts groupes ennemis avaient été vus au nord de Willerzie et nos cavaliers y avaient été violemment engagés.

D'autre part, on apprenait que le 11e corps n'avait pu rester à Paliseul. Attaqué de front et sur son flanc droit, il s'était replié sur la Semoy, sous la protection de son artillerie et de ses réserves.

Néanmoins, le général Dubois jugea possible de persis-

---

(1) D'après H. Libermann, *op. cit.*, p. 19, le 58e bataillon de chasseurs et un état-major de brigade cantonnent à Hauts-Buttés, dans la soirée du 23, venant de Monthermé.

ter dans l'offensive qu'il avait préparée. S'il pouvait réussir, ce mouvement aurait du moins pour résultat de nous conserver les passages de la Meuse vers Fumay, Haybes, Givet, c'est-à-dire la liaison avec la 5e armée, dont la retraite eut lieu le soir du 23 seulement.

Ordre était donné à l'artillerie de corps de ne pas franchir la Semoy et de chercher au sud des emplacements d'où elle pourrait couvrir la retraite du corps provisoire de cavalerie. Elle conserverait avec elle deux compagnies du 32e; une compagnie garderait chacun des ponts de Vresse et d'Alle (1).

Le général Dubois comptait sur la coopération de la 52e division de réserve à sa gauche, sur Willerzie. Nous avons vu qu'aucun des éléments aux ordres du général Coquet n'avait atteint ce village dans la matinée du 23. Voici ce qui s'était passé à cette division. Dans la nuit du 16 au 17 août, afin d'assurer la sécurité du flanc droit de la 5e armée en marche vers la Sambre, nous avions jugé à propos de faire sauter tous les ponts, sauf ceux du chemin de fer, entre Mézières et Revin, au nord de Fumay. L'opportunité de cette destruction était moins que discutable, car nous n'avions nullement renoncé à l'offensive. Notre intérêt évident était de pouvoir relier nos armées à l'est et à l'ouest de la Meuse.

Durant la nuit du 21 au 22, le génie de la 52e division eut l'ordre de construire un pont de bateaux à Monthermé, pour remplacer celui en fils de fer si malencontreusement détruit. Le soir du 22, la division reçut mission de se porter en Belgique, sur le front Louette-Saint-Pierre, Houdremont, et de contre-attaquer les forces ennemies qui

---

(1) Cf. le texte de cet ordre, Hanotaux, V, p. 160. Il est de 6 heures du matin.

seraient aux prises avec le 9ᵉ corps sur le front Nafraiture, Petit-Fays, Monceau (1).

La division était encore cantonnée sur une vaste zone, entre Revin, Mézières et Renwez. Son rassemblement fut long et difficile. A la nuit seulement, tous ses éléments étaient sur la Meuse, l'avant-garde à Tournavaux (2).

Le 23 août, deux colonnes se portaient sur les Hauts-Buttés et sur Linchamps, Les Hubiets, au nord des Hautes-Rivières; trois bataillons et une batterie poussaient sur Willerzie (3); deux bataillons et un groupe restaient à Monthermé pour la protection du pont. La 52ᵉ division cherchait ensuite, sans succès, la liaison avec la brigade Moussy du 9ᵉ corps : cette dernière était déjà en retraite sur Bohan. Le général Coquet maintint néanmoins sa 103ᵉ brigade (291ᵉ et 347ᵉ) à cheval sur la Semoy, entre les Hubiets et le bois des Hazelles, près de la frontière belge.

Les bataillons dirigés sur Willerzie y étaient arrivés tard et fatigués. Ils ne songèrent, dit-on, qu'à se reposer, sans se couvrir. Vers 21 heures, trois projecteurs trouaient brusquement la nuit noire, balayant de leurs faisceaux aveuglants les rues, rendant l'obscurité plus profonde hors de leurs nappes de lumière. La fusillade éclatait, projetant sur le village une nappe de balles tellement dense qu'une folle panique s'empara de nos réservistes. Ils fuyaient dans la direction de la Meuse (4), couverts

---

(1) C'est la version de M. Hanotaux, V, p. 158-159. Le texte de l'ordre particulier au 9ᵉ corps (22 août) porte simplement : « A gauche du 9ᵉ corps, la 52ᵉ d. r. se concentrera dans la zone Hautes-Rivières, Haulmé, Braux, Château-Regnault, Monthermé, les Hauts-Buttés et poussera une avant-garde à Willerzie. »

(2) Sud-est de Monthermé, sur la Semoy.

(3) Le 9ᵉ corps chercha inutilement la liaison avec la 52ᵉ division à Willerzie. Il se peut que cette avant-garde y soit arrivée ultérieurement.

(4) H. Libermann, *Ce qu'a vu un officier de chasseurs à pied* (58ᵉ bataillon), p. 19.

par le 58e bataillon de chasseurs, qui prenait position aux abords de Hauts-Buttés.

L'armée de von Hausen était arrivée le 23 vers Bourseigne-Neuve (nord-est d'Haybes), où s'installaient des avant-postes du XIXe corps. C'est sans doute l'apparition de ces forces qui permit au VIIIe corps, dans la région de Gedinne, Bièvre, de refouler, dès 5 heures, le 23 août, les 4e et 9e divisions de cavalerie sur la Semoy. Du moins c'est ce qu'écrit M. Hanotaux, mais il y a lieu de s'étonner que ces deux divisions n'aient pas cherché à se maintenir plus longtemps au nord de cette rivière, dont les Allemands, à Gedinne et à Bièvre, étaient encore à dix kilomètres au moins.

Au 9e corps, le 90e (2 bataillons) et un groupe d'artillerie, le tout sous les ordres du colonel Simon, avaient rejoint à Houdremont le bataillon qui y était déjà. A 3 h. 30, la colonne se mit en marche. Un bataillon était à l'avant-garde, précédé de deux pelotons de l'escadron divisionnaire; les deux autres pelotons étaient sur les flancs.

A 5 h. 30, l'avant-garde recevait des coups de feu au sud de Gedinne, dans les bois. Le 3e bataillon du 90e se déployait à cheval sur la route d'Houdremont à Gedinne, sa droite à Louette-Saint-Denis. A sa gauche, le 1er bataillon marchait sur Louette-Saint-Pierre, qu'il enlevait à de l'infanterie et de la cavalerie ennemies. Le 2e bataillon restait en réserve au sud-est. L'artillerie en position à la cote 405, au nord-est d'Houdremont, avait préparé l'attaque de Louette-Saint-Pierre.

Le combat continuait avec succès jusqu'à réception d'un ordre du général Dubois, daté de 6 h. 45 : l'avant-garde du colonel Simon était tout à fait en pointe, par suite de la retraite du corps provisoire, du retard de la division Coquet à Willerzie et de l'arrêt du 11e corps à Paliseul (1). Elle était donc invitée à la plus grande vigilance. Jusqu'à nouvel ordre, elle ne se laisserait entraîner à aucune action offensive.

Le général rappelait que le rôle essentiel du 9e corps était de couvrir la gauche de l'armée sur la ligne Houdremont, Bièvre et d'appuyer le mouvement offensif du 11e corps.

En cas d'attaque par des forces supérieures, le colonel Simon se replierait en combattant sur Houdremont. La 17e division se maintiendrait *à tout prix* au nord de la Semoy, en gardant la liaison avec le 11e corps.

A la même heure, ordre était donné au 68e d'occuper Houdremont et ses abords. Dès 8 h. 30, le 1er bataillon tenait le cimetière à l'ouest du village et le petit bois dominant Louette-Saint-Pierre; le 3e bataillon était à l'est et au nord d'Houdremont, avec des vues sur Louette-Saint-Denis, et flanquant de ses feux les positions occupées vers l'est par le 77e, comme nous le verrons; le 2e bataillon était en réserve à 500 mètres au sud-est; enfin deux groupes avaient pris position à 600 mètres au sud-ouest.

Au détachement de Bièvre, deux bataillons du 135e avaient leur gros derrière le talus de la voie ferrée, à l'est du village; un bataillon était en réserve derrière la gauche, au nord-ouest de Bièvre, que la compagnie divisionnaire du génie avait mis en état de défense. Le colonel du 135e avait réclamé un groupe d'artillerie. La position était reconnue par lui et il était prêt à occuper ses emplacements.

A gauche du 135e, le 77e avait poussé un bataillon à

(1) Le général Dubois paraissait ignorer encore la retraite du 11e corps sur la Semoy.

cheval sur la route de Bièvre à Houdremont; deux bataillons étaient en réserve au nord-est de Bellefontaine-lez-Bièvre.

Déjà la retraite du 11e corps exposait grandement le détachement de Bièvre. A 8 heures, l'ennemi attaquait sur tout son front. Bièvre était violemment bombardé, sans qu'on pût repérer l'artillerie allemande dans ce pays tourmenté et couvert, faute d'avions de corps d'armée (1). A 9 h. 15, le colonel de Bazelaire, du 135e, rendait compte qu'il était engagé sur toute la ligne et n'avait plus que trois compagnies de réserve derrière sa gauche. Il faisait ressortir la nécessité de le dégager par un mouvement offensif.

A gauche, le 77e combattait avec succès dans le bois entre Houdremont et Bièvre; enfin, à l'extrême gauche, le 90e tenait en échec une colonne débouchant de Gedinne.

Vers 10 heures, le 135e, ayant perdu mille hommes environ, dont la moitié de ses officiers, sous les feux convergents de l'artillerie et de l'infanterie allemandes, commença de refluer au sud de Bièvre. Deux de ses officiers supérieurs étaient blessés, dont le colonel de Bazelaire, qui passait le commandement au lieutenant-colonel Graux.

La compagnie du génie, capitaine Gobeau, restait sans ordres dans la partie ouest de Bièvre. Elle y tenait vigoureusement. Puis, se voyant isolée et menacée sur sa droite, elle se retirait dans le bois au sud, après avoir perdu 2 officiers et 80 hommes (2).

Au cours de son repli, le 135e était brusquement sou-

---

(1) A cette époque, les avions étaient attribués aux armées et mis par exception à la disposition des corps d'armée.

(2) D'après Hanotaux, V, p. 108 et suiv., c'est le 160e, 15e division, VIIIe corps, qui prit Bièvre, y brûlant 72 maisons, tuant 18 personnes et en blessant 20.

mis aux feux d'une artillerie venue au nord de Bièvre. Mais elle était vue de nos batteries et rapidement réduite au silence. Finalement, le 135e se retirait sur la Semoy, où il se reformait à Vresse.

A 10 h. 35, un officier de l'état-major de la 4e armée faisait transmettre au général Dubois l'ordre verbal ci-après, qu'il confirmait personnellement à 11 heures :

« L'armée se porte au sud de la Semoy; le 9e corps suivra immédiatement le mouvement ».

Cette retraite paraissant prématurée, du moins en ce qui concernait le 9e corps, le général se bornait à prescrire de se rapprocher des ponts de la Semoy, pour les couvrir directement. D'ailleurs, le général Dumas émettait des regrets au sujet de l'abandon d'Houdremont et de la position au nord de Bellefontaine, qu'il avait jusqu'alors tenus sans difficulté. Il n'évaluait l'artillerie ennemie qu'à deux batteries, qui avaient été à peu près réduites au silence par les nôtres, au nombre de neuf.

Quoi qu'il en fût, le mouvement de repli prescrit par la 4e armée conduisait le 90e à Nafraiture, le 77e à Petit-Fays et Gros-Fays, le 68e en réserve au nord d'Orchimont. Ce dernier régiment avait à peine entamé son mouvement, qu'il recevait l'ordre de réoccuper Houdremont. Ce fâcheux incident résultait d'un ordre écrit du général de Langle, daté de 10 heures et annulant par suite son ordre verbal.

« La 4e armée, écrivait le général, n'a devant elle que des forces inférieures. Il importe de reprendre le plus tôt possible l'offensive ». Le 12e corps, dont les gros s'étaient repliés sur Florenville, se reporterait en avant sur Aubry et les Hayons, en se reliant à gauche au 11e corps. Ce dernier, renforcé de la 60e division, marcherait sur Bellevaux et Mogimont; le 9e, sur Baillamont, Bellefontaine. La 52e division, appuyant sa gauche aux Hauts-Buttés, attaquerait sur Nafraiture (1).

A la droite de l'armée, le corps colonial se maintiendrait dans la région de Jamoignes, Izel, prêt à faire face à toute offensive venant des directions de Tintigny et de Rossignol. Dès que le 2e corps serait en mesure de déboucher sur Bellefontaine et Saint-Vincent, le corps colonial et le 2e corps reprendraient leur attaque vers le nord.

Il serait superflu de montrer que cet ordre, aussi bien que ceux de la veille au soir, était en contradiction flagrante avec les faits. D'autre part, on s'explique mal la succession aussi rapide d'un ordre verbal démenti par un ordre écrit. Il semble en résulter qu'un certain flottement se produisait à l'état-major de la 4e armée. On hésitait devant la douloureuse nécessité d'une retraite, au lendemain d'une offensive sur laquelle on avait bâti trop de chimériques espérances.

Quoi qu'il en soit, le général Dubois informait la 52e division que le 9e corps tenait toujours Nafraiture et prescrivait au 68e de réoccuper Houdremont, ce qui était fait sans difficulté. Toutefois, devant les progrès de l'ennemi sur sa droite, le 68e était bientôt obligé de renforcer ses deux bataillons de première ligne par le troisième, puis de se retirer méthodiquement sous la protection de l'artillerie. Il allait s'établir derrière le 90e, qui tenait Nafraiture.

Le 77e laissé, par le repli du 135e, aux prises, à Monceau et à Petit-Fays, avec des forces très supérieures, ne pouvait déboucher sur Bellefontaine et avait même la plus grande peine à contenir l'ennemi. Monceau, fortement menacé, devenait bientôt intenable.

A 13 heures, la 36e brigade avait le 77e à Monceau et

(1) Point que n'avait pas encore abandonné le 9e corps.

Petit-Fays, le 135° en retraite sur Vresse; la 33e, le 90e au nord et près de Nafraiture, le 68e un bataillon à 1.200 mètres au sud-ouest de Nafraiture, la gauche à la route de Houdremont à Membre, deux bataillons au nord d'Orchimont.

L'artillerie divisionnaire était répartie entre la cote 407, à l'ouest de Petit-Fays, et le sud de Nafraiture; une autre fraction était en route sur Cérivaux. Quant à l'artillerie de corps, elle avait deux batteries au sud de Mouzaivé, quatre batteries au sud d'Alle.

La tête de la division marocaine, retardée dans Mézières par le passage du corps provisoire de cavalerie, atteignait à peine Aiglemont.

Enfin, à gauche, la division Coquet n'avait pas quitté les Hauts-Buttés et, par suite, n'avait pas été engagée. A droite, le 11e corps n'avait plus que quelques éléments à Sensenruth et à Noirfontaine, le reste derrière la Semoy. Malgré toutes les instances du général Dubois, la 60e division (Joppé) ne tenait pas la route de Baillamont, Oizy; elle avait appuyé tout à fait à l'est, entraînée par le 11e corps. On poussait dans cette direction l'escadron divisionnaire de la 18e division (1) pour couvrir le flanc droit du 9e corps.

Jusqu'alors, l'ennemi, contenu par notre artillerie, progressait lentement. Il n'avait porté que de faibles fractions au sud de la route Houdremont, Bièvre.

A 14 h. 30, le général Dubois donnait à la 17e division l'ordre suivant : à droite, la 60e division fait savoir qu'elle tient Vivy et Gros-Fays, son artillerie à la cote 422, au sud-est de Cornimont. Elle a évacué Oizy, Baillamont,

(1) Les deux escadrons divisionnaires du 9e corps avaient été transportés sur la Meuse.

mais tient le pont d'Alle; une compagnie du 32e est à Vresse.

La 17e division ne devra pas franchir la Semoy sans nouvel ordre, à moins qu'elle ne soit trop vivement pressée. Elle s'efforcera de se maintenir sur le front Nafraiture, Petit-Fays.

Sur les entrefaites, le 77e, bien appuyé par l'artillerie, arrêtait les progrès de l'ennemi. Ce dernier marquait également un temps d'arrêt devant la 33e brigade, tout en canonnant vivement les villages. Au loin, on apercevait Bièvre et Houdremont en flammes.

En prévision d'un accroissement des forces adverses, le général Dubois pressait le mouvement de la division marocaine. Jusqu'à 16 heures, le combat continuait à notre avantage. A ce moment, une colonne allemande, après avoir repoussé l'escadron détaché vers Oizy, débouchait dans le flanc du 77e, pendant qu'une forte artillerie mettait le feu à Monceau et à Petit-Fays. Le régiment tenait bon tout d'abord, puis, débordé par un ennemi supérieur en nombre, cédait le terrain pour gagner les bois au nord de Vresse.

Menacée sur sa seule route de retraite, la 33e brigade était contrainte d'évacuer Nafraiture, son artillerie se retirant par échelons au sud-ouest d'Orchimont. A 19 h. 30, la 17e division était ainsi répartie : deux bataillons du 68e à Cérivaux et deux bataillons du 90e à leur gauche, en avant-postes au contact de l'ennemi; un bataillon du 68e couvrant le pont de Bohan, un bataillon du 90e à cheval sur la route de Houdremont à Membre; le 77e au nord de Vresse, tenant les routes d'Orchimont et d'Oizy; le bataillon du 32e à la garde immédiate des ponts de Vresse et d'Alle; le 135e en réserve à Laforêt; toute l'artillerie au sud de la Semoy. La division marocaine atteignait Pussemange. A 19 h. 30, le général Dubois lui envoyait l'ordre de pousser jusqu'à l'entrée sud de Sugny, d'y bivouaquer et de prendre les armes le 24 à 4 heures, en attendant d'autres prescriptions.

A 20 heures, le général rendait compte à la 4e armée : « J'ai donné l'ordre de tenir coûte que coûte les ponts d'Alle, de Vresse, de Membre, de Bohan. J'ai d'autre part fait appel au général commandant la division du Maroc. Je lui ai prescrit, quelle que soit la fatigue de ses troupes, de pousser ce soir ce qu'il pourrait sur Pussemange et Sugny. J'espère y avoir cinq ou six bataillons dans la nuit. Outre ces bataillons, je dispose de six bataillons de la 33e brigade qui, bien que fatigués par 14 heures de combat, sont encore susceptibles d'un effort, et de quelques éléments de la 36e brigade, ces derniers n'étant plus aptes à être employés que comme réserve. L'état moral est bon » (1).

Dans la première partie de la nuit, une fusillade intermittente retentit sur tout le front du 9e corps. Vers minuit 30, les communications téléphoniques furent coupées et on apprit que la 17e division était attaquée. A 1 heure, on prescrivait d'alerter la division marocaine à Pussemange et de porter à Sugny le premier bataillon prêt. Celui du commandant Lachèze, des zouaves, atteignit Sugny à 3 heures et prit position au nord-est. Les deux autres bataillons du régiment mixte de zouaves et de tirailleurs ne tardèrent pas à le rejoindre.

A Orchimont, une compagnie du 77e aux avant-postes avait été attaquée par un bataillon allemand. Elle le refoulait et se dégageait sans laisser de prisonniers. A gauche, l'ennemi attaquait également le bataillon du 68e, mais il

(1) Reproduit d'après Hanotaux, V, p. 162-166.

était brillamment repoussé par une contre-attaque des deux autres, accourus aux « hurrah! » des Allemands. Malgré ce double succès, la situation de la 17e division devenait critique, et le général Dumas préparait son repli sur la Semoy au moment même où survenait un ordre du général de Langle prescrivant la retraite générale.

II

Au 11e corps, la nuit du 23 au 24 août se passait sans incident. Quelques coups de feu étaient échangés avec des patrouilles allemandes.

La 60e division se conformait au mouvement de retraite du 11e corps. Nous avons vu que, le 23 à 14 h. 30, elle avait évacué Oizy et Baillamont, mais qu'elle tenait encore Vivy et Gros-Fay, son artillerie à la cote 422, au sud-est de Cornimont (1). Le recul de cette division et du 11e corps, motivé lui-même par celui du 17e, obligeait évidemment le 9e corps à un nouveau mouvement rétrograde.

Nous avons vu que le général de Langle, informé de la retraite du 17e corps au sud de la Semoy, avait prescrit de l'établir derrière la Chiers, son quartier général à Amblimont. Déjà, on le voit, le recul de la 4e armée était marqué; nous abandonnions la Semoy, les forêts de la

(1) Il y a incertitude sur les forces allemandes que rencontra le 11e corps. D'après Hanotaux, V, p. 108 et suiv., le VIIIe corps se portait sur la voie ferrée entre Bièvre et Bertrix; le VIIIe corps de réserve se serait engagé vers Maissin. D'après le même auteur (V, p. 162-166, la 15e division de réserve (VIIIe R.) se serait engagée devant la 22e division, ou du moins la 43e brigade. Elle aurait pris six canons et beaucoup de munitions. La 25e division (XVIIIe corps) aurait combattu les 225e et 325e (9e corps et 60e D. R.). Mais les témoins du 11e corps affirment qu'elle fut battue à Maissin.

frontière, pour refluer sensiblement en territoire national.

Les mouvements nécessités par cet ordre furent exécutés dans la journée du 23, sans aucun contact avec l'ennemi. On commença le jour même la réorganisation des troupes, dont quelques-unes, notamment la 66e brigade, avaient beaucoup souffert. Leurs cadres étaient décimés et il fallait les recompléter. On organisait défensivement les positions occupées.

Le matin du 24, le général de Langle venait à Amblimont et prescrivait d'organiser la défense du front Vaux, Euilly, Mairy, Remilly-sur-Meuse, derrière la Chiers et à cheval sur la Meuse. C'était à peu près la ligne que le 17e corps avait eu à constituer les 17 et 18 août. La 33e division tenait la droite de Vaux à Euilly exclus; la 34e aurait à défendre le reste. La 66e brigade, très réduite et encore désorganisée, était en réserve au sud d'Amblimont.

Le 12e corps s'était maintenu victorieusement le 22 à Saint-Médard et à Straimont, avec l'aide du corps colonial. Mais, ce dernier s'étant retiré, le lendemain il était attaqué de flanc et presque sur ses derrières par des troupes venant de Jamoignes et d'Izel, au sud. Leur offensive rendait sa situation très critique. A Saint-Médard et à Straimont, ses éléments étaient nettement en flèche par rapport aux corps d'armée voisins. Ils se voyaient obligés de traverser la forêt d'Herbeumont et la clairière de Florenville, avec un ennemi en force sur leur flanc droit. Heureusement, le général Roques sut combiner son action avec celle du corps colonial. Ce dernier fit face à la direction Izel, Jamoignes, pendant que le 12e corps défilait en combattant à travers bois, pendant dix longues heures. Ce fut une journée d'angoisse (1).

(1) Hanotaux, V. p. 168. Le 12e corps fut si éprouvé par cette retraite, qu'il ne put mettre en ligne à la bataille de la Marne que

La 24e division, qui, la veille, avait franchi à hauteur de Rossart la route de Neufchâteau à Bertrix, reçut l'ordre de se replier à la lisière nord de la forêt d'Herbeumont. Dès le petit jour, elle y fut criblée d'obus et dut se retirer sur la ligne Florenville, Chassepierre. A la nuit, elle bivouaquait dans la région Mogues, les Deux-Villes, Matton, au nord de la Chiers. L'ensemble du corps d'armée occupait la zone observatoire de Saint-Walfroy (entre Margut et Bièvres), Carignan exclus. Des éléments du 17e corps tenaient Carignan à sa gauche. A sa droite, le corps colonial se reliait à lui dans le massif de Saint-Walfroy.

La poursuite de l'ennemi fut nulle au 12e corps, comme au 17e. Entre eux et lui, le terrain demeura vide, sans même une patrouille de cavalerie allemande. Les nôtres purent retourner à Florenville jusqu'au soir du 23. On sut ensuite que les Allemands n'avaient occupé Saint-Médard que dans l'après-midi de ce jour. La 21e division de réserve (XVIIIe R.) était allée de Warmifontaine à Martilly (1).

III

Le 22 août, la 3e division coloniale, cernée à Rossignol, avait été en grande partie détruite; ses restes refluaient en pleine décomposition sur Jamoignes, où ils étaient recueillis par la 2e division, qui parvenait à arrêter et même à refouler sur certains points l'offensive allemande.

Le 23, cette attaque était reprise par des forces supérieures, sans que le général Leblois, posté entre Izel et Jamoignes, put être rejeté. Mais vers 4 heures, sa division n'étant plus couverte ni à droite, ni à gauche, était mena-

six bataillons, les autres ayant été renvoyés à l'arrière pour se reconstituer (Dauzet, *De Liége à la Marne*).

(1) Hanotaux, *loc. cit.*, Warmifontaine au sud-est de Neufchâteau. Martilly au nord-ouest de Straimont.

cée de se voir envelopper. Elle gagna une nouvelle position au nord de la forêt de Merlanvaux, vers la cote 370, et y arrêta jusqu'au soir l'offensive allemande, appuyée par de l'artillerie lourde. A 19 heures, elle recevait l'ordre de retraite. Obligée, dit-on, de gagner Pin, faute d'autre route, elle traversait ce village, qui était bombardé, et gagnait la rive nord de la Chiers, où elle s'établissait sur les hauteurs de Saint-Walfroy. Le matin du 24, le corps colonial était réparti entre Thonne-le-Thil, la lisière nord des bois de Sourcil et de Signy, Saint-Walfroy.

Le corps colonial paraît avoir eu devant lui le VIe corps prussien, dont la 11e division allait de Tintigny à Herbeumont. Le VIe corps aurait pris à Rossignol 3.000 hommes et 22 canons, faisait-il connaître au XVIIIe corps de réserve (1).

A la droite des troupes coloniales, le 2e corps avait l'ordre de se maintenir à Houdrigny, Meix-devant-Virton, la lisière des bois au sud-ouest de Bellefontaine, de façon à conserver la liaison, à droite, avec le 4e corps (2).

Dans la matinée du 23, la canonnade avait cessé sur le front de ce dernier, mais l'artillerie lourde allemande bombardait Mont-Quintin, au sud-ouest de Virton, où s'effectuait la liaison entre les deux corps d'armée. Dès ce moment, le 2e corps était en flèche entre le corps colonial et le 4e, tous deux contraints à la retraite. Il était lui-même obligé de les suivre.

Le 23, à 19 heures, le général Gérard prescrivait l'oc-

(1) Hanotaux, V, p. 168-170.

(2) D'après le *Carnet d'un artilleur*, du lieutenant Deville, p. 46 et suiv., l'état-major de la 3e division paraît être resté à Sommethonne toute la journée du 23 et la nuit du 23 au 24. C'est à midi seulement, le 24, que l'artillerie de cette division reçut l'ordre de se replier sur les bois de Thonne-la-Long, sans aucune menace de l'ennemi. Le soir, elle cantonnait au Petit-Verneuil.

cupation, pendant la nuit, de la ferme d'Orval et de Villers-devant-Orval par la 7e brigade, avec deux groupes d'artillerie de corps; le 120e se retirerait sur Breuse, en territoire français, les 8e et 9e bataillons de chasseurs sur Avioth, le tout au nord de Montmédy.

La 3e division, renforcée également de deux groupes d'artillerie de corps, évacuerait Meix-devant-Virton pour occuper tout d'abord le front défensif Villers-la-Loue, le Haut-Bois, la ferme du Hayon, la cote 315 au sud de Villers-la-Loue, en continuant de se relier à Mont-Quintin au 4e corps. Le 2e corps semblait ainsi faire face à l'est mais non au nord, également dangereux. Le commandant du génie recevait l'ordre de commencer le matin du 24 des tranchées dans le secteur au nord de Montmédy. A cette date, le 2e corps paraît avoir été en arrière du front Grand-Verneuil, ferme Saint-Valéry, Thonne-la-Long, Avioth (1), dessinant ainsi une sorte de demi-cercle au nord-est de cette petite place.

Dans la nuit du 23 au 24, à o h. 45, le général de Langle donnait l'ordre pour le 24.

Il basait la nécessité d'un mouvement rétrograde sur l'attaque dont le 12e corps avait été l'objet, dans la clairière de Florenville, ce qui n'était exact qu'en partie, car d'autres motifs étaient certainement intervenus dans sa décision.

Le corps de cavalerie « se maintiendrait dans ses cantonnements du 23 », autour de Mézières, tâche sans gloire aucune. La 52e division de réserve viendrait tenir les passages de la Meuse entre Mézières et Revin; le 9e corps se replierait dans la zone Mézières, Cons-la-Grandville (2),

(1) Hanotaux, V, p. 170-172.
(2) Il y a deux villages de ce nom, l'un auprès de Longwy, l'autre auprès de Mézières.

Gernelle, Lumes, se tenant prêt à passer à l'ouest de la Meuse. La 60e division de réserve se replierait sur ce fleuve, entre Donchery et Nouvion. Le 11e corps gagnerait la rive ouest entre Remilly et Fresnois, au sud-ouest de Sedan. Mais il établirait avant le jour une brigade et de l'artillerie en arrière-garde sur les hauteurs de Francheval et se couvrirait vers l'est par des détachements dans la forêt des Ardennes. Le 17e corps aurait à résister sur la Chiers, de Carignan à Douzy; le 12e corps resterait sur la rive nord de cette rivière, son centre à Charbeaux, couvrant les ponts de Blagny, Linay et La Ferté; le corps colonial tiendrait la position Thonne-le-Thil, Saint-Walfroy; le 2e corps s'établirait avant le jour à hauteur d'Avioth et de Thonne-la-Long, sa droite en liaison avec le 4e corps. Il contre-attaquerait au besoin pour dégager le corps colonial.

On établirait partout des ponts sur la Meuse, qui paraissait être la véritable ligne de défense adoptée, bien qu'une partie seulement de l'armée se portât pour l'instant derrière elle. Cette solution provisoire n'était pas sans inconvénient. En cas d'offensive énergique de l'ennemi, la 4e armée eût été répartie à cheval sur la Meuse et sur la Chiers, sans front bien défini, sans lignes de retraite nettement tracées. Dans ces conditions, les travaux de défense ébauchés ne pouvaient avoir qu'une faible utilité.

CHAPITRE IX

LA RETRAITE DE LA 4e ARMÉE (24 et 25 août)

Le 9e corps le 24. — La 52e division. — Le 11e corps. — Le 17e corps. — Le 12e corps. — Combat de Carignan. — L'ordre de retraite générale. — Le 9e corps le 25 août. — Le 11e corps. — Le 17e corps. — Le 12e corps et le corps colonial. — Le 2e corps.

I

Le 24 août, au 9e corps, à la réception de l'ordre de retraite générale, l'ordre suivant était donné (3 h. 30) :

Le corps d'armée allait se porter dans la région Mézières, Cons-la-Grandville, Lumes, son quartier général à Charleville. La 17e division opérerait tout son mouvement par la route de Pussemange, Gespunsart, Aiglemont, pour se rassembler entre ce dernier village et Charleville, en tenant dès l'arrivée le pont de Nouzon. La division marocaine s'établirait à Sugny, Gernelle, Lumes, pour couvrir la retraite.

Dans la matinée, la 17e division était tout à fait en flèche et son mouvement rétrograde l'amenait à traverser la partie la plus large et la plus difficile de la forêt des Ardennes. Son flanc droit était complètement découvert et l'ennemi avait atteint déjà Bouillon et Poupehaut, presque sur ses derrières. Enfin l'itinéraire à suivre ne présentait aucune position d'artillerie.

Deux bataillons, l'un du 68e et l'autre du 32e, formèrent arrière-garde, tenant l'un les ponts de Membre et de Bohan, l'autre ceux de Vresse et d'Alle.

Un bataillon de zouaves, deux bataillons coloniaux et

une batterie prirent position à Sugny, pour faire face à une attaque éventuelle qui viendrait d'Alle et de Poupehaut. Deux bataillons coloniaux et deux batteries occupèrent la clairière de Gespunsart, surveillant les routes au nord. Le reste de la division marocaine opéra un rassemblement très largement articulé sur le front Aiglemont, Cons-la-Grandville, Gernelle.

Grâce aux dispositions prises et à l'état moral des troupes, la retraite se fit « dans le plus grand ordre ». Elle parut même échapper à l'observation de l'ennemi, qui, d'ailleurs, n'avait pas renouvelé ses attaques de la nuit. A 11 h. 50, le 7e hussards rendait compte que les patrouilles allemandes n'avaient pas encore franchi la Semoy.

La chaleur était accablante. La 17e division faisait une grand'halte à Aiglemont, puis, dans la soirée, allait cantonner à Mézières, Charleville et Warcq. Un peu avant la nuit, les troupes marocaines se repliaient, sans avoir été inquiétées, et se portaient dans la région Mohon, Villers-devant-Mézières, Lumes, où elles cantonnaient. La cavalerie allemande ne dépassait pas la Semoy.

La 52e division de réserve avait passé en alerte la nuit du 23 au 24. Elle apercevait au loin des villages belges en flammes, notamment Hérissart et Orchimont. Au petit jour, elle reçut l'ordre de la 4e armée prescrivant la retraite à l'ouest de la Meuse. Ce ne fut pas sans un étonnement mêlé de colère que certaines des troupes l'exécutèrent. A 10 heures, toutes avaient repassé le fleuve; on avait replié le pont jeté précédemment à Monthermé.

La division marchait ensuite sur Château-Regnault, au milieu de l'immense désordre causé par la fuite des habitants apeurés : « Pêle-mêle, entassés, se pressant, se heurtant, des hommes, des vieillards, des femmes et des enfants suivent la route, dans une masse confuse. Devant eux, des charrettes encombrées de bagages, traînées par de maigres haridelles, cherchent en vain à se frayer passage. Tous, saisis par la surprise et par la crainte, précipitent leur fuite; une femme, qui s'est enroulé un tapis sur le dos, tient à la main un fourreau garni de parapluies; une autre, qui mène après elle une fillette, serre précieusement une pendule sur son cœur; un vieillard a placé dans sa hotte sa batterie de cuisine.... Parfois un cri s'élève, strident et prolongé :

« — Les Prussiens!

« Alors c'est une ruée furieuse; des hommes jouent du poing; des femmes tombent, des enfants sont piétinés... » Sur le pas de sa porte, une vieille femme indique, de son doigt crispé, la direction de Willerzie. Elle interpelle les chasseurs à pied : « Où allez-vous, chasseurs! La frontière n'est pas par ici. Elle est là-bas! Lâches! » Elle écume comme une furie et ses invectives font baisser les fronts, détourner les têtes (1).

La nuit précédente, une panique inexpliquée avait balayé toutes les troupes établies derrière la Meuse, de Fumay à Givet, moins quelques sections. Il fallut envoyer en hâte des renforts. On ne put disposer que de deux compagnies (7e et 9e) du 58e bataillon de chasseurs, qui furent transportés en autobus, d'une batterie et de deux escadrons de dragons (2).

A 22 h. 30, la 52e division recevait l'ordre de détruire tous les ponts de la voie ferrée entre Mézières et Fumay.

A la 60e division de réserve, la journée du 24 se passait sans incident notable (3). Il en était de même au 11e corps

(1) H. Libermann, p. 29-31.

(2) H. Libermann, p. 33.

(3) Elle s'était repliée par Donchery sur les hauteurs au sud. Comme la 52e, elle était à la disposition du 11e corps.

pour la nuit du 23 au 24. Le 2e chasseurs avait reçu l'ordre de reconnaître, dès la première heure, le 24, en direction de Paliseul et de détacher vers Mogimont un escadron en liaison avec la 60e division. Le régiment fut rappelé (16 heures), mais il ne put aviser l'escadron de Mogimont qui, déjà menacé, se replia sur Botassard, s'y maintint pendant une heure, puis se déroba, non sans peine, au travers des bois, et finalement parvint à franchir la Semoy en aval de Bouillon.

La 21e division reprit son mouvement de retraite par La Chapelle, Sedan; la 22e, par Corbion, Fleigneux, Sedan. Dans la soirée et le lendemain matin, on prit des dispositions pour achever l'organisation de la ligne Villers-Cernay, Illy, Fleigneux, commencée avant l'offensive. Des éléments de la 21e division tenaient le secteur à l'est de Givonne; d'autres, de la 22e, celui de l'ouest (1). Le gros du corps d'armée franchissait la Meuse sur un pont de bateaux au sud de Torcy; le quartier général de la 21e division cantonnait à Noyers, celui de la 22e à Fresnois, ainsi que celui du 11e corps.

II

Au 17e corps, on continuait les travaux de défense entrepris le 23. Deux ponts de bateaux étaient jetés sur la Meuse, l'un à Villers-devant-Mouzon, en amont de ce village, l'autre en aval.

Les débris du bataillon du 87e (2), qui avait servi de soutien à la cavalerie et avait été à peu près détruit à Neufchâteau, s'étaient repliés au pont de Douzy. Ces 150 hommes environ, conduits par un lieutenant, furent pro-

(1) Colonel Bujac, *La bataille de Maissin*, *loc. cit.*
(2) V. *supra*, p. 104.

visoirement rattachés à l'un des régiments de la 34e division.

Vers 14 heures, sur une demande de soutien formée par le 12e corps, le général Poline envoyait un groupe du 57e qui prenait position au Mont-des-Tilleuls (1), à l'est de Carignan; un bataillon se portait sur Ornes. Aucun autre incident n'était signalé. Dans la soirée, un télégramme daté de 18 heures et adressé aux commandants de corps d'armée parvenait au 17e corps. Le général de Langle prescrivait de faire sauter tous les ponts de route sur la Chiers et la Meuse, dès que les troupes se seraient écoulées. On mina donc et on chargea les ponts de Carignan, de Tétaigne, de Brevilly, de Douzy, de Remilly. Pour plusieurs, les chambres de mines n'avaient pas été préparées à l'avance, malgré la leçon de 1870.

Au 12e corps, dès le matin du 24, on creusait des tranchées, on cherchait des emplacements de batterie derrière le front occupé. La matinée était assez tranquille, mais, à partir de 13 heures, l'ennemi se rapprochait peu à peu, à l'abri des mouvements de terrain et des couverts. Puis commençait une forte canonnade.

Le moral de la troupe étant bon, on arrêtait facilement l'infanterie ennemie. L'effort principal de l'adversaire se portait ensuite sur notre gauche, où un combat opiniâtre s'engageait au Mont-des-Tilleuls. Le tir de l'artillerie lourde, réglé par avions, surprenait et inquiétait le soldat.

Quatre fois, le Mont-des-Tilleuls était pris et repris, sans que la constance de notre infanterie se relâchât. C'est alors que le 12e corps réclamait l'intervention du 17e, comme nous l'avons vu. Le groupe Gèzé se portait vers Carignan.

---

(1) Mont Tilleul de la carte au 80.000e, cote 290.

Cependant les fractions de ce même corps d'armée qui gardaient Carignan fléchissaient. Le général Roques tentait d'y porter des éléments prélevés sur sa droite, malheureuse idée qui provoquait du désordre. Les tirailleurs du 100ᵉ se conformaient au mouvement de leurs réserves et creusaient un trou dans notre ligne. Il fallait que le commandant de corps d'armée leur fît personnellement reprendre la position évacuée (1).

Sur les entrefaites, l'ennemi faisait un grand effort sur Carignan. Vers 16 h. 30, une de ses brigades sortait des bois et arrivait à 1.500 mètres environ de la lisière. Mais notre artillerie ouvrait un feu destructeur, et ces six bataillons étaient à peu près anéantis l'un après l'autre; quelques isolés seulement arrivaient jusqu'à la ville. L'ennemi arrêtait l'attaque et repliait son avant-garde.

L'infanterie du 12ᵉ corps était épuisée par sa résistance. Le soir tombait, favorisant le désordre qui gagnait. On se précipitait sur le pont de Carignan, bien que l'ennemi ne le menaçât plus. Il ne passa même la Chiers que dans la matinée du 25. La retraite du 12ᵉ corps reprit dans la soirée du 24, pour ne se terminer sur la Meuse que le lendemain soir.

Au corps colonial et au 2ᵉ corps, la journée se passa sans incident notable, semble-t-il.

III

Dans la soirée du 24 août, le général de Langle donnait l'ordre de continuer le mouvement de retraite. La 4ᵉ armée allait se reporter sur la rive gauche de la Meuse, en aval de Mézières et sur la rive droite entre Mouzon et Stenay. Le long de tout ce front, ses positions seraient fortement organisées.

(1) Hanotaux, V. p. 182, 184.

La 4e division de cavalerie appartenait à la 5e armée, qui l'avait mise temporairement à la disposition de la 4e. Elle lui retournait et portait son quartier général à Aubenton. La 9e division de cavalerie aurait à entretenir la liaison avec elle dans la région de Givet.

La 52e division défendrait les passages de la Meuse entre Mézières et Revin, ces deux points inclus. Le 9e corps passerait sur la rive gauche dès le soir du 24 et tiendrait le fleuve entre Mézières et Nouvion; il serait prêt à porter la division du Maroc sur Rimogne, pour aider la cavalerie à maintenir la liaison avec la 5e armée.

Le 11e corps continuerait de se replier derrière la Meuse, de Nouvion à Remilly. Il en défendrait les passages comme le 9e corps. La 60e division lui était subordonnée.

Le 17e corps tiendrait, au nord de Mouzon, la région Amblimont, signal 345, en se reliant à droite au 12e corps. Il aurait, en outre, à interdire les passages de la Meuse de Remilly à Villers-devant-Mouzon, ces deux points inclus. Il prendrait les dispositions nécessaires « avant le jour » et disposerait le 25 du pont de Mouzon, entre minuit et 3 heures, pour faire écouler les éléments au nord de la Meuse.

De même, le 12e corps se replierait « avant le jour » sur la rive sud de la Chiers, sa droite dans la région de Malandry, en liaison avec le corps colonial, sa gauche dans la région d'Euilly, se reliant au 17e corps. Il contre-attaquerait, s'il était nécessaire, pour soutenir le 17e corps au nord de Mouzon.

L'artillerie lourde stationnée à Yoncq était mise à sa disposition; il lui ferait passer la Meuse, si la situation le permettait.

Le corps colonial aurait à maintenir le plus longtemps

possible l'occupation de Saint-Walfroy par une arrière-garde. Le gros serait replié « avant le jour » dans la zone Lamouilley, Olizy, Martincourt, tenant les ponts d'Inor et de Martincourt.

Le 2e corps, laissant une arrière-garde au sud-ouest de Thonne-le-Thil, en liaison avec l'arrière-garde du corps colonial et avec Montmédy, se replierait « avant le jour » sur la Chiers, entre Lamouilley et Vigneul-sous-Montmédy, ces deux points inclus. Il constituerait un détachement pour maintenir la liaison avec le 4e corps, vers Han-les-Juvigny et Juvigny, sur le Loison, et couvrir la direction de Baalon. S'il était nécessaire, il contre-attaquerait par sa gauche, pour soutenir le corps colonial; il ferait tenir le pont de Sassey, sur la Meuse, en aval de Dun.

IV

D'après l'ordre qui vient d'être résumé, l'armée devait être répartie le 25 août sur les deux rives de la Meuse, sans qu'il ressortît des dispositions prises l'idée arrêtée d'opposer dans ces positions une résistance de quelque durée. S'il en avait été ainsi, la situation de nos corps d'armée, à cheval sur la Meuse, se fût prêtée à une attaque allemande contre la fraction stationnée à l'est du fleuve. D'autre part, la retraite de la 5e armée, nous le verrons ensuite, découvrait le flanc gauche du général de Langle et l'obligeait fatalement à une nouvelle retraite. Ainsi se déroulaient les conséquences nécessaires d'une concentration première qui n'avait tenu aucun compte de l'éventualité, pourtant si probable, d'une invasion allemande par la Belgique.

Le 25 août, sur un nouvel ordre de la 4e armée, le 9e corps marchait vers l'ouest, la division marocaine sur

Le Châtelet, au sud de Rocroy, la 17e division vers Mézières, Charleville, la 52e division devant succéder à celle-ci dans la même direction.

Un tunnel et dix ponts, dont plusieurs non préparés, étaient détruits sous la direction du colonel du génie Durrieu. On ne gardait que les passerelles indispensables à la surveillance de la rive droite du fleuve. A 19 heures, les troupes étaient installées sous la protection d'avant-postes établis aux lisières sud des bois d'Harey et de Renwez (1), face au nord. Dans cette direction, l'ennemi était encore éloigné. Il poussait la droite de la 5e armée sur Marienbourg et la 52e division, gauche de la 4e armée, sur Revin.

Autant qu'on peut le démêler des renseignements publiés jusqu'ici, le 24 août, le XIIe corps paraît avoir été, la 32e division vers Morville, la 23e vers Falaën (2), dans la province de Namur. Le 26, la 32e arrivait à Dourbe, à l'est de Marienbourg, à 5 heures, après une marche prolongée toute la nuit.

La 24e division de réserve (XIIe C. R.) investissait Givet et ne ralliait par suite son armée que le 9 septembre, pendant la bataille de la Marne.

La 24e division (XIXe corps) après une marche de vingt-cinq heures, exécutée les 22 et 23, était vers Fumay le 24 août; la 40e était vers Hargnies, au nord-est.

Le soir du 25 août, la IIIe armée, après s'être échelonnée du nord au sud, entre Dinant et Fumay le 23, faisait face au sud-ouest, de Philippeville à Fumay et à Willerzie, le XIIe corps à la droite, le XIXe à la gauche, le XIIe corps de réserve en arrière, vers Givet (3).

---

(1) Hanotaux, V, p. 178.
(2) A l'ouest de Dinant.
(3) Hanotaux, V, p. 178.

Dans la matinée du 25, une fraction du 58e bataillon de chasseurs (52e division), postée sur la rive gauche de la Meuse, dans le bois des Cinq-Cents-Bonniers, entre Haybes et Fépin, voyait défiler sous ses pieds, sur les deux routes parallèles au fleuve, deux longues colonnes appartenant au XIXe corps, 24e division, en marche sur Fumay. Un bataillon les couvrait fort insuffisamment sur la rive ouest. Nos chasseurs ouvraient tout à coup un feu violent, qui provoquait une surprise complète. Les compagnies tourbillonnaient sur place et s'enfuyaient; des attelages se cabraient ou s'abattaient et plusieurs centaines d'hommes, dit-on, restaient par terre (8 h. 45). A peu près en même temps, nous voyions arriver l'avant-garde du 1er corps (5e armée), en retraite sur la route du Mesnil à Oignies (1). Ce corps d'armée opérait son mouvement sans être attaqué de flanc.

Le soir du 25 août, le 11e corps était disposé comme il suit : à la 21e division, la 41e brigade occupait et organisait le bois de la Marfée, Noyers; le 64e, à droite de Noyers, à la lisière est du bois, le 65e dans ce dernier. La 42e brigade, rappelée de Villers-Cernay, Gironne, arrivait assez tard le 25 et se massait entre Chaumont-Saint-Quentin et Thelonne, un bataillon sur la Meuse, à Pont-Maugis. Le 293e était en réserve de corps d'armée à la ferme de Beau-Ménil. L'artillerie de la 21e division avait pris position, un groupe à la cote 346, à l'est du bois de la Marfée, les deux autres à cheval sur la route de Noyers à Chaumont-Saint-Quentin.

La 22e division tenait la gauche de la 21e, le 19e en pointe dans Torcy; en arrière le 118e, sur la position de repli qui, de la croupe 255 à l'est de Frénois s'étend vers

(1) H. Libermann, *op. cit.*, p. 33-40.

le château de Belle-Vue (1). La 43e brigade était en seconde ligne dans les bois Saint-Aignan et de la Queue. Le 116e organisait solidement la croupe 307, à l'ouest du bois de la Marfée, et la lisière nord du bois Paré. L'artillerie divisionnaire était sur la croupe à l'est de Frénois. L'artillerie de corps avait deux groupes sur les hauteurs de Noyers, avec d'excellentes vues sur la rive nord de la Meuse.

La 60e division (quartier général à Sapogne) défendait le cours du fleuve de Donchery à Flize (2); la 52e assurait la défense plus à l'ouest, vers Mézières.

Le 25 août, tout se bornait à une action d'artillerie. Vers midi, l'ennemi ouvrait le feu sur Sedan, puis sur les hauteurs de Frénois et sur Noyers. Ses batteries, au nord de Balan, ne purent être repérées. L'artillerie de corps et celle de la 21e division tirèrent néanmoins sur elles et sur des troupes en mouvement aux abords de Bazeilles. Vers 15 heures, une batterie allemande, qui se mettait en position au nord-ouest de ce village, en était chassée par quelques obus heureux.

Vers 16 heures, la 34e division (17e corps) faisait connaître que l'ennemi avait jeté un pont sur la Meuse à Remilly et semblait vouloir y faire déboucher des forces considérables; il n'y avait aucune artillerie pour s'y opposer. Le colonel Darde porta un groupe de l'artillerie de corps sur la croupe au sud-est de Thelonne et prit sous son feu Remilly, ainsi que la vallée de l'Ennemanne. L'ennemi ne fit aucune tentative de passage. D'ailleurs,

(1) Trop connu pour les souvenirs qu'il rappelle (2 septembre 1870).

(2) Dans la nuit, un sous-officier de la garnison des Ayvelles se présentait au quartier général et annonçait qu'une armée allemande se dirigeait vers Nouvion. Il réclamait l'appui de la 60e division. Renseignements pris, il s'agissait de paysans en fuite devant l'invasion.

au nord de Sedan, il montrait peu de mordant. Le VIIIe corps de réserve n'avait occupé Maissin, sur les talons du 11e corps, que le 23 août, après 9 heures (3).

Ordre avait été donné de détruire les ponts, mais les explosifs manquaient. On en fit chercher au fort des Ayvelles, où ils étaient déposés.

On apprit que le commandant , du génie, gouverneur du fort, en était « parti », après avoir fait jeter dans la Meuse les culasses de ses pièces. Suivant les instructions ministérielles, les Ayvelles n'étaient pas considérées comme une place forte, mais comme un ouvrage de campagne destiné à servir de point d'appui aux armées et devant, par suite, être évacué comme toute autre partie du champ de bataille, si la situation l'exigeait. Arguant de ces dispositions imprudentes, le gouverneur demandait, dès le 24, les ordres du commandant de l'armée en vue d'une évacuation. Puis, sans attendre la réponse, il réunissait, le matin du 25, les officiers et assimilés de la petite garnison en une sorte de conseil de guerre qui décidait à la majorité l'abandon du fort. Le général Eydoux fit amener le commandant à son quartier général, d'où il l'expédia au fort, avec un officier, pour y chercher des explosifs. Ils purent être portés au 11e corps par le dernier train quittant Mézières. Neuf ponts furent ainsi détruits. On dut se contenter de barricader celui de Torcy-Sedan; le pont de bateaux au sud de Bazeilles était déjà replié (2).

Quant aux officiers des Ayvelles, ils se présentèrent quelques jours après au commandant du 9e corps, à Lau-

(1) Colonel Bujac, *La bataille de Maissin* (août 1914), *loc. cit.* Le lieutenant Desmiers de Chenon, du 118e, et un groupe d'isolés de divers corps y restèrent jusqu'au 23, à 9 heures.

(2) Colonel Bujac, *loc. cit.*

nois, et firent connaître que le commandant avait dû se suicider. Le général Dubois flétrit leur conduite et leur intima défense de rester dans le voisinage de ses troupes, avec ordre de se présenter au quartier général de l'armée (1).

Au 17e corps, le 25 août, les travaux entrepris étaient continués tout le jour. Les avant-postes rendaient compte que, pendant la nuit du 24 au 25, le 12e corps, qui était sur la rive nord de la Chiers, dans la région de Charbeaux, avait passé cette rivière et la Meuse. Les patrouilles du 17e corps trouvaient les Allemands à Blagny et à Linay, en amont et à l'est de Carignan. Contrairement aux ordres de la 4e armée, ces ponts étaient restés intacts.

Sur la demande du général Poline, le 12e corps reportait une brigade à l'est de la Meuse, vers Moulins.

Aucun autre incident ne survenait sur le front du 17e corps, entre Vaux et Remilly-Aillicourt inclus. La réorganisation des unités si éprouvées le 22 août était achevée, mais aucun renfort n'était arrivé et le 18e d'artillerie (33e division) était encore réduit à neuf pièces.

Nous avons vu que le 12e corps, après un violent combat vers Carignan, s'était mis en retraite sur la Meuse dans la soirée du 24. Le 25, il la traversait, ne laissant qu'une brigade sur la rive est.

Au corps colonial, il ne survenait aucun incident de quelque importance. Le corps d'armée était canonné tout le jour (25 août), sans qu'il y eût attaque d'infanterie.

Enfin, au 2e corps, la retraite s'opérait le soir du 24, en dehors du contact de l'ennemi. On n'arrivait même pas à

---

(1) Le *Communiqué allemand* du 31 août annonçait « la prise » des Ayvelles. D'après H. Libermann, p. 69, le bruit courut que le commandant des Ayvelles avait été tué par ses troupes « dans un sentiment d'indignation exaltée ».

le découvrir dans les bois, malgré les recherches de la cavalerie et des avions. Le matin du 25, on se préparait à une contre-attaque, la 3ᵉ division vers le nord-ouest d'Avioth, quand survenait l'ordre de se replier derrière la Meuse (1). On la passait en amont de Stenay. « Il faut... s'acheminer sur Montmédy, Stenay, écrit un témoin (2). C'est un rude coup pour nous et je m'efforce de trouver des explications « à la hauteur », pour réconforter les hommes un peu démoralisés. En moi, ces mots sonnent comme un glas....

« Deux batteries et deux bataillons... forment l'arrière-garde. Le mouvement s'effectue en très bon ordre. Les Allemands, d'ailleurs, nous poursuivent mollement. La canonnade ne se fait entendre que vers 14 heures.

« Toutefois, lorsque la fin de la colonne d'artillerie arrive sous Montmédy, la place forte tire déjà depuis quelque temps... Nous passons à Montmédy, le cœur serré. Devant la sous-préfecture, des dépêches sont affichées. Retraite de Charleroi et invasion des départements du Nord. Ça va mal, mais il ne faut pas se laisser abattre. Notre heure viendra bien. Elle ne peut pas ne pas sonner.

« Nous passons des ponts, tous minés. La Chiers, à Vigneulles, est mise en état de défense. Les fantassins creusent des tranchées.

« Notre route est encombrée d'infanterie, de cavalerie,

---

(1) D'après un témoin, le quartier général du 2ᵉ corps était d'abord à Baalon, où le général Boëlle apportait de mauvaises nouvelles. L'ordre était alors donné de le porter à Stenay. Le départ se faisait avec précipitation, car un message pris sur un officier d'état-major allemand portait que l'ennemi devait hâter sa marche et passer la Meuse à Inor, sur un pont de bateaux, pour couper la retraite du 2ᵉ corps.

(2) Lieutenant Deville, *Carnet d'un Artilleur*, p. 54 et suiv.

d'artillerie, de voitures de ravitaillement, de voitures de blessés.

« Des convois d'émigrants attendent dans les champs que nous ayons fini de passer pour fuir l'envahisseur.

« Nos pauvres fantassins ont l'air exténués... ils ont fourni une rude marche depuis le matin, et la nuit tombe.... »

Le quartier général du 2ᵉ corps allait à Beauclair. Bien que Montmédy eût été évacué par ce corps d'armée dans la matinée, son canon aurait pu intervenir dans le combat soutenu vers Marville par le 4ᵉ corps. Le général Bon, qui commandait l'artillerie du corps Gérard, tenta vainement de l'obtenir. Son chef lui en refusa les moyens (1).

Le pont de Stenay sautait vers 22 heures, mais d'une façon incomplète. Il fallut renouveler cette opération le lendemain. Au dernier moment, on s'était aperçu que deux groupes d'artillerie étaient encore à l'est de la Meuse. Le colonel qui les commandait n'avait pas été touché par l'ordre de retraite. « Au jour seulement, il s'était aperçu que toutes les troupes d'infanterie avaient disparu. De sa propre initiative il était parti, se faisant une escorte de ses servants. Quelques uhlans l'avaient accompagné de loin » (2).

Cet épisode montre la précipation d'une retraite, que les Allemands ne pressaient en aucune façon et qui eût dû être opérée avec plus de calme.

---

(1) Général Bon, *loc. cit.*, p. 164.
(2) Général Bon, p. 165.

CHAPITRE X

LA RETRAITE DE LA 3e ARMÉE (4e et 5e Corps) LES 23-25 AOUT

Projets d'offensive du général Ruffey. — Le grand quartier général et ces projets. — Le 23 août au 4e corps. — Les 24 et 25 août. — Le 5e corps les 23, 24, 25 août. — Le 6e corps à Arrancy. — Combats sur l'Orne.

I

Dans la nuit du 22 au 23, la 3e armée tenait à peu près la ligne ferme d'Houdrigny, Virton, bois de Guéville (1), Vezin, Villers-le-Rond, Longuyon, Arrancy, Spincourt. Elle avait beaucoup souffert de son offensive si vite avortée, mais les Allemands étaient éprouvés eux aussi.

Nous avions reconnu devant l'armée la présence du Ve corps, de partie du XIIIe, en marche d'Arlon sur Neufchâteau et qui avait fait face au sud; d'éléments du VIe corps de réserve, qui attaquaient Longwy; du XVIe corps venu de Thionville vers Spincourt; de la 33e division de réserve, renforcée d'une brigade de landwehr au moins, qui était sortie de Metz pour attaquer notre droite en liaison avec la 6e division de cavalerie allemande. En réalité, la 3e armée avait en face d'elle la Ve armée entière, c'est-à-dire des forces plus considérables que nous ne le supposions.

---

(1) Où le 124e était porté vers 3 heures le 23, avec ordre de tenir *jusqu'au bout* (Lettre du lieutenant X., du 124e, déjà citée).

Malgré les échecs du 22, le général Ruffey ne se croyait nullement contraint de quitter la partie. Dans la nuit du 22 au 23, il donnait l'ordre de reprendre l'offensive, tout en tenant compte de la situation délicate où les événements avaient placé le 6e corps. Il prescrivait même une attaque enveloppante par ses deux ailes, la manœuvre en tenaille si chère à Schlieffen. Mais ce genre d'opérations n'est praticable qu'avec la supériorité numérique, ou, du moins, comme à Cannes, avec l'incontestable primauté du commandement et du moral.

L'ennemi n'avait pourtant profité ni de la soirée du 22, ni de la nuit suivante pour entamer la poursuite. On se hâtait d'en conclure qu'il faisait preuve de faiblesse et d'hésitation, impression fausse que les commentaires naïfs des habitants du pays venaient encore renforcer.

Quoi qu'il en fût, le général Ruffey donnait au 4e corps l'ordre de s'appuyer sur Mont-Quintin et Lamorteau pour prendre l'offensive par sa gauche, en étroite liaison avec le 2e corps (4e armée). Le 5e corps, s'organisant pour la défense au nord de la Chiers et se reliant vers Longuyon à la gauche du 6e corps, aurait à se maintenir sur cette rivière, en passant au besoin sur sa rive sud, pour servir de base au mouvement de la 3e armée.

Le 6e corps sur la Crusnes, la droite vers Mercy-le-Bas, se préparerait à reprendre l'offensive par sa droite, en liaison avec la 7e division de cavalerie. Ces escadrons, restés tout à fait inutiles le 22, se porteraient dans le flanc des colonnes qui attaquaient le 6e corps vers Ollières et Domprix, au nord-est de Spincourt.

Mis au courant de ces décisions, le grand quartier général estimait que la contre-offensive montée par le général Ruffey n'avait aucune chance de réussir. De fait, elle était basée sur une attaque du 4e corps appuyé par le 2e. Or, la retraite de la 4e armée rendait dangereux un mouvement en avant de la 3e à sa droite. Le 24 août, à 20 h. 35, le général en chef adressait donc au général Ruffey un télégramme ordonnant la retraite sur des positions à organiser en arrière. La situation de la 4e armée et de la droite de la 3e conduisaient à penser qu'il était préférable de ramener cette dernière de Montmédy à Azanne, par Damvillers (1), à peu près parallèlement aux Hauts-de-Meuse, l'armée pivotant ainsi sur sa gauche, elle-même ramenée de quelques kilomètres en arrière. A cette aile, la 4e armée tiendrait les hauteurs de la rive droite de la Meuse entre Stenay et Mouzon. A droite, l'armée Maunoury défendrait les Hauts-de-Meuse.

Quoique les raisons mises en avant par le grand quartier général parussent sérieuses, le général Ruffey persistait à croire que la 3e armée pouvait encore tenir sur les positions qu'elle occupait, de façon à infliger aux Allemands des pertes sensibles. Il jugeait qu'une offensive par sa droite avait des chances de succès, et l'avenir devait lui donner raison. D'où un certain flottement dans les journées du 24 et du 25. Il semble en résulter qu'en présence de l'immense étendue des fronts actuels, l'action du général en chef doit se borner aux grandes lignes et à l'intervention des armées de réserve, armées qui justement nous manquaient entièrement à la fin d'août 1914, puisque nous avions mis, dès le début, toutes nos forces disponibles en ligne, de la frontière suisse à l'Escaut.

II

Le soir du 22 août, le quartier général du 4e corps était à Lamorteau, au sud-ouest de Virton, la 8e division dans

(1) Hanotaux, V, p. 186.

la zone Harnoncourt, Dampicourt, Saint-Mard, Lamorteau, Rouvroy; la 7e bivouaquait plus au sud, d'Allondrelle à Charency et Villers-le-Rond. Des renseignements recueillis, il résultait que les Allemands n'avaient encore occupé ni Virton, ni Saint-Mard; à Ethe même, au nord-est, il n'apparaissait, jusqu'à 10 heures environ, que des patrouilles allemandes, quoique le bourg ne renfermât plus que des blessés, des infirmiers et quelques traînards. Mais, si la 8e division se consolidait sur ses positions de Mont-Quintin, Lamorteau, il n'en était pas de même pour la 7e.

Un de ses bataillons tenait la croupe 254, à cinq kilomètres Est de Charency, se reliant par sa droite aux avant-postes du 5e corps. Dans la matinée du 23, il était attaqué dans cette direction, que venait de découvrir subitement la retraite des troupes voisines. Il se retirait « précipitamment » sur Charency et son recul mettait dans une situation dangereuse les fractions qui occupaient le secteur Charency, Allondrelle. Le général de Trentinian jugeait nécessaire de les replier immédiatement sur Villers-le-Rond, sans qu'il en référât au commandant du 4e corps, semble-t-il (13 heures) (1).

Il ne se bornait pas à ce premier repli : il observait que Villers-le-Rond est dominé par des hauteurs boisées, à quelques kilomètres vers le nord. En cas de retraite sur Marville, direction prévue, nos troupes seraient exposées à passer le pont de l'Othain sous le feu de l'artillerie ennemie.

Le général croyait donc devoir prescrire la retraite au sud de cette rivière, sans avoir pris les ordres du commandant de corps d'armée. A la nuit, la 7e division occupait la

(1) Cf. Hanotaux, V, p. 186.

forte position de Marville, qui commande toute la rive droite. La défense de cette ville avait été organisée par le génie. Elle était d'autant plus facile que ses maisons s'étagent jusqu'au sommet de la colline, qui offre, sur les deux flancs, de bons emplacements d'artillerie.

Cependant, en face de la 8e division, à la gauche du général de Trentinian, on signalait des troupes ennemies se massant dans le bois de Robelmont, à la jonction du 4e corps et de la 4e armée. Vers midi, Robelmont était occupé et deux batteries prenaient position sur la crête 305, à l'est. Mais, dans cette direction, les Allemands cheminaient avec la plus extrême prudence, en sorte que l'artillerie de la 8e division pouvait faire déharnacher ses attelages à Torgny (1).

Il résulta de ces circonstances que, tandis que la division de Trentinian opérait sur Marville une retraite sans doute trop hâtive, la division Lartigue gardait ses positions au Mont-Quintin, Lamorteau, appuyée à l'ouest par le 2e corps (4e armée), qui avait réoccupé le plateau de Villers-la-Loue, la ferme du Hayon, se tenant prêt à une contre-attaque. Dans la soirée du 23 août, le corps d'armée Boëlle était donc établi sur une ligne nord-sud, marquée à peu près par Mont-Quintin, Harnoncourt, Lamorteau, Villers-le-Rond, Marville, Saint-Jean, Petit-Failly.

Depuis le milieu du jour, sa gauche était découverte par la retraite du 2e corps, que le repli du corps colonial obligeait à son tour de gagner la ligne Sommethonne, Couvreux, Avioth, en attendant un recul plus prononcé encore. Le moral de la 8e division restait néanmoins solide (2). On signalait l'avance prudente de l'ennemi le

(1) Hanotaux, V, p. 189, d'après Lintier, *Ma pièce*, p. 92.
(2) Hanotaux, V, p. 190, d'après Lintier, *Ma pièce*, p. 94.

long des chemins aboutissant à Ethe, à Latour, à Ruette, à La Malmaison, à Tellancourt.

Le 24, la division continuait de fortifier ses positions de Mont-Quintin, sans être troublée par l'ennemi. Le général Boëlle portait son quartier général d'Iré-le-Sec à Villé-Cloye, immédiatement à l'est de Montmédy.

Quant à la division Trentinian, le 24, elle était déployée sur un front de plus de quatre kilomètres, la 14e brigade et un groupe tenant la croupe 283, de Marville à La Chapelle-Saint-Hilaire, la 13e brigade et un groupe la cote 277, de Marville au gué à 800 mètres en aval de Petit-Failly.

Deux bataillons de réserve et un groupe d'artillerie de corps gardaient une hauteur à environ deux kilomètres au sud de Marville.

Dans l'après-midi du 24, le général Ruffey invitait à deux reprises le commandant du 4e corps à faire une énergique contre-attaque pour dégager le 5e corps obligé à la retraite sur l'Othain. Le lieutenant-colonel Blin, du 102e, en était chargé avec deux pelotons du 14e hussards, un bataillon du 102e, un autre du 315e, un du 124e et une batterie du 26e. Ce détachement, si bizarrement composé, devait se constituer au sud-ouest de Villers-le-Rond. Mais le rassemblement ne fut achevé que pendant la nuit. Le détachement le termina vers la cote 301, au sud du bois de Lagrange, après avoir constaté que Flabeuville et Charency étaient occupés par l'ennemi.

Le 25, de grand matin, le colonel Blin dessinait un double mouvement offensif sur Petit-Xivry, le long de la route de Longuyon, et vers Flabeuville, au nord. Après un court engagement, il était rappelé à Marville, sans que sa démonstration eût produit un effet appréciable.

Vers 8 heures, une colonne ennemie, soutenue par un

feu violent d'artillerie lourde, débouchait sur la rive droite de l'Othain, en plusieurs points, et s'emparait du faubourg Saint-Jean. Notre artillerie tirait efficacement sur elle, mais s'efforçait vainement de répondre aux batteries ennemies, établies à grande distance. Une pièce mise en batterie sur la place de l'église arrêtait les assaillants sur le pont de Marville et même les chassait des tranchées voisines où ils cherchaient à s'abriter, mais ils parvenaient à passer un gué en aval et se glissaient entre Marville et la droite de la 14e brigade, qui tenait, nous l'avons vu, la croupe 283.

Dès la veille, des cavaliers ennemis avaient paru à la gauche de cette brigade, mal reliée à la division Lartigue, qui n'avait pu s'étendre suffisamment au sud. Menacé aux deux ailes, le commandant de cette brigade prenait l'initiative de se replier. Vers la même heure, le lieutenant-colonel commandant la défense de Marville, voyant que l'ennemi commençait à pénétrer dans la partie ouest de la ville, et informé du recul de la 14e brigade, décidait également de se retirer.

Le général de Trentinian ignorait encore ce repli de sa gauche, quand il était prévenu, par un officier du 5e corps, que ce dernier se retirait sur Grand-Failly. Jusqu'alors ce corps d'armée avait ses avant-postes sur la rive Est de l'Othain; ils s'étendaient même en avant du front de la 7e division, le gros étant sur la rive ouest de cette rivière. Tout en étant mal relié au général de Trentinian, le 5e corps lui assurait cependant une sécurité suffisante sur son flanc droit. Son recul le découvrait entièrement.

Dans ces conditions, les deux flancs de la 7e division étant en l'air, le général jugeait qu'il était exposé aux plus grands risques, sans que l'armée pût en tirer le moindre avantage. Il prescrivait aux 13e et 14e brigades de se retirer immédiatement derrière le Loison, où elles occuperaient de nouvelles positions défensives. On remarquera que cette décision grave, à laquelle le commandant de corps d'armée n'avait aucune part, avait été prise avant l'ordre de retraite, peut-être intempestif lui aussi, donné par le commandant de la 14e brigade (1).

La 13e brigade, sous un feu terrible d'obusiers, venait de perdre presque tous ses attelages d'artillerie, quand l'ordre de retraite lui parvint. Elle crut devoir abandonner sur place une partie de ses pièces et se retira par le pont de Jametz à l'ouest du Loison. Dans le combat de Marville, l'aviation allemande avait encore joué son rôle, sans que la nôtre pût s'y opposer. Elle réglait ainsi le bombardement de cette petite ville et aidait ses canons lourds à jeter le désordre dans notre retraite (2).

La 14e brigade battait déjà en retraite dans la même direction. On la dirigea sur le pont de Remoiville.

Ce pont et celui de Jametz étaient gardés chacun par une compagnie; le 14e hussards, mis à la disposition du général de Trentinian, restait sur la rive Est du Loison, pour couvrir nos derniers éléments dans leur passage. Quelques escadrons ennemis apparus à trois kilomètres au nord de Remoiville étaient rejetés dans les bois par nos batteries. A la division Lartigue, dans la matinée, la 16e brigade, colonel Dervaux, et trois groupes tenaient Mont-Quintin; la 15e brigade, colonel Froppo, défendait Velosnes et la rive gauche de l'Othain. Les Allemands attaquaient vers Mont-Quintin et le général Boëlle se rendait compte que son front était très étendu, que sa

(1) L'ordre de retraite de la 7e division paraît avoir été donné entre 9 h. 30 et 9 h. 45.

(2) Hanotaux, V, p. 192, d'après Lintier, *Ma pièce*, p. 109. La

gauche était dans une situation délicate. Il décidait de resserrer son front et prescrivait à la division Lartigue d'évacuer Mont-Quintin, en y laissant une forte arrière-garde pour couvrir sa retraite derrière l'Othain. Elle avait ordre de ne se replier qu'en cas de nécessité absolue sur Montmédy, Villé-Cloye, Flassigny, face au nord-est. Mais elle se laissait entraîner par le recul du 2ᵉ corps et aussi par celui de la division Trentinian effectué dès la veille. Avant même d'être attaquée, vers 11 heures, elle se mettait en retraite. Le 2ᵉ corps la recueillait à la hauteur du bois Robert, au sud-ouest de Montmédy.

Sur les entrefaites, le général Boëlle recevait (12 heures) l'ordre de repli général sur les Hauts-de-Meuse, ce qui rendait moins fâcheuses les dispositions prises, sans sa participation, aux 7ᵉ et 8ᵉ divisions. Le mouvement rétrograde de son corps d'armée continuait toute la soirée du 25, dans les conditions les plus pénibles, sous la protection des débris du 14ᵉ hussards. Le général rendait compte que la division Trentinian tenait le front Bréhéville, Brandeville, au pied des Hauts-de-Meuse et au sud-ouest de Jametz. La division Lartigue était vers Han-les-Juvigny et le bois Robert, de l'autre côté de la forêt de Wèvre. On jugeait même nécessaire de prolonger vers l'ouest, sans arrêt, cette retraite déjà si hâtive. Dans la nuit, le 4ᵉ corps atteignait la Meuse, le quartier général à Dun, la division Trentinian à Brieulles et Cunel, en amont; la division Lartigue à Cléry-le-Grand, Cléry-le-Petit, Lion-devant-Dun, Doulcon; l'artillerie de corps à Sassey-sur-Meuse et Mont-devant-Sassey. La liaison avec le 5ᵉ corps s'effectuait, vaille que vaille, par Bréhéville.

7ᵉ division perdit le 25 août le matériel du groupe Durandin, du 26ᵉ, et de la 10ᵉ batterie du 44ᵉ, abandonné sur le terrain.

Ainsi la gauche de la 3e armée avait abandonné les Hauts-de-Meuse, sans y être aucunement contrainte.

III

Au 5e corps, la retraite avait, semble-t-il, été extrêmement confuse dans l'après-midi du 22 et la nuit du 22 au 23. L'artillerie lourde produisait sur ce corps d'armée « un effet moral extraordinaire », tenant peut-être à sa composition et à son origine (1). Bien qu'il n'eût pas été sérieusement engagé le 22, le général Brochin faisait savoir le 23, dès 4 heures, qu'il allait se replier derrière la Chiers, où il tiendrait. Le désordre était extrême dans Longuyon : « Une foule de soldats aux yeux hagards, couverts de sueur et de poussière, les vêtements déchirés, se pressent avec des injures et des cris. Tous les régiments sont mélangés. La chaussée est encombrée de grandes carrioles, pleines de blessés qui geignent à chaque cahot... Au flot des soldats se mêlent des civils qui fuient, portant des malles sur leurs épaules, des femmes affolées traînant leurs enfants et qui, pour se sauver, ont mis leurs plus belles robes et leurs chapeaux à fleurs des dimanches. Au milieu de cette effroyable *pagaïe*, l'artillerie, qui se replie, débouche au grand galop, dans un nuage de poussière; les canonniers, frappant leurs bêtes haletantes avec le manche des fouets, gueulent : « Place! Place! » La foule des fantassins s'entrouve avec un hurlement; les attelages bondissent sur le pavé avec un vacarme infernal, provoquant de terribles remous dans la marée humaine qui s'écrase contre les murs des maisons... » (2).

(1) Hanotaux, V, p. 194. Le 5e corps avait une division à Paris et une dans le Centre (Orléans, Blois, etc.).

(2) Galtier-Boissière, p. 53-54.

Dans la journée, la 9e division combattait au nord de Longuyon, appuyée à gauche par le 4e corps, à droite par le 6e; la 10e division organisait les positions au sud de la Chiers : la ferme de Haute-Wal et le bois voisin (46e), Saint-Laurent-sur-Othain (46e), la ferme de Basse-Wal et le Grand-Bois (76e). Le 31e, qui avait subi des pertes importantes le 23, restait en réserve. Le 46e tenait par ses avant-postes le hameau de Noërs, au sud-ouest de Longuyon. Un témoin rapporte un trait caractéristique : le ravitaillement n'avait pu rejoindre « depuis quatre jours »; il arrivait à Saint-Laurent dans la soirée, et chacun reprenait sa gaieté habituelle (1).

Dès le point du jour, le 24, retentissait une violente canonnade allemande. A 5 h. 30, le colonel Malleterre, commandant la 19e brigade, donnait l'ordre de marcher sur Longuyon. Tout le 46e était en ligne sur un front de 1.500 mètres; il était soutenu par deux bataillons (89e et 31e). L'artillerie de la 10e division, très bien défilée, tirait efficacement. Vers 8 heures, le 46e atteignait ainsi la crête qui domine Longuyon au sud-ouest. La 12e division (6e corps) était à sa droite, se reliant à la 10e par le 67e. Au bout de deux heures, le fléchissement de ce régiment entraîna celui d'un bataillon du 46e. En même temps, le 76e échouait dans son attaque à l'ouest de Longuyon. Vers midi, le recul de la 10e division devint général; toutefois, un bataillon du 46e et deux sections du génie restaient à la ferme de Haute-Wal et les Allemands ne poursuivaient nos troupes qu'avec leurs projectiles.

Dans l'après-midi, le 6e corps reprenait vivement l'attaque. Vers 4 heures, les chasseurs à pied de la 12e division occupaient la ferme de Haute-Wal, mais le 5e

(1) Galtier-Boissière, p. 56.

corps n'avait pu se rallier suffisamment pour concourir à cette nouvelle offensive (1), dont le résultat final était nul. Les Allemands n'entraient, dit-on, dans Longuyon qu'à 17 heures. Cette petite ville, au confluent de deux vallées encaissées, formait entonnoir et notre artillerie y infligeait à l'ennemi de fortes pertes.

Le 5e corps, dans ce cas encore, semble avoir opéré une retraite prématurée : « ...Après un nouveau combat, le 24, qui paraissait tourner bien, l'ébranlement de troupes voisines nous obligea à un nouveau recul. Ce ne fut pas encore sous la pression supérieure d'une attaque à fond que nous pliâmes à nouveau; l'armée allemande attendait sur place, à bonne distance, en tirant posément, l'effet de ses canons et de ses mitrailleuses. Nos lignes s'énervaient de ne pouvoir avancer et aborder l'ennemi, et de rester sous l'averse incessante de ses obus de tous calibres. Plusieurs assauts échouèrent et l'ordre de retraite arriva pour la seconde fois.

« Le soir, malgré des pertes sérieuses, le régiment était reformé autour du drapeau... » (2).

Notons, d'après un témoin, que la retraite était méthodiquement organisée : il y avait « de l'ordre dans le désordre ». L'état-major du corps d'armée allait à Merles.

Les pertes étaient grandes. L'un des régiments de la 10e division avait perdu deux officiers supérieurs et moitié de son effectif. Des compagnies y étaient commandées

(1) Hanotaux, V, p. 195.

(2) Général Malleterre, *Etudes et impressions de guerre*, I, p. 33. « Au premier mot de retraite, les unités affaiblies, décimées, sans chefs, se sont désagrégées. Les tirailleurs héroïques qui, en montant à l'assaut sûrs de la victoire, progressaient sous un feu terrifiant, maintenant qu'ils courent vers l'arrière, certains de la défaite, sont redevenus de simples hommes, jetés dans une effroyable catastrophe. Après avoir follement exposé sa peau, chacun s'est repris et veut à tout prix la sauver... » (Galtier-Boissière, p. 70).

par des sergents. Certaines ne comptaient qu'une quarantaine d'hommes (1).

Le 5e corps continuait, le 25 août, son mouvement de repli. Sa nouvelle ligne était d'abord marquée, dit-on, par Petit-Failly, Grand-Failly, Saint-Laurent-sur-Othain, bois de Merles (2), et dessinait une sorte de demi-cercle, face au sud-est et au nord-est. Il se reliait par Mangiennes au 6e corps. Malgré la contre-attaque du colonel Blin (4e corps) sur Petit-Xivry (3), dont nous avons parlé, et qui était destinée à dégager la 9e division, celle-ci ne put garder Grand-Failly. A 15 heures, elle faisait savoir sa retraite derrière l'Othain. Dans la soirée du 25, la 10e division était à Damvillers, la 9e entre Damvillers et Dun, beaucoup plus à l'ouest.

Malgré le décousu et la précipitation de cette retraite, il ne semble pas que le moral des troupes ait été sérieusement atteint. Voici ce qu'écrit le général Malleterre, après avoir mentionné que, le 25, le 46e « attendit toute la journée, à la lisière d'un bois, une attaque qui ne vint pas.

« La retraite s'oriente définitivement vers la Meuse. Ce fut presque un soulagement. La Meuse était un mot magique. Elle représentait pour nous la ligne inviolable, avec les côtes lorraines, les difficultés du passage, les possibilités de manœuvre vers la Woëvre et vers le nord.... La retraite n'était que le résultat d'une première offensive avortée. Sur la Meuse tout allait s'arranger... » (4). Cet espoir allait être encore une fois déçu.

(1) Galtier-Boissière, p. 77.

(2) Hanotaux, V, p. 195.

(3) Petit-Xivry sur la route de Marville à Longuyon.

(4) Général Malleterre, *Etudes et impressions de guerre*, I, p. 33-34. De même, le sous-lieutenant Dufau, du 89e, dans ses *Lettres inédites*, citées par Hanotaux, V, p. 195-196, mentionne que les hommes sont exténués et non démoralisés. Cf. Galtier-Boissière, p. 85-94.

CHAPITRE XI

LE 6e CORPS ET L'ARMÉE DE LORRAINE

La constitution de l'armée de Lorraine. — Le 6e corps sur la position d'Arrancy. — Combat d'Arrancy (23-24 août). — L'armée de Lorraine. — Combats sur l'Orne (25 août). — Résultats de cette offensive locale. — Dislocation de l'armée de Lorraine. — Retraite du 6e corps. — Prise de Longwy. — Prise de Montmédy. — Atrocités allemandes dans le Luxembourg belge.

I

Nous avons dit qu'une nouvelle armée, dite de Lorraine, avait été constituée les 19 et 20 août, sous les ordres du général Maunoury (1). Elle ne comprenait que des divisions de réserve formant deux groupes, généraux Pol Durand et de Lamaze (2) : les 54e, 55e, 56e et 65e, 67e, 72e, 75e divisions.

Le 23 août, le groupe Pol Durand se conformait au repli de la 3e armée, sans avoir pris aucune part à son offensive, par ordre, semble-t-il, du grand quartier général. Il portait son front sur la ligne Spincourt, Gouraincourt, face à l'est. A peine constituée, l'armée de Lorraine recevait deux missions distinctes, destinées à la couper en deux. Le groupe Pol Durand allait appuyer la 3e armée, tandis que le groupe Lamaze couvrirait Verdun sur les Hauts-de-Meuse.

Dans la nuit du 22 au 23, le général Sarrail avait donné l'ordre au 6e corps d'occuper la forte position d'Arrancy,

(1) Du cadre de réserve comme le général Pau et comme lui ancien membre du Conseil supérieur de la guerre.

(2) Ce dernier arriva dans la nuit du 24 au 25 seulement (Hanotaux, V, p. 195-196).

au sud-est de Longuyon. Sa défense fut confiée au général Roques (23e brigade), avec le 106e régiment, le 25e bataillon de chasseurs et la fraction du 25e d'artillerie qui avait opéré au sud de la Chiers.

A gauche, le reste de la 12e division bordait la Crusnes jusqu'à Longuyon. A droite, la 42e division avait une brigade (84e) et un groupe dans le bois de Watremont. L'autre (83e) était à la corne sud de ce bois, vers Muzeray. Faute de cavalerie, aucune reconnaissance n'était faite.

En arrière de la position d'Arrancy, à l'est de la ferme de Constantine (1), un puissant groupement d'artillerie était constitué sous les ordres du général Herr, connu pour des publications concernant la guerre des Balkans (2). Il comprenait l'artillerie de corps et le 4e régiment d'artillerie lourde.

La position du 6e corps dessinait donc un angle obtus, l'un des côtés faisant face au nord-est et l'autre à l'est. Le général Sarrail était à même de résister à la double pression allemande, telle qu'elle s'était manifestée la veille. Il avait porté son quartier général à Mangiennes.

Dans la matinée du 23, les Allemands se bornaient à canonner la position d'Arrancy et la « grande batterie » du plateau de Constantine. Elle leur répondait vigoureusement. Quant aux troupes, elles consacraient cette journée au repos et à leur réorganisation (3).

La retraite du 5e corps sur l'Othain découvrait entièrement la gauche du 6e, ce qui devait nécessairement le conduire à un nouveau recul. Les événements pressèrent cette retraite.

---

(1) A la croisée des chemins Longuyon, Spincourt et Pillon, Arrancy.

(2) *La guerre des Balkans. Quelques enseignements sur l'emploi de l'artillerie*, 1913; *Sur le théâtre de la guerre des Balkans. Mon journal de route* (17 novembre-15 décembre 1912), 1913.

(3) Hanotaux, V, p. 196-198.

Le 24 au matin, Arrancy était enlevé par l'ennemi. Le 6e corps repliait sa gauche sur le Haut-Bois et le bois de Rafour, au sud de Longuyon. En même temps, sa droite était attaquée sur l'Othain.

A la 42e division, la ligne de nos tranchées avait été repérée la veille par des avions ennemis. Vers 11 heures, des obus lourds y affluèrent, non sans produire un certain ébranlement. Le général Krien fut obligé de se tenir debout en avant d'une tranchée, pour montrer l'inanité du danger.

Vers 13 heures, un officier de l'état-major du 6e corps venait annoncer qu'un groupe de divisions de réserve débouchait par Spincourt et Eton, pour tomber sur le flanc gauche de l'ennemi. La 42e division allait prendre l'offensive de front. L'exécution immédiate était prescrite.

Le général Verraux se borna donc à une courte préparation d'artillerie. Faute de savoir où était l'ennemi, on tira sur les points que l'infanterie allait occuper. La 84e brigade, général Leconte, marcha sur Rouvrois et Saint-Pierrevillers; la 83e, général Krien, sur la ferme de Bellevue, au nord-ouest du bois de Rachoux; le 8e bataillon de chasseurs était resté vers la ferme de Constantine.

Ces deux brigades se déployèrent « comme à la manœuvre » et franchirent en ordre parfait la route de Nouillon-Pont à Longuyon, puis la ligne ferrée d'Arrancy à Spincourt.

Vers 14 h. 30, un officier de la 54e division, général Chailley, vint rejoindre le général Verraux. Non seulement le groupe de divisions de réserve ne progressait pas, mais il reculait, découvrant la droite du 6e corps.

Vers 16 heures, on put se rendre compte que nos troupes, jeunes, déjà privées d'un certain nombre d'officiers, étaient fort impressionnées par le feu ennemi. Des mitrailleuses se démasquèrent et les arrêtèrent court. Néanmoins elles restèrent en place jusque vers 17 ou 18 heures, avec des pertes sensibles. Le commandant du 19ᵉ chasseurs, notamment, fut tué. Du flottement se produisit et la retraite commença.

Le général Verraux craignait un mouvement débordant par Spincourt, quand il apprit qu'on mettait à sa disposition la valeur de deux régiments et demi et l'artillerie de la division Hache (40ᵉ), ainsi que deux groupes de l'artillerie de corps. Il eut ainsi 96 pièces de 75 à sa disposition. Il les déploya en avant du Loison; puis, voyant que ses lignes continuaient à plier, il lança les bataillons du général Hache à la contre-attaque. En même temps, il faisait entretenir un feu d'enfer sur l'espace compris entre l'Othain et Pierrevillers, un vrai tir de barrage, bien que ce terme ne fut pas encore usité.

La brigade Krien dut évacuer Nouillon-Pont. La brigade de réserve, général de Féraudy, reçut ordre de tenter un retour offensif. Mais l'ennemi s'infiltra dans le bois de Watrepont et enfila nos tranchées au moyen de ses mitrailleuses. L'attaque dut être arrêtée.

La nuit survint, les troupes de notre droite restèrent sur les positions occupées; le général Verraux porta son quartier général à Billy-sous-Mangiennes.

Dans l'après-midi, la gauche du 6ᵉ corps était à deux kilomètres environ à l'est de Saint-Laurent-sur-Othain, où elle se reliait au 5ᵉ corps. L'ensemble du front dessinait un arc de cercle au nord et à l'est de Sorbey, à travers les bois de Belchêne et de Rafour, le Haut-Bois et à l'est de la ferme de Constantine. Puis il allait au sud, se repliant au nord de Rouvrois-sur-Othain, que les Allemands occupaient, en cherchant à nous déborder par Spincourt et Mangiennes.

Dès ce moment, le 6e corps était coupé du groupe Pol Durand, resté entre Spincourt et Gouraincourt, et sa retraite vers la Loison était déjà menacée. Malgré tout, les troupes gardaient un excellent moral, qui triomphait des fatigues de quatre jours de combat par une chaleur accablante. C'est ainsi qu'à la gauche, après une bonne préparation d'artillerie, le 29e bataillon de chasseurs, brillamment entraîné par le commandant Renouard, rejetait l'ennemi devenu trop pressant sur la droite du 5e corps.

Le soir du 24, le 6e corps était en contact sur toute la ligne de l'Othain, dont les Allemands tenaient les passages, mais ils n'avaient pu progresser qu'à force de sacrifices et très lentement. Nos troupes gardaient toute leur cohésion, ne demandant qu'à reprendre l'offensive. L'attitude du 6e corps contrastait pleinement avec celui de son voisin de gauche, montrant de quel poids pèsent l'entraînement et les fortes traditions d'une unité, quand elle se voit jetée brusquement dans une situation difficile.

II

Cependant des événements dignes d'être mentionnés se passaient sur le front de l'armée de Lorraine. Dans la matinée du 24, une reconnaissance du 3e hussards (56e division), commandée par le maréchal des logis Ronchon, arrêtait une automobile allemande sur la route de Dompierre à Puxe, au sud-ouest de Conflans, c'est-à-dire fort loin de nos lignes (1). Les occupants s'enfuyaient dans un bois, abandonnant des papiers et des cartes. Parmi ces

(1) Notons en passant que l'escadron divisionnaire de la 56e division de réserve, composé de réservistes, faisait là preuve d'une activité méritoire, que nos grandes unités de cavalerie n'avaient pas toujours donnée.

documents figurait un ordre de mouvement pour la 33e division de réserve, daté de Conflans à 5 h. 40, le 24 août.

Cet ordre portait que le XVIe corps allait attaquer la ligne Nouillon-Pont, Spincourt, la 33e division l'appuyant par une attaque de flanc. Elle déboucherait à 6 heures de Conflans et de Friauville, pour marcher en deux colonnes sur le front Lanhères, Béchamps. Il semblait que l'état-major allemand ignorât l'existence ou tout au moins les emplacements de nos divisions de réserve.

Informé aussitôt, le général Maunoury se mettait en rapport avec le grand quartier général, qui l'autorisait à agir selon les circonstances. Ses dispositions étaient rapidement prises. Dans la soirée, cinq de ses divisions étaient en ligne sur le front Nouillon-Pont, Etain, Olley, Jeandelize (1), formant ainsi un arc de cercle ouvert au nord-est. Au cours des mouvements nécessaires, la 53e brigade de landwehr soutenait vers Eton un dur combat, à la suite duquel elle se repliait très sensiblement, avec de grosses pertes, pour ne se reporter en avant que le 29 (2).

Ordre était donné à nos divisions de réserve de prendre l'offensive le 25 à la première heure, la 56e couvrant le flanc droit à Saint-Jean-de-Buzy et Mouaville, entre Etain et Conflans. En effet, le matin du 25 août, les 72e, 75e, 56e divisions passaient l'Orne de vive force et s'établissaient sur les hauteurs de la rive gauche. Le succès était marqué surtout à la droite (56e division, général de Dartein).

Dans la matinée du 24, elle avait massé tous ses éléments disponibles sur un front de 20 kilomètres. Le 25 au matin, la 113e brigade passait l'Orne à Jeandelize, sans coup férir, s'emparait des hauteurs 223 et 214; en même

(1) Hanotaux, V, p. 198-199. Olley et Jeandelize sont situés entre Conflans et Etain.

(2) Hanotaux, d'après des documents allemands.

temps, elle traversait la rivière à Saint-Jean-de-Buzy, sous la protection de l'artillerie.

La 75e division débouchait au nord de Buzy, sous un feu violent qui la faisait hésiter. La 112e brigade l'appuyait à temps en occupant les cotes 211, 213. L'infanterie allemande débouchait d'Aucourt (1) et des Bois Communaux à l'est, mais pour être bientôt arrêtée par l'artillerie de la 56e division. Elle renouvelait son offensive à trois reprises, avec le même insuccès.

La 112e brigade progressait jusque devant Aucourt; la 111e, général Cornille, l'appuyait vers les bois d'Olley. Enfin, les têtes de la 55e division, général Leguay, débouchaient vers Brainville, à la droite de la 56e. Celle-ci continuait au nord-ouest, en deux colonnes. Celle de gauche enlevait Aucourt, Lanhères, Rouvres; celle de droite la ferme Neuvron, Thumeréville, Mouaville, Béchamps. Dans tous ces villages et ces hameaux, les maisons avaient été incendiées, les habitants, hommes, femmes et enfants massacrés (2).

A la fin du jour, le succès était complet : 400 ou 500 prisonniers, du matériel de tout espèce, notamment des mitrailleuses et des munitions, restaient entre nos mains. La 33e division de réserve et d'autres éléments, parmi lesquels la 53e brigade de landwehr, avaient été surpris en pleine offensive, par une attaque dirigée sur leur flanc gauche et leurs derrières; ils se repliaient en désordre, quelques fractions allant jusqu'à Saint-Privat, sous Metz.

Découvert à sa gauche, le XVIe corps reculait jusqu'à Bonvillers, au sud d'Audun-le-Roman, dégageant ainsi le 6e corps. Ainsi s'affirmait, une fois de plus, la toute

---

(1) Hameau sur le chemin de Buzy à Lanhères.
(2) Hanotaux, V, p. 199.

puissance de la surprise. Il avait suffi de l'attaque inattendue de divisions de réserve, c'est-à-dire d'éléments encore très médiocres, dans une direction où l'ennemi ne prévoyait rien de notre part, pour modifier entièrement sa situation et ses projets. Pourquoi notre cavalerie, dont nous avons dû déjà signaler à plusieurs reprises l'inutilité pendant ces tristes jours, n'avait-elle pas une ou deux divisions dans la Woëvre, prolongeant la droite du général Maunoury? A coup sûr elle eût pu profiter du « vent de panique » qui souffla sur l'ennemi le 24 août, au dire de M. Hanotaux (1).

En somme, on peut croire que l'idée du Kronprinz avait été d'envelopper la droite de la 3e armée en la coupant de Verdun, sa propre gauche marchant par Spincourt sur Damvillers, Montfaucon. Il comptait ainsi commencer par le nord l'investissement de Verdun, tandis que notre armée serait contrainte d'abandonner la ligne de la Meuse, sous la menace de s'y voir encerclée.

L'offensive du général Maunoury, due à un incident heureux dont il tira le meilleur parti, cette offensive imprévue bouleversa le plan du prince pangermaniste. Sa gauche fut arrêtée et rejetée à un moment critique, lorsque l'ensemble des forces allemandes se portait en avant après les combats incohérents auxquels on a donné le nom de bataille des Ardennes.

III

Malheureusement, les circonstances amenaient le grand quartier général à mettre fin à la courte existence de l'armée Maunoury. Dans la nuit du 25 au 26, le général

(1) V, p. 199, 204.

recevait l'ordre de se replier sur les Hauts-de-Meuse, pour couvrir au sud les approches de Verdun. Sa petite armée passait, la nuit même, sur la rive sud de l'Orne et gagnait le 26, par échelons, les Hauts-de-Meuse qu'allaient défendre les 54e, 65e et 75e divisions entre Verdun et Toul.

La 72e division était remise à la disposition du gouverneur de Verdun, ainsi que les 165e et 166e régiments (1). Quant au général Maunoury, avec les 55e, 56e divisions, il allait se porter sur un autre théâtre d'opérations, où son intervention devait avoir des conséquences infiniment plus heureuses.

Le 26 août, il laissait au général de Lamaze, avec les 65e et 75e divisions, la défense du secteur nord, Dieue-sur-Meuse, Sommedieue, Mont-sous-les-Côtes, en liaison avec la défense de Verdun; le secteur sud, de Lacroix-sur-Meuse, Lamorville, Creuë, à la ligne Commercy, Broussey-en-Woëvre, en liaison avec celle de Toul, revenait au général Pol Durand, avec la 54e et 67e divisions. Le 27, le général Maunoury quittait la Lorraine, avec son état-major, pour se rendre à Montdidier, où il allait prendre le commandement de la 6e armée. Les 55e et 56e divisions de réserve y constitueraient le 5e groupe, sous les ordres du général de Lamaze. Ce dernier partait de Lacroix-sur-Meuse le 28, laissant au général Pol Durand le lourd commandement direct des 54e, 67,e 65e, 75e divisions. On ne saurait dire que notre emploi des formations de réserve ait valu celui qu'en faisaient au même moment les Allemands. Il y a une différence capitale, en effet, entre leurs corps d'armée de réserve à deux divisions (2) et nos groupes

(1) Régiments de place à quatre bataillons affectés à Verdun, qui paraissent n'avoir pas été embrigadés au début des opérations.

(2) Notons qu'un bulletin de renseignements de la 4e armée porte que les corps d'armée de réserve allemands ne sont autres que des divisions de réserve. D'où ce singulier renseignement pouvait-il venir?

de deux à quatre divisions, elles-mêmes à deux brigades de trois régiments à deux bataillons, et cette infériorité fut encore accrue par les mutations incessantes de ces divisions. Elles finirent par être rattachées isolément à des corps d'armée, dont le numéro changeait parfois à des dates fréquentes.

Pendant que l'armée de Lorraine terminait ainsi sa brève existence, le 6e corps recevait également l'ordre de retraite générale. Cette injonction surprenait les troupes, qui n'avaient nullement ressenti l'impression d'une défaite.

Le 25 août, il semble qu'il n'y ait eu aucun événement de guerre à la division de gauche du 6e corps, la 12e. A la division de droite, la 42e, le général Verraux avait à sa disposition de nouveaux éléments de la 40e. Il constituait une réserve au sud-est de Mangiennes, dans la prévision que les Allemands chercheraient à le déborder par sa droite. En outre, il déployait une ligne d'artillerie sur le plateau à l'ouest de Billy.

A 13 heures, il recevait un ordre de retraite générale, sans doute motivé par le recul de la 4e armée. Le 6e corps allait abandonner la ligne de l'Othain, pour gagner immédiatement celle de la Theinte, en amont de Damvillers.

Ce mouvement s'accomplissait à la 42e division, sans que l'ennemi tirât un coup de canon. Il en était sans doute de même à la 12e. La 42e division cantonnait dans la région Azannes, Ville-devant-Chaumont; la 40e, reconstituée, était à gauche, dans la région Wavrille, Gibercy, reliant les 42e et 12e divisions, cette dernière étant autour de Damvillers. Le quartier général du 6e corps se portait à Flabas.

Le 26 août, le 6e corps passait la Meuse, pour aller cantonner entre ce fleuve, la forêt de Hesse, les bois de Malancourt et Montfaucon, en relation étroite avec Verdun; le quartier général à Fromérévillc. Tous les ponts de la Meuse étaient détruits en aval de Charny, sacrifice cruel qui montrait qu'après avoir rêvé d'envahir l'Allemagne, nous étions contraints de défendre péniblement le sol national. La 54e division de réserve se repliait au sud de la voie ferrée de Verdun à Dombasle et la 7e division, où le général d'Urbal remplaçait le général Gillain, venait également à Dombasle, emplacement qu'on ne peut guère expliquer, puisque ces escadrons, entre l'Argonne et la Meuse, étaient incapables de la moindre exploration. Leur place était plutôt dans la Woëvre, au pied des Hauts-de-Meuse.

IV

Longwy est un des derniers restes de l'organisation défensive créée par Vauban. Cette petite place s'élève aux confins de la Belgique, du Luxembourg et de la France, à la pointe nord-est d'un plateau dominant la vallée de la Chiers. Son importance tenait jadis à ce qu'elle commandait la route de Luxembourg à Paris par Verdun. Aujourd'hui, elle ne joue plus que le rôle d'un fort d'arrêt, de construction antique, barrant la ligne ferrée qui unit le Luxembourg avec notre pays.

C'est un hexagone régulier mesurant 400 ou 500 mètres de côté seulement. Les dehors sont très développés, très bien étudiés, en sorte qu'il est impossible de régler le tir de l'extérieur sur les lignes enchevêtrées de fortifications qui se profilent les unes sur les autres (1). Les murailles, de vieille maçonnerie, sont plus solides que le meilleur béton, dit-on; des magasins-cavernes construits en 1880 peuvent servir d'abris. L'armement était très

(1) Général Bon, p. 179-181.

réduit en août 1914, dans l'attente d'un déclassement prévu à bref délai. Le plus gros calibre aurait été du 95. La garnison était forte de deux bataillons, une batterie et demie d'artillerie à pied, avec quelques hommes du génie.

La Vᵉ armée se mit en mouvement le 21, amenant avec elle de l'artillerie lourde qui fut établie notamment à Differdange. Le bombardement commença le même jour (1), et l'incendie fit des ravages croissants dans la petite cité. Elle était investie par deux brigades du XIIIᵉ corps, dont la 52ᵉ. Leur infanterie, protégée par l'artillerie allemande, put se porter à 700 mètres de la place et occuper la redoute du Bel-Arbre, entre Romain et Longwy, à l'ouest. Le quartier général du corps de siège était à Halanzy.

La situation devint vite très difficile dans la place. D'après un document allemand, sur 37 pièces de son armement, 36 étaient inutilisables à la reddition. Les abris furent éventrés. La petite garnison eut un total de 100 tués et de 400 blessés. Le 26 août, les Allemands préparaient un assaut. Le lieutenant-colonel Darche, qui commandait à Longwy, jugea impossible d'attendre cette attaque et conclut une capitulation accordant aux défenseurs les honneurs de la guerre. Darche conserva son épée. L'ennemi aurait perdu devant Longwy 7.000 hommes et 12 camions automobiles (2), chiffres dont le premier paraît grossièrement exagéré.

---

(1) M. Hanotaux écrit le 22 à 13 heures, mais le général Malleterre (*op. cit.*, p. 32) mentionne que, dans la nuit du 21 au 22, le 46ᵉ eut « le spectacle émouvant de Longwy en flammes, bombardé sans interruption ». Un récit publié dans l'*Echo de Paris* du 11 janvier 1915 porte que le bombardement commença le 21 août, vers 4 heures du matin. Cf. Galtier-Boissière, *op. cit.*, et P. Nicou, « La défense de Longwy en 1914 », *Illustration* du 16 mars 1918.

(2) Hanotaux, V, p. 220. Le *Communiqué allemand* du 27 août porte que « Longwy a capitulé après une vaillante défense ». D'après le *Bulletin français* du 27 août, 23 heures, la garnison ne comportait

Montmédy est, lui aussi, un des restes de la ceinture de places fortes organisée par Vauban. Cette petite ville s'élève sur une sorte de piton, à l'extrémité sud-ouest d'un mouvement de terrain compris entre la Thonne et la Chiers. Elle bat la ligne ferrée qui longe nos frontières d'Hirson à Thionville, ainsi que les principales routes conduisant de France dans le Luxembourg belge. Plus que Longwy, elle eût valu certaines améliorations, qui ne furent pas réalisées. Un témoin écrit à son sujet : « La place n'a pas un abri, les pièces sont toutes vues de l'extérieur » (1).

La retraite de la 4e armée était de nature à rendre la prise de la ville inévitable à bref délai. Le commandant de Montmédy ne crut même pas devoir esquisser un semblant de défense. Le 28, à la tombée de la nuit, la garnison se repliait sur les lignes françaises qu'elle rejoignait, non sans avoir livré « de rudes combats » dans les défilés de Brandeville et de Murvaux, à l'est de Dun, contre deux régiments de dragons jetés à sa poursuite (2).

Dans le Luxembourg belge et dans nos départements frontières des Ardennes et de la Meuse, l'offensive allemande était accompagnée des mêmes actes de férocité pré-

---

qu'un bataillon. Les documents allemands mentionnent pour elle un chiffre de 3.700 hommes (Hanotaux).

D'après le récit de l'*Echo de Paris*, « quelque temps avant la guerre, des équipes d'ouvriers étaient venu à Rodange (Luxembourg) sous le prétexte de faire des réparations à certains bâtiments; ils y travaillèrent fébrilement. Or, c'est *dans ces constructions que les Allemands amenèrent de grosses pièces d'artillerie*, traînées par seize chevaux. De là, après avoir fait des créneaux dans les murs, ils purent facilement tirer sur Longwy, distant de dix kilomètres. »

(1) Général Bon, p. 184.

(2) Hanotaux. Pourtant le *Communiqué allemand* du 31 août mentionne la capitulation du commandant de Montmédy et de toute sa garnison. L'évacuation de cette place eut lieu le soir du 27 août et les Allemands y entrèrent le 29 de grand matin (*Vie d'une Française en Lorraine annexée*, 2 août 1914-12 mai 1915), *Revue hebdomadaire*, mai 1916, p. 230).

méditée et voulue qu'aux environs de Liége, de Namur, de Malines. On compta, pour la seule province de Luxembourg, 3.000 maisons incendiées volontairement, plus d'un millier de civils fusillés, dont 157 à Tintigny, 106 à Rossignol, 300 environ à Ethe. Les environs de ce dernier bourg furent le théâtre des scènes les plus sauvages. Un poste de secours avait été installé, le 22, au château de Gomery, et un autre dans le village voisin, par l'aide-major Sédillot. Blessés et médecins ou infirmiers y furent massacrés le lendemain, sans aucun motif, puisque tout combat avait cessé. Le feu fut mis à des maisons et à une grange qui contenait 60 ou 80 blessés. On tirait sur ceux qui cherchaient à fuir, aux cris de *Noch ein ! Noch ein !* D'autres périrent dans les flammes. Finalement on groupa dans un coin tous ceux qui avaient pu échapper aux projectiles et on les fusilla jusqu'au dernier; 100 ou 120 blessés succombèrent ainsi. L'aide-major de Charette et trois autres blessés furent encore fusillés, sous un prétexte mensonger, plusieurs heures après ce massacre. Outre les 300 tués, la population du bourg compta 530 disparus (1), soit enlevés par les Allemands et retenus prisonniers en Allemagne, soit ayant fui au loin, en proie à une terreur indicible, le théâtre de ces forfaits répugnants.

---

(1) Hanotaux, V, p. 225, d'après les *Rapports et procès-verbaux de la commission d'enquête*, III et IV, p. 73, 167 et suiv. Cf. de Gerlache, p. 93.

CHAPITRE XII

RÉFLEXIONS SUR LA BATAILLE DES ARDENNES

Effet moral. — Désorganisation de certaines troupes. — Causes officielles de notre échec. — Emploi défectueux de l'artillerie. — L'artillerie lourde allemande. — Pertes en officiers. — Résultats stratégiques. — Idée première de l'offensive française. — Les communiqués français et allemands.

I

A la 3e armée comme à la 4e, il serait puéril de nier que l'impression des événements du 20 au 25 août était fâcheuse. Dans certains corps d'armée, sous l'influence d'un commandement insuffisant (1), il soufflait même un vent de découragement très prononcé. On rappelait volontiers les premiers jours de la guerre de 1870-1871; les lacunes de notre préparation étaient amèrement critiquées, selon l'une des tendances les plus familières à l'esprit national, volontiers frondeur, même aux périodes brillantes de notre histoire. Le nom de « grognards » ne suffit-il pas à indiquer cet état d'âme, à l'époque inoubliable où nos soldats foulaient en vainqueurs le pavé de Vienne et de Berlin?

Il faut dire que les cadres avaient beaucoup souffert,

(1) Un divisionnaire demanda, dit-on, à être relevé de son commandement, se sentant insuffisant. Un autre fut relevé avant même les premières opérations.

pour les raisons que nous avons déjà signalées et dont quelques-unes font honneur au dévouement de nos officiers, si d'autres en font peu à notre préparation. La plupart des régiments d'un corps d'armée n'en comptaient plus qu'une vingtaine à peine; des bataillons étaient conduits par des lieutenants et le moral en souffrait. Enfin, l'inexpérience ou l'agitation de certains chefs ne ménageait pas suffisamment les peines de la troupe; sa fatigue était excessive en nombre de cas.

Si la 3e armée, dans son ensemble, avait le sentiment moral d'une défaite, les événements ne justifiaient que trop cette façon de voir. Sa tentative de mouvement offensif avait échoué dès le premier jour, tant par suite des échecs de l'armée voisine que de ceux de son centre et de sa droite. Nous avions dû abandonner tout le terrain compris entre la frontière et les Hauts-de-Meuse, sur la partie nord desquels nous laissions mêmes les coudées franches à l'ennemi.

Comme pour la 4e armée, les causes de l'échec de la 3e sont avant tout d'ordre stratégique. Nous avons dit pourquoi leur offensive était inopportune, pour quelles raisons son idée maîtresse était malheureuse et nous exposait à des dangers sérieux.

Des causes secondaires intervinrent à côté des précédentes. L'insuffisance du commandement a été discrètement indiquée parmi elles, dans des documents d'origine officielle. Voici ce que porte l'*Exposé de six mois de guerre* (1) :

« Le 21 août, notre offensive commença au centre avec dix corps d'armée. Le 22 août, elle ne réussit pas et ce revers sembla sérieux.

(1) P. 5.

« Ses raisons sont complexes. Il y eut des fautes individuelles et collectives dans cette affaire : des imprudences commises sous le feu de l'ennemi, des divisions mal engagées, des déploiements téméraires et des retraites précipitées, un gaspillage prématuré (1) d'hommes, et finalement insuffisance de certaines de nos troupes et de leurs chefs en ce qui concerne l'emploi de l'artillerie et de l'infanterie.

« En conséquence de ces erreurs, l'ennemi, profitant de la difficulté du terrain, put tirer le maximum de profits et d'avantages que lui donnait la supériorité de ses cadres subalternes » (2).

Disons de suite que nous considérons comme fort injuste l'accusation ainsi jetée à la face de nos « cadres subalternes ». Non, il n'est pas vrai qu'ils se soient révélés inférieurs à ceux de l'ennemi. Leurs états de pertes prouvent que nul ne pouvait les dépasser en vaillance et en dévouement. D'autre part nos cadres supérieurs actuels ne sont-ils pas composés en grande partie de ces « cadres subalternes », sur lesquels le rédacteur officiel croit devoir jeter un blâme collectif?

Par contre, il paraît certain que la question des liaisons entre l'artillerie et l'infanterie, comme entre l'artillerie et le commandement, et même à l'intérieur de ces deux armes, avait été insuffisamment étudiée avant la guerre. Le Règlement du 8 juin 1903 sur l'artillerie de campagne laissait l'artilleur libre de faire ce qu'il voudrait au combat (n° 690). Le plus souvent, aux manœuvres, les deux armes s'ignoraient et menaient leur action séparée. Il convient de rendre cette justice au général Percin qu'il

(1) Un *gaspillage* d'hommes peut-il jamais être excusable ?

(2) Un autre document officiel mentionne « la supériorité de ses cadres ».

fit les efforts les plus méritoires pour remédier à une situation dont il appréciait le danger. A dater de 1907, ses rapports d'inspection insistent sur ce thème. Très bien accueillis dans l'infanterie, ses efforts trouvèrent un accueil différent dans l'arme sœur. Néanmoins le Règlement du 8 septembre 1910 (art. 38) introduisait enfin l'idée de la liaison nécessaire entre l'artillerie et l'infanterie. Mais ce ne fut pas sans provoquer les plus vives résistances, notamment celle du colonel D., directeur du cours de tir de Mailly, actuellement général.

Les contradicteurs du général Percin finirent par avoir gain de cause, au moins partiellement. Le Règlement du 2 décembre 1913 (art. 98 et 109) met l'artillerie divisionnaire à la disposition exclusive du général commandant la division, qui a seul qualité pour lui désigner ses objectifs successifs et assurer sa liaison avec l'infanterie, par les missions qu'il assigne à chacune des armes. Il n'est plus question d'entente préalable entre les exécutants, bien qu'il soit de toute évidence indispensable d'y procéder avant chaque opération.

Quand la guerre commença, on peut dire qu'il y avait encore une cloison étanche entre l'infanterie et l'artillerie, et même entre cette dernière et le commandement. Trop souvent les divisionnaires et les commandants de corps d'armée exerçaient sur leur artillerie une action directrice tout à fait insuffisante. Certains artilleurs affichaient pour leur arme des prétentions à une sorte d'indépendance. Un détail typique à ce propos : une instruction ministérielle du 17 janvier 1906 ne prononce pas une seule fois le mot *infanterie* dans les cinquante pages qu'elle consacre « à la préparation au tir de guerre des troupes d'artillerie ».

Dès les premiers engagements on put mesurer les dangers de cette situation. Le 24 août 1914, une circulaire du général en chef signalait l'insuffisance des liaisons entre l'infanterie et nos batteries (1). A la 3ᵉ armée, le général Ruffey faisait remarquer que les consommations en munitions d'artillerie étaient en général trop faibles. Nos batteries tiraient peu, parce qu'elles ne voyaient aucun objectif et aussi parce que le commandement ne leur en assignait aucun. Elles ne cherchaient pas à atteindre les troupes, les batteries adverses dissimulées derrière des abris, dans des plis de terrain; elles ne s'attachaient pas à détruire les mitrailleuses, dont l'action imprévue contribua si souvent à nos échecs. Il fallut adresser à l'artillerie et particulièrement à l'artillerie lourde des recommandations qui impliquaient l'insuffisance de la préparation.

Toutefois on remarquait la faiblesse des pertes de nos batteries et même, en général, le peu d'effet des projectiles allemands, malgré leur profusion. Nos servants étaient remplis de confiance dans leur canon, dont la supériorité sur le 77 leur semblait écrasante; les officiers ne comptaient pas moins sur leurs méthodes de tir (2).

Seule, l'artillerie lourde semblait être pour l'ennemi un élément de grande supériorité morale. En plusieurs occasions, les témoins signalent l'intensité de l'ébranlement qu'elle provoquait dans les troupes, ébranlement bien supérieur à ses effets matériels, relativement restreints (3).

---

(1) Hanotaux, V, p. 205-206. Des observations analogues ont été renouvelées le 2 décembre 1915 et le 12 décembre 1916. Actuellement le principe de la liaison *par le haut* et *par le bas* a été définitivement posé, selon les idées du général Percin.

(2) Hanotaux, V, p. 208, d'après le général Bon. *Causeries et souvenirs*, p. 149-151.

(3) Hanotaux, d'après les généraux Bon et Malleterre. Cf. Deville, *Carnet d'un artilleur*, p. 39, 45.

Les mitrailleuses constituaient pour l'ennemi un autre élément de supériorité, de par leur nombre, leur emploi mieux réglé et plus judicieux. M. Hanotaux cite un cas où une section de nos mitrailleuses fut détruite par une congénère allemande, avant même d'avoir pu tirer une cartouche (1). Il y a lieu de rappeler que, dans ses rapports d'inspection de 1907 à 1911, le général Percin demandait le doublement du nombre de nos mitrailleuses, sans être entendu. Certains de nos régiments de réserve entrèrent en campagne tout à fait dépourvus de ces armes. Ainsi du 243e, qui partit de Lille sans mitrailleuses, le 10 août 1914. La 88e division territoriale, qui fut portée sur le front dès la fin d'août, dans le Nord, n'en reçut que le 11 septembre.

Comme en Lorraine, le service de l'aviation s'était montré tout à fait inférieur à celui de l'ennemi. Nous en avons déjà cité des preuves. Il en est d'autres (2).

D'ailleurs, les tendances offensives qui s'étaient si fort accentuées dans notre armée les derniers temps, n'allaient pas sans des inconvénients sérieux. Elles contribuaient à faire dédaigner un adversaire qui n'était certes pas méprisable. Des premiers engagements contre sa couverture, nous déduisions trop vite que sa cavalerie fuyait le contact et que l'infanterie ne tenait pas sous le

(1) Hanotaux, *La bataille des Ardennes*, *Revue des Deux-Mondes* du 15 février 1917, p. 758.

(2) Voir notamment le *Carnet d'un artilleur*, du lieutenant Deville, p. 44, 48, 53, 54. Nous avions écrit, sur la foi du *Temps* (*La grande guerre sur le front occidental*, II, p. 239) que nos avions étaient au nombre de 103 au début de la guerre. Une lettre de M. C., contrôleur des fabrications de l'aviation, en date du 13 août 1917, porte ce qui suit : « Il n'y avait en service que quelques Bréguet, auxquels on ajouta précipitamment quelques Voisin (deux escadrilles, je crois) destinés à la Russie; avec les avions que l'on trouva chez les constructeurs et les particuliers, on arriva péniblement à réunir une cinquantaine d'appareils ».

feu. Quant au canon de 77, il inspirait un dédain justifié. Dès lors, on entama l'offensive avec une confiance tout à fait exagérée, conduisant à négliger les précautions les plus élémentaires. On vit des troupes se garder insuffisamment en marche et au repos, de l'infanterie se jeter à l'assaut, alors que 1.500 mètres la séparaient encore de l'ennemi.

Quoi d'étonnant, dès lors, si les pertes, en officiers surtout, furent terribles? Nous en fîmes là, fort inutilement, qui devaient peser sur toute la guerre.

II

Nous avons vu que les résultats tactiques de la bataille des Ardennes étaient très fâcheux pour nos armes. De même pour les résultats stratégiques, qui se résumaient dans l'échec complet de notre offensive et dans l'abandon d'une zone importante du territoire national, dans la perte de la ligne de la Meuse, entre Namur et Mézières, en attendant sa perte entière jusqu'au nord de Verdun (1). créée par notre offensive du 21 août.

La seule compensation, et elle était mince, c'est que nous avions ralenti dans une certaine mesure le mouvement des IIIe, IVe, V^e armées. La IIIe armée, notamment, avait à combler le vide entre les IIe et IVe; sa gauche, le XIXe corps, n'arriva que le 23 à Fumay et dans un tel état d'épuisement qu'elle s'immobilisa jusqu'au 25. A ce moment, la 5e armée était en retraite, la droite à la Meuse, que le 1er corps longeait du nord au sud en s'éloignant

(1) M. Hanotaux écrit que, si le résultat tactique de la bataille des Ardennes fut un échec, le résultat stratégique fut un succès. Nous n'arrivons pas à discerner l'ombre d'un succès dans les conséquences stratégiques de cette malheureuse bataille.

de la Sambre. Ce mouvement eût pu être très sérieusement gêné par une attaque de flanc du général von Hausen. Bien que la Meuse ne fût gardée que par deux divisions de réserve (51ᵉ et 52ᵉ), la IIIᵉ armée laissa passer l'occasion favorable et l'armée Lanrezac put se dégager sans combat. Peut-être faut-il attribuer à ce motif la disgrâce qui atteignit von Hausen peu après (1).

M. Hanotaux admet que les Allemands furent, eux aussi, surpris dans leur manœuvre par notre offensive; attaqués de flanc, ils durent faire face au sud, au lieu du sud-ouest ou de l'ouest. Leur premier élan fut brisé et ils perdirent la verdeur d'entrain nécessaire à la complète exécution du plan « génial » de Schlieffen.

Il paraît y avoir beaucoup d'exagération dans ce qui précède. Il ne semble pas que, nulle part, les Allemands ait été attaqués de flanc, tandis que le contraire est vrai pour notre centre et notre droite. Que leurs fatigues aient été accrues par les combats du 22 au 25, cela est incontestable. Mais, pour le parti victorieux, ces épreuves sont de celles qu'on supporte aisément (2). Il n'en allait pas de même pour nous, qui voyions l'offensive de plus de dix corps d'armée aboutir, dès le premier jour, à un résultat purement négatif.

Notre conclusion sera donc, encore une fois, que l'idée même de l'offensive rêvée par le grand quartier général était inopportune et que l'exécution fut loin de l'améliorer.

---

(1) C'est la pensée de M. Hanotaux, *La bataille des Ardennes*, *loc. cit.*, p. 767.

(2) « Il est intéressant de constater que par ces marches en poursuite, de quinze et dix-neuf heures, il n'y a presque pas de traînards. Tout le monde suit clopin-clopant, de crainte des francs-tireurs... » (Journal d'un officier saxon, au 26 août, *Carnets de combattants allemands*, par de Dampierre, p. 30).

Voici en quels termes le grand état-major ennemi fit part des succès dans les Ardennes :

« L'armée du Kronprinz allemand, qui s'avance au nord de Metz, des deux côtés de Longwy, a refoulé, hier, les troupes ennemies qu'il avait devant lui....

« L'armée du Kronprinz allemand a continué aujourd'hui les combats et la poursuite vers Longwy.

« L'armée du duc Albrecht de Wurtemberg, s'avançant des deux côtés de Neufchâteau, a battu complètement, aujourd'hui, l'armée française, ayant traversé la rivière Semoy et fait de nombreux prisonniers; elle a pris, en outre, de nombreux canons et drapeaux; plusieurs généraux ont été faits prisonniers... » (1).

De notre côté, la perspective change sensiblement :

« ...A l'est de la Meuse, nos troupes se sont portées en avant à travers un pays des plus difficiles. Vigoureusement attaquées au débouché des bois, elles ont dû se replier après un combat très vif au sud de la Semoy. Sur l'ordre du général Joffre, nos troupes... ont pris position sur les emplacements de couverture, qu'elles n'eussent pas quitté si l'admirable effort des Belges ne nous avait pas permis d'entrer en Belgique. Elles sont intactes : notre cavalerie n'a aucunement souffert (2), notre artillerie a affirmé sa supériorité; nos officiers et nos soldats demeurent dans le meilleur état physique et moral. Du fait des ordres donnés, la lutte va changer d'aspect pendant plusieurs jours; l'armée française restera pour un temps sur la défensive; au moment venu, choisi par le commandant en chef, elle reprendra une vigoureuse offensive.

(1) *Communiqué allemand* du 24 août.
(2) V. *supra*, p. 60.

Nos pertes sont importantes : il serait prématuré de les chiffrer; il ne le serait pas moins de chiffrer celles de l'armée allemande, qui a souffert au point de devoir s'arrêter dans ses mouvements de contre-attaque pour s'établir sur de nouvelles positions... » (1).

Nous laissons au lecteur le soin de décider dans quelle mesure chacun de ces comptes rendus reflète la situation créée par notre offensive du 21 août.

---

(1) *Bulletin français* du 24 août, 23 heures. Celui du 25 août, 24 heures, portait que le 6e *corps* avait fait subir à l'ennemi, *du côté de Virton*, des pertes considérables.

CHAPITRE XIII

LA 5e ARMÉE JUSQU'AU 21 AOUT

Ensemble de la manœuvre allemande. — L'armée Hausen. — Les armées Bülow et Klück. — L'armée Lanrezac. — Le général Lanrezac. — Ses idées. — Le mouvement de l'armée au nord-ouest. — Combat de Dinant, 15 août. — L'emplacement de la 5e armée au soir du 20 août. — L'armée britannique. — Les divisions d'Amade.

I

Pendant que ces événements se déroulaient à l'est de la Meuse, d'autres d'une importance plus grande encore, de par leurs conséquences, survenaient à l'ouest.

Nous avons dit comment se dessinait l'ensemble de la manœuvre allemande au début des opérations actives. Tandis que les IVe et Ve armées, renforcées d'éléments des garnisons de Metz-Thionville, opéraient contre nos 4e, 3e armées et l'armée de Lorraine, les Ire et IIe armées, déjà sur la rive gauche de la Meuse, entamaient un vaste mouvement tournant à travers la Belgique. La IIIe armée établissait sur la Meuse la liaison entre ces deux groupes.

Le déclenchement de cette manœuvre n'avait lieu que le 19 août. La veille, Guillaume II avait quitté Berlin pour prendre le commandement suprême. On a cherché quels pouvaient être les motifs de ce retard, la partie essentielle de la concentration allemande ayant dû être terminée vers le 12 août, comme pour la nôtre.

M. Hanotaux croit que l'immobilité des armées allemandes du centre et de la droite jusqu'au 19 août tient au désir de profiter d'une faute éventuelle de leurs adversaires : « N'ignorant pas que le Gouvernement belge avait fait appel au Gouvernement français et qu'il avait demandé d'urgence l'envoi d'une armée en Belgique, les Allemands avaient sans doute conçu le projet de laisser cette armée s'avancer jusque sur la plaine de Bruxelles-Waterloo, pour l'écraser entre les cinq armées tombant simultanément sur elle » (1).

Cette assertion vaut d'être examinée de près. En premier lieu, on doit se demander si abandonner comme nous l'avons fait les Belges à leur destin, en dépit des instances de leur Gouvernement, était à la fois digne d'un pays comme la France et prudent au point de vue militaire. Nous croyons diamétralement le contraire. Moralement, nous devions soutenir plus efficacement la petite nation qui s'exposait aux pires souffrances pour défendre sa neutralité. Militairement, il y avait tout avantage à éloigner la guerre de nos frontières, à ne pas abandonner à l'ennemi les immenses ressources de la Belgique, à ralentir la ruée des Allemands vers la partie la plus riche de la France.

Nous en concluons que soutenir efficacement les Belges n'eût pas été commettre une faute, mais agir selon les exigences de la situation.

De plus, est-il bien exact que l'arrêt des Allemands avant d'entreprendre leur manœuvre en Belgique ait été voulu dans l'intention que leur prête M. Hanotaux ? Il ne faut pas oublier que la chute des derniers forts de Liége est du 17 août. Avant le 18, les armées allemandes n'ont pas la pleine disposition de cet important nœud de routes et de voies ferrées. On peut donc admettre que l'arrêt en

(1) Hanotaux, *L'Enigme de Charleroi*, *Revue des Deux-Mondes* du 15 août 1917, p. 737.

question tient à la nécessité de faire tomber entièrement la résistance de cette position fortifiée (1). Peut-être aussi, le départ du Kaiser de Berlin fut-il retardé par divers motifs et notamment par l'offensive des Russes commencée dès le 17 août.

Quant au tableau que trace M. Hanotaux de l'armée Lanrezac, écrasée dans la plaine de Bruxelles-Waterloo par les cinq armées allemandes, il paraît être singulièrement poussé au noir. Il ne pouvait s'agir de cinq armées allemandes, puisque deux au moins, la IVe et la Ve, faisaient face à nos 4e, 3e armées et à l'armée de Lorraine. Même la IIIe avait à traverser la Meuse en défilant devant notre 4e armée. Il eût fallu un extraordinaire concours de circonstances, doublé d'une rare impéritie chez nos commandants d'armée, pour que l'armée Lanrezac eût affaire aux cinq armées de la droite et du centre allemand.

L'auteur de l'*Enigme de Charleroi* continue ainsi son plaidoyer : « A partir du 18, les Allemands apprennent par des actes publics et les communiqués officiels que le Gouvernement belge a pris le parti de ramener son armée dans le camp retranché d'Anvers; dès lors l'attente est inutile et aussitôt le Kaiser ordonne le déclenchement du grand mouvement tournant » (2). Malheureusement pour cette thèse, c'est le soir du 19 seulement, après le combat d'Aerschot, que le roi Albert donnait l'ordre de retraite sur la position fortifiée d'Anvers (3). Comment cette déci-

(1) *Le Communiqué allemand* du 18 août porte : « Nos adversaires annoncèrent que devant Liége se trouvaient 120.000 Allemands ne pouvant continuer leur marche en avant en raison des difficultés du ravitaillement. Ils se trompaient, car cette pause eut d'autres raisons ». On peut croire que la vérité est exactement le contraire de ce qu'écrit le rédacteur officiel.

(2) Hanotaux, *L'énigme de Charleroi*, *loc. cit.*, p. 739.

(3) *Campagne de l'armée belge d'après les documents officiels*, p. 48. D'après *L'action de l'armée belge*, p. 25, la retraite sur la

sion aurait-elle pu influer sur le déclenchement d'une offensive commencée le matin même?

Le véritable objectif de l'*Enigme de Charleroi* paraît être de justifier les décisions du haut commandement français au début de la campagne : « Tant que les armées allemandes étaient immobiles dans le Luxembourg et le Luxembourg belge, installées qu'elles étaient au carrefour des routes conduisant soit en Belgique, soit en France, on pouvait leur attribuer divers projets....

« En présence de ces diverses éventualités, le haut commandement français, tout en engageant son aile droite dans l'offensive lorraine, se tenait ramassé sur son centre, prêt à se porter partout où les Allemands apparaîtraient » (1).

La prétendue immobilité des « armées allemandes » dans « le Luxembourg et le Luxembourg belge » n'a jamais existé. Avant le 17 août, dans l'armée belge, « on n'ignorait pas... que de grands rassemblements ennemis se faisaient au nord de Liége, entre le Démer et la Meuse. Le 17 août, des forces non moins importantes franchissaient la Meuse vers Huy et en aval » (2). Le fait seul de l'attaque brusquée de Liége, opérée avec de gros sacrifices, n'indiquait-il pas, sûrement, l'intention de traverser la Meuse pour opérer dans la partie centrale et occidentale du pays?

D'après M. Hanotaux, le haut commandement français se « croyait suffisamment protégé en disposant ses troupes depuis Rocroi et même Vervins jusqu'aux Vosges, puisque la plus grande partie de nos corps d'armée se

Dyle est prescrite le 18 à 19 h. 30. L'idée de la retraite sur Anvers est dès lors arrêtée, mais les Allemands l'ignorent.

(1) Hanotaux, *L'énigme de Charleroi*, *loc. cit.*, p. 739.

(2) *Campagne de l'armée belge d'après les documents officiels*, p. 38; *L'action de l'armée belge*, p. 21.

trouvaient ainsi placés face à la Belgique et au Luxembourg » (1). Il suffit de rappeler que notre première concentration établissait la 5e armée entre la frontière belge et la ligne Verdun, Audun-le-Roman; la 3e entre cette ligne et la Moselle; la 4e dans la région Commercy, Sainte-Menehould. Les 1re et 2e armées faisaient uniquement face à la frontière allemande (2). Dans ces conditions, la 5e armée, seule, pouvait être considérée comme destinée à opérer éventuellement en Belgique et en Luxembourg.

A dater du 15 août seulement, la lumière parut se faire à notre grand quartier général. On a vu comment il poussa la 4e armée entre les 3e et 5e, comment il renforça les 4e et 5e armées aux dépens des armées de Lorraine et d'Alsace. Mais ce fait seul ne montre-t-il pas qu'il s'était trompé dans son plan de concentration primitif et qu'il dut le modifier sous la pression de l'ennemi? Au lieu de dicter sa loi à celui-ci, il était forcé de subir son initiative. Dès lors comment l'auteur de l'*Enigme de Charleroi* peut-il écrire (3) : « Pour rien au monde, on n'obéira à la manœuvre allemande qui voudrait nous forcer à dégarnir la région de l'Est; pour rien au monde, on n'abandonnera la liaison de toutes nos armées, soit de l'Est, soit de l'Ouest, avec leur principal point d'appui au centre, Verdun » ?

Il paraît pour le moins douteux que le but de la « manœuvre allemande » fut de nous faire dégarnir la région de l'Est. Néanmoins, elle l'atteignit par la force des choses, car nous fûmes obligés d'affaiblir constamment la région

(1) Hanotaux, *L'énigme de Charleroi*, p. 744.

(2) *Note du Gouvernement français* en date du 24 mars 1915 (Réponse aux assertions de Bernhardi).

(3) *Loc. cit.*, p. 748.

de l'Est à dater du 15 août 1914. Quant à l'abandon de la liaison avec Verdun, il n'en a jamais été question à notre connaissance.

Pour démontrer la profondeur des combinaisons du haut commandement français, l'auteur de l'*Enigme de Charleroi* énumère complaisamment nos forces entre la Meuse et la mer, non sans les exagérer. C'est ainsi qu'il fait état des 18.000 hommes et des 340 canons de la garnison de Lille, des 35.000 hommes de Maubeuge, des 25.000 hommes de Namur, des forces plus nominales qu'effectives du général d'Amade (111.000 hommes, d'après M. Hanotaux) (1). Qui ne voit que ces troupes sont en grande majorité de valeur très contestable pour la guerre de campagne, que la plupart sont immobilisées par une tâche spéciale et ne peuvent sérieusement entrer en ligne devant les 545.000 Allemands des Ire, IIe et IIIe armées ? D'après M. Hanotaux, il faudrait évaluer à 536.000 hommes, y compris les 85.000 Anglais (2), nos forces opposées à ces trois armées. Déductions faites des éléments que nous avons indiqués, ce chiffre se réduit à 347.000 hommes au plus. Encore faut-il ajouter qu'une forte proportion entra tardivement en ligne, quand nous avions subi le premier choc des Allemands.

II

Quoi qu'il en soit de ces évaluations et de ces hypothèses, le déclenchement de la manœuvre capitale des Allemands eut lieu le 19 août. Leurs colonnes étaient pré-

(1) M. Hanotaux y comprend les 61e et 62e divisions de réserve qui arrivèrent du camp retranché de Paris dans le Nord le 25 août seulement.

(2) Y compris la 4e division, 15.000 hommes environ, qui ne rejoignit l'armée que le 24.

cédées d'un vaste déploiement de cavalerie soutenu par des détachements avancés. Ces escadrons n'étaient pas, comme parfois les nôtres, tenus groupés en masses d'une lourdeur sans égale, s'épuisant par leur lourdeur même, par de longs arrêts sous les armes, par des bivouacs répétés. Ils tendaient un immense réseau d'exploration, renforcé de cyclistes, d'automobiles armées, de petits groupes d'infanterie transportés en camions-automobiles. L'ensemble formait, dès le 20 ou le 21 août, à la fois un voile protecteur, un masque pour les armées allemandes, et un vaste appareil de reconnaissance fouillant les moindres recoins du pays ennemi, drainant ses ressources, effrayant les populations et les amenant à croire que les forces ennemies, déjà très considérables, l'étaient encore plus en réalité.

Devant les Ire et IIe armées opérait le corps de cavalerie von der Marwitz, 2e, 4e, 9e divisions. La 2e s'avançait entre la Grande Nèthe et le Démer, la 4e marchait en direction générale de Wavre et la 9e vers Gembloux. Dès le 22 août, on signalait des patrouilles de cette cavalerie entre Gand et Audenarde, des environs de Tournay à Saint-Ghislain et sur le front Mons, Charleroi (1).

De même, en avant de la IIIe armée, la 5e division de cavalerie et la division de la garde, groupées en un corps, allaient passer la Meuse pour remplir le même rôle à l'est des escadrons de Marwitz.

La IIIe armée, général von Hausen, comprenait surtout des corps saxons (XIXe, XIIe de réserve, XIIe, XIe corps). Il semble qu'elle ait d'abord été tenue en réserve dans la région d'Asselborn, partie nord du grand-duché de Luxembourg. Elle ne se serait mise en mouvement pour

(1) Hanotaux, V, p. 232-234.

s'intercaler entre les IIe et IVe armées, que quand les Allemands eurent connaissance du déplacement de l'armée Lanrezac vers la Sambre. On la poussait alors en avant pour profiter de l'ouverture qui se faisait dans notre ligne, de Namur à Monthermé, comme nous le verrons bientôt. Aucun soin ne fut pris afin de ménager ces troupes (1).

Le XIIe corps, général von Elsa, est vers Marche, où cantonne la 32e division, le 18 août. Il marche vers Achêne, dans la direction de Dinant; puis se rassemble au nord, vers Namur, avec les ponts de la Meuse pour objectif. Le 21, à midi, la 32e division a l'ordre de prendre l'offensive.

Le XIIe corps de réserve, général von Kirchbach, suit le corps actif. Il est le 23 août à l'est de Dinant.

Le XIXe corps, général von Laffert, part du grand-duché de Luxembourg (Les Trois Vierges) le 18, et débouche sur Bourseigne-Neuve et Willerzie, à l'est de Fumay, le 23. Sa division de droite a traversé la forêt de Saint-Hubert, pour marcher sur Jemelle et Rochefort. Elle passera finalement le pont d'Hastière, au sud de Dinant. Sa division de gauche, plus au sud, attaquera, le 24, le pont d'Haybes, en aval de Fumay.

Enfin, le XIe corps, général von Pluskow, paraît être resté en arrière, entre Dinant et Huy. Il sera bientôt désigné pour le front oriental, où une offensive inattendue des Russes inquiète sérieusement les Allemands.

Par sa droite, von Hausen soutient le VIIe corps de réserve (IIe armée), qui assiège Namur et qui est en position, à dater du 19, entre la région d'Eghezée, au nord, et Faulx au sud.

(1) V. *supra*, p. 207.

(2) C'est le 31 août seulement que le *Communiqué allemand* annonce une grande victoire sur les Russes, 60.000 prisonniers.

La IIe armée, général von Bülow, est à la droite de la IIIe. Elle comprend la garde, général baron von Plattenberg, qui vient d'Andenne, par Eghezée, contourne Namur au nord et se dirige sur Jemeppe, près de la Sambre, au sud de Gembloux.

Le Xe corps de réserve, général von Hülsen, se porte à l'ouest sur Tamines; le Xe, général von Emmich (1), parti de Tirlemont le soir du 18, est vers Ottignies (2) le 20 et arrive le 22 dans la zone Jumet, Fleurus, au nord de Charleroi.

Le VIIe corps (général von Einem, dit von Rothmaler) s'était dirigé par Wavre sur Nivelles. Le 22 août, la 13e division marchait sur Binche, au sud-ouest de Nivelles, et la 14e vers Fontaine-l'Evêque et Monceau-sur-Sambre, à l'est.

La Ire armée, général von Klück, stationne derrière la Gette jusqu'au 19, sans doute en attendant la mise en place des autres armées. Elle se met en mouvement à l'aube du 19. A sa droite, le IIe corps, général von Linsingen, passe à Vilvorde, au nord-est de Bruxelles, le 22 août (4e division). Le 23, il contourne cette capitale et se porte sur Ninove, par Dilbeck, accomplissant une marche très dure (38 kilomètres pour certains éléments).

Le IVe corps, général Sixt von Arnim, défile dans Bruxelles le 20 août et se porte également à marches forcées à l'ouest de Mons, par Enghien. Sa première étape atteint 40 kilomètres (3).

Derrière lui, le IVe corps de réserve est vers Ath, au nord-ouest de Mons, le 24. Le IIIe corps suit, sans que

---

(1) Von Emmich commandait, au début des opérations, le groupement dénommé *Armée de la Meuse* et qui fut sans doute disloqué après la prise de Liége.

(2) Sur la Dyle, entre Gembloux et Bruxelles.

(3) Hanotaux, V, p. 240-243.

nous puissions spécifier ses directions de marche. Le IXe corps, général von Quast, se porte vers Maubeuge, par l'est de Mons, en se liant au VIIe corps (IIe armée).

Le 22 août, les gros de l'armée Bülow sont entre Nivelles et la Sambre, face au sud-ouest, au contact de l'armée Lanrezac. Ceux de l'armée Klück font encore face à l'ouest, la droite vers Vilvorde, la gauche vers Haut-Ittre, à l'ouest de Braine-l'Alleud. Le 23, pendant que Bülow et le XIIe corps (armée Hausen) attaquent le général Lanrezac, Klück continue vers l'Escaut et la Lys; puis, sans doute sur des renseignements nouveaux, il fait un complet changement de direction, face à gauche, pour aller à marches forcées (1) vers le sud. M. Hanotaux en déduit justement, semble-t-il, que le mouvement de l'armée Lanrezac et des forces britanniques surprend les Allemands, les obligeant à modifier la manœuvre projetée (2), non sans les conséquences les plus sérieuses pour l'avenir. Il paraît certain, en effet, que leur intention première était de s'étendre beaucoup plus loin vers l'ouest, en élargissant leur zone d'action au moins jusqu'à Lille. Le mouvement de Klück vers sa gauche les força d'y renoncer pour l'instant; jamais plus les circonstances ne furent aussi favorables à une occupation rapide de la partie occidentale de la Belgique et du Nord de la France.

(1) M. Hanotaux (V, p. 243) en donne comme preuve un carnet du capitaine Kietzmann, du IIe corps. Ce corps d'armée marche vers Sottegliem et Courtrai, par Ninove, quand il apprend, le 23, que le IIIe corps de réserve, le IVe et le IXe corps sont violemment engagés contre les Anglais. Il descend par Grammont sur Valenciennes, et bivouaque le 24 vers Willaupuis, à l'est de Tournai, où il rencontre le IVe corps de réserve, après une étape de 47 kilomètres.

(2) Hanotaux, V, p. 243-244.

III

La 5e armée était sous les ordres du général Lanrezac. l'une des plus hautes réputations de l'armée française. On a dit (1), avec justesse, que l'aspect extérieur et l'allure générale caractérisent en lui l'homme et le soldat. De taille au-dessus de la moyenne, fortement charpenté, la tête puissante, autoritaire, le verbe haut, tout décèle en lui l'intelligence, la force, l'impétuosité, la décision rapide, comme impulsive; il a du méridional, bien qu'il soit créole, sans rien de l'indolence qu'on prête d'ordinaire à nos compatriotes des Antilles.

Charles-Louis Lanrezac est né le 31 juillet 1852 à Pointe-à-Pitre (La Guadeloupe); il entre à Saint-Cyr en 1869, prend part à la guerre de 1870-1871 comme sous-lieutenant d'infanterie et fait à ce titre campagne sur la Loire. Capitaine en 1876, il est professeur à Saint-Cyr en 1880 et reçoit le brevet d'état-major en 1888. Chef de bataillon en 1892, il est ensuite professeur à l'Ecole de guerre, où son enseignement « large, puissant, tumultueux » laisse des traces profondes dans l'esprit de ses auditeurs. Il reste à l'Ecole comme sous-directeur, puis directeur des études. Colonel en 1902, il prend le commandement du 119e (4e corps). Il est en 1906 général de brigade à Vannes. Divisionnaire le 23 mars 1911, il commande la 20e division à Saint-Servan, puis le 11e corps à Nantes (1912). Il est le 10 avril 1914 membre du Conseil supérieur de la guerre.

Nous avons dit (2) que le général Lanrezac avait colla-

---

(1) Hanotaux, V, p. 244-246.
(2) *La grande guerre sur le front occidental. Les éléments du conflit*, p. 278.

boré au Dictionnaire militaire pour ce qui a trait à la tactique générale et à la stratégie. Des articles provenant de cette collaboration on peut déduire qu'il ne partageait pas les idées dominantes sur l'*offensive quand même*, à La Grandmaison (1). Celui consacré à la *stratégie* notamment est intéressant à relire aujourd'hui, en ce qu'il montre que le général avait prévu certains des faits qui se sont affirmés au début de nos opérations, avec les conséquences que chacun connaît.

Il démontre, en effet (2), que la *manœuvre* jouera un rôle capital dans cette période, contre l'opinicn de ceux qui croient à son impossibilité, en raison de la grandeur des masses à mouvoir. Il croit aussi que « jamais les premières opérations n'auront exercé une influence aussi grande sur l'issue de la lutte; jamais, par conséquent, la préparation stratégique du temps de paix n'aura pris une telle importance ». En cas d'échec, il n'y a, pour le vaincu, d'autre parti « que de se replier lentement derrière un grand obstacle naturel ou une région fortifiée, où il ait le loisir de rétablir dans son armée l'ordre matériel et moral, et d'appeler à lui ses renforts; en même temps, il pousse en avant tout ce qu'il a de troupes de deuxième et de troisième ligne disponibles pour flanquer l'armée d'opérations et développer des menaces sur tout le contour de la région occupée par le vainqueur ». N'y a-t-il pas dans ces lignes prophétiques tout le germe de la Bataille de la Marne et de la Course à la mer?

Le général admet la possibilité de la défensive stratégique. Il constate même « l'obligation absolue de prendre sur son propre terrain autant de champ qu'il est utile pour disposer d'une zone de manœuvres de profondeur

(1) Cf. Hanotaux, V, p. 244 et suiv.
(2) P. 2779.

suffisante » (1). D'où l'obligation de faire, dès le temps de paix, l'éducation de tous à cet égard, afin d'éviter que l'abandon d'une large zone de terrain frontière, le cas échéant, ne soit pris pour un aveu implicite de faiblesse et n'exerce une influence fâcheuse sur le moral de l'armée et de la population.

Primitivement, nous l'avons vu (2), la 5e armée devait opérer à la gauche de la 3e, la 4e restant en réserve. Le grand quartier général apportait une extrême lenteur à modifier ce plan d'opérations, que l'invasion de la Belgique rendait d'une exécution impossible, et des divergences sérieuses se manifestaient dès le premier jour entre sa compréhension des faits et celle du général Lanrezac (3). Ce dernier signalait le danger d'un mouvement débordant par la Basse Belgique. Il y apportait même une insistance trop justifiée, que l'on trouvait gênante, le général en chef croyant devoir garder sa conception générale d'une poussée sur la gauche, puis sur le centre allemand. Le général Lanrezac eût voulu devancer au nord les événements qu'il pressentait avec tant de justesse. Il trouvait que nous tardions trop à entrer en Belgique, tandis que le grand quartier général évoluait lentement, obéissant à regret aux événements, quand il ne pouvait plus en nier l'importance.

D'après M. Hanotaux, ce serait entre le 12 et le 14 seulement que se précisait l'idée d'une offensive simultanée de la 5e et de la 4e armée. Le général Lanrezac « tirait sur la

(1) P. 2780.

(2) *La grande guerre sur le front occidental. Liége, Mulhouse, Sarrebourg, Morhange*, p. 101.

(3) Cf. Hanotaux, V, p. 246 et suiv. Ce que nous avions déduit du texte de l'historien officieux nous a été confirmé de la meilleure source. Voir aussi F. Engerand, *Le drame de Charleroi, Correspondant* du 25 mars 1918.

bride » (1) pour appuyer vers Maubeuge, en laissant la défense de la Meuse à des divisions de réserve. On le retenait encore, malgré lui. Le 1er corps s'échelonnait déjà le long de la Meuse, en aval de Givet. Le 15 (2), à 19 heures, enfin, les renseignements ne laissaient plus aucun doute sur la présence de masses allemandes au nord-ouest de Liége et l'on se résignait à déplacer vers le nord-ouest le reste de la 5e armée. Est-il nécessaire d'ajouter qu'il était déjà bien tard et que, si nous avions obéi aux suggestions du général Lanrezac, nous aurions livré bataille les 22 et 23 août dans des conditions moins fâcheuses?

Quoi qu'il en soit, la 5e armée s'orientait vers Beaumont, à mi-chemin entre Givet et Mons, au lieu de rester concentrée au sud de la ligne Signy-l'Abbaye, Sedan, comme elle avait dû le faire d'abord. Mais, sans doute par suite d'ordres précis du grand quartier général, au lieu de faire face tout entière à une même direction, elle allait se scinder en deux fractions, dont l'une borderait la Meuse de Givet à Namur, tandis que l'autre serait au sud de la Sambre. Nous dessinerions ainsi un angle aigu dont le sommet serait à Namur.

Le 1er corps, général Franchet d'Espérey, allait défendre les passages de la Meuse, de Givet à Namur. Son quartier général, d'abord à Rethel, se portait à Chimay.

Le 3e corps, général Sauret, s'était concentré dans la région Novion-Porcien, Launois, son quartier général à Poix-Terron. Il y resta du 10 au 15. Le 15, il eut ordre

(1) Hanotaux, V, p. 246-250.

(2) E. Renault, *Charleroi-Dinant-Neufchâteau-Virton*, *Revue* du 15 octobre 1916, p. 3, ajoute que l'armée devait se tenir prête à reprendre au premier signal l'offensive sur le front Neufchâteau, Paliseul, Gedinne, Beauraing, en liaison avec la 4e armée. Notons encore que, dès le 14 août au soir, le *Bulletin français* portait que des forces importantes entraient en Belgique par Charleroi et vers Gembloux.

de se porter vers Chimay. Le soir du 17, il était dans la région de Chimay, Rance (1), ayant parcouru 70 kilomètres depuis le matin du 16. Il y prenait contact avec la 38ᵉ division, général Muteau, qui débarquait à Solre-le-Château, au sud-ouest de Maubeuge, ainsi que des éléments du 18ᵉ corps.

La division Muteau et la 37ᵉ, général Comby, faisaient partie du 19ᵉ corps, qui ne fut jamais groupé, sans raison connue. Ces deux divisions et celle du Maroc, dont nous avons dit le rattachement à la 4ᵉ armée, paraissent avoir été destinées, tout d'abord, à opérer en Alsace. Elles furent détournées vers l'ouest quand on décida de renforcer la 4ᵉ et la 5ᵉ armée. De même pour le 18ᵉ corps, qui avait d'abord compté à l'armée Castelnau.

Pour en revenir au corps Sauret, il continua vers la Sambre, la 6ᵉ division, général Bloch, dans la région Somzée, Tarcienne, Joncret, au sud de Charleroi; la 5ᵉ, général Verrier, sur la rivière l'Heure, son quartier général à Chastres. Tout le corps d'armée restait au sud de la Sambre, la cavalerie seule passant cette rivière (2).

Le 10ᵉ corps, général Defforges, s'était concentré au sud de la Meuse, dans les régions d'Omont (3) (19ᵉ division) et de Bulson (20ᵉ division). Il se mit en marche le 15; le soir du 19, son quartier général était à Florennes, au sud-est de Charleroi, ses éléments cantonnés au sud du front Hanzinelle, Mettet, prêts à se porter sur la Sambre.

Le général Valabrègue commandait un groupe de trois divisions de réserve (51ᵉ, 59ᵉ, 63ᵉ) qui, au début des opérations, se concentra autour de Vervins, avec mission d'y organiser une position défensive entre l'Oise et le

(1) Sur la route de Charleroi.
(2) Hanotaux, III, p. 294 et suiv.
(3) Omont au sud de Mézières; Bulson au sud de Sedan.

Vilpion. L'une de ces divisions, la 51e reçut une autre destination et passa, comme nous le verrons, à la droite de la 5e armée. Les deux autres devaient ensuite être portées vers la Sambre, afin d'établir la liaison entre l'armée britannique et la gauche de la 5e armée, au nord de Thuin (1).

Le 18e corps, général de Mas-Latrie, s'était concentré dans les environs de Toul. Le 16 août seulement, il reçut l'ordre de partir pour la frontière belge. L'embarquement commença le soir du 18, et le 19 les premiers éléments arrivaient à Hirson. De là il se portaient sur Trelon (20 août) et Beaumont (21 août), entre le 3e corps et le groupe Valabrègue.

La 38e division, en route vers Belfort, était aiguillée à Is-sur-Tille dans la direction du nord-ouest; elle commençait le 17 août à débarquer à proximité de la Sambre. Rattachée d'abord au 3e corps, elle devait l'être ensuite au 18e, dont elle constituerait le meilleur élément.

Enfin, on concentrait autour d'Arras, à dater du 18 août, un groupe de divisions territoriales sur lequel nous aurons à revenir et qui était commandé par le général d'Amade. On le destinait à prolonger vers Lille la gauche des Anglais.

IV

Sur les entrefaites avait lieu un combat de nature à inquiéter la 5e armée pour son flanc droit, avant même qu'elle eût atteint la Sambre.

Des reconnaissances allemandes s'étaient montrées, dès

(1) Vervins entre Hirson et Laon; Thuin sur la Sambre, entre Charleroi et Maubeuge.

le 6 août, sur la Meuse, vers Dinant et Anseremme, entre Namur et Givet. Le 12 et le 14, le contact s'établit aux mêmes points entre cette cavalerie et des éléments de notre infanterie appartenant aux 148e et 33e (1). Elle atteignait même Anthée, en aval de Dinant, où elle était arrêtée par une fraction du 33e.

Le 15 août avait lieu une tentative beaucoup plus sérieuse. Deux divisions de cavalerie, la 5e et celle de la garde, appuyées par plusieurs bataillons dont les 12e et 13e bataillons de chasseurs, cherchaient à forcer, pour le XIIe corps, la route de la trouée de l'Oise. Dans la matinée, il y avait à Dinant deux compagnies du 148e, un bataillon du 33e et une section de mitrailleuses qui occupaient l'ancienne citadelle sur la rive droite. Des éléments de la 2e division, général Deligny, étaient établis sur la rive gauche. Des postes de section gardaient les issues de la ville vers les faubourgs nord et sud.

L'aspect de Dinant est tout particulier. La ville proprement dite est située sur la rive est de la Meuse, dans une échancrure de la falaise qui domine le fleuve depuis Mézières et surtout depuis Givet. L'église Notre-Dame s'élève à l'entrée du pont qui unit Dinant au faubourg Saint-Médard, sur la rive ouest. Immédiatement au-dessus de l'église surgit le rocher sur lequel est construite la citadelle. Les hauteurs de la rive ouest sont moins accentuées et terminées par des pentes moins escarpées que celles à l'est de la Meuse. Dans cette partie de son cours, le fleuve est longé par une ligne ferrée qui suit la rive gauche. Outre le pont qui traverse la Meuse à Dinant, il en existe un autre, en aval, dans le voisinage, celui de Bouvignes. La disposition des lieux fait que les habita-

(1) 148e de la brigade Mangin, 2e corps; 33e, de la 3e brigade, 1er corps.

tions de la ville et des faubourgs s'allongent sur les deux rives et surtout sur la rive droite.

Les Allemands dirigeaient une première tentative sur le pont de Bouvignes. Après avoir été repoussés, ils la renouvelaient au pont de Houx, en aval, sans plus de succès, bien qu'ils se fussent fait précéder de plusieurs habitants, selon leur déshonorante pratique. Une compagnie et une mitrailleuse suffisaient à les repousser.

Puis ils portaient leur effort sur Dinant. Après l'avoir bombardé, ils jetaient sur la lisière Est leur infanterie, en plusieurs colonnes, et parvenaient à y pénétrer. A midi, le chef de bataillon du 33ᵉ croyait devoir évacuer la citadelle et se replier sur le pont, suivi de fractions de chasseurs saxons qui passaient même sur la rive gauche. Deux sections du 148ᵉ restaient ainsi isolées aux issues des faubourgs du nord et du sud.

A ce moment l'ennemi commençait de s'installer sur la rive droite et ses six batteries tiraient des abords de Sorinnes sur nos positions. Mais le gros du 33ᵉ avait pris position, dès 6 h. 15, le long de la voie ferrée; le 27ᵉ d'artillerie était en batterie sur les hauteurs à l'ouest et le 15ᵉ partait de Weillen pour le renforcer.

Le feu très précis de notre 75 atteignait les fractions ennemies entrées dans la citadelle et poussées à l'ouest du pont. Elles reculaient avec de grosses pertes, mais pour être bientôt renforcées. Une contre-attaque de deux compagnies (10ᵉ et 12ᵉ du 33ᵉ) paraît avoir échoué, malgré l'appui d'un nouveau bataillon, puis du 73ᵉ.

Sur les entrefaites, le 127ᵉ accourait de Gochenne; le 84ᵉ occupait Onhaye, le 110ᵉ se portait sur Bouvignes et le 8ᵉ, laissant un bataillon à Weillen, entrait également en ligne. Les Allemands, ne pouvant déboucher des ponts de Dinant et de Bouvignes, essayaient d'en jeter un en amont de la ville. A peine terminé, il était pris sous le feu de nos batteries. Celles des Allemands ripostaient, mais elles étaient fort inférieures en nombre. A partir de 15 heures, elles avaient à peu près cessé le feu et une énergique contre-attaque pouvait enfin être déclenchée. Vers 17 heures, le colonel Doyen, du 8e, occupait la ville et la citadelle. La population, ivre de joie, accueillait nos troupes aux cris de « Vive la France! » et au chant de la *Marseillaise,* inoffensives démonstrations que l'ennemi allait bientôt lui faire expier avec la férocité préméditée qui lui est habituelle.

Les Allemands se retiraient poursuivis, dit-on, par le 8e régiment de chasseurs. Les 8e et 73e cantonnaient sur la rive gauche de la Meuse, tenant les ponts et les abords de la ville. On prenait quelques dispositions défensives.

Ce combat aurait coûté à l'ennemi 3.000 hommes hors de combat au moins, 12 canons et 51 caissons hors de service. Chez nous, un seul bataillon aurait été sévèrement atteint.

Le 75 avait eu la meilleure part dans ce succès d'ordre plutôt moral que matériel, car notre infanterie paraît avoir été employée d'une façon peu judicieuse. Quoique la cavalerie ennemie se fût retirée vers l'est, on pouvait croire que son attaque devançait simplement le débouché de forces beaucoup plus considérables. L'ennemi n'aurait pas consacré treize régiments de cette arme et plusieurs bataillons à la conquête d'un passage sans intérêt immédiat pour lui. Cette considération paraît avoir échappé au commandement français, qui prit un peu plus tard des dispositions tout à fait insuffisantes pour défendre les passages de la Meuse entre Namur et Givet, malgré l'évidente nécessité de couvrir le flanc droit de la 5e armée (1).

(1) Pour ce récit du combat de Dinant, nous avons utilisé l'ouvrage

V

Le 18 août, le général Lanrezac maintenait le 1er corps sur la Meuse, ainsi que la 8e brigade (Mangin), 2e corps. Il décidait que le 18e corps serait transporté vers Maubeuge, où il se relierait aux Anglais. Les 3e et 10e corps étaient au nord de Stave (1), prêts à passer la Sambre entre Namur et Charleroi. La 52e division de réserve restait encore vers Mézières, établissant la liaison de la 4e armée avec le 1er corps.

Le 20 août, le 1er corps n'avait pas changé d'emplacements; le 10e était à Fosse, le 3e à Villers-Poteries, Loverval; le 18e continuait ses débarquements et se formait vers Thuin, Gozée. A ce moment on commençait à se rendre compte de la marche foudroyante des Allemands à travers la Belgique. Leurs pointes apparaissaient sur un front immense, de Sotteghem à Givet.

Depuis le 17, on connaissait l'existence à l'est de la Meuse d'une armée comprenant probablement les VIIe, IXe, X[e] corps et la garde, ainsi que trois corps de réserve. Ce groupement, en réalité la IIe armée (Bülow) passait le fleuve sur quatre ponts entre Huy et Liége (2). On signalait d'autre part le groupement de la Ire armée (Klück), sans qu'on connût sa composition. On savait aussi qu'il y avait dans le Luxembourg belge et la province de Namur une autre armée de trois ou quatre corps, parmi lesquels le IVe (3) marchait alors sur deux colonnes de Ciney et de Beauraing vers l'ouest, à la hauteur de Dinant et de Givet.

de M. Hanotaux, III, p. 298-303, l'*Illustration* du 27 août 1914. Fleury-Lamure, *Charleroi. Notes et impressions*, p. 22, 23.

(1) Sur la route de Givet à Charleroi.

(2) Trois ponts entre Huy et Ombret-Rausa, un à Seraing (Hanotaux, V, p. 246-250).

(3) Erreur de numéro au lieu du XIIe.

Sa composition était incertaine; on n'était sûr que de la cavalerie, 5e division et division de la garde, qui avait combattu à Dinant.

Le 20 seulement, ces données se précisaient. On se rendait compte que l'armée Bülow, forte, croyait-on, de quatre corps d'armée, après avoir passé la Meuse, se dirigeait vers le sud-ouest. Une autre, celle de Klück, au moins d'égale force, marchait de Liége vers Bruxelles.

A cette date du 20 août au soir, la 5e armée avait son quartier général à Signy-l'Abbaye; le 1er corps (quartier général à Anthée, à l'ouest de Dinant) et la brigade Mangin continuaient de garder la ligne de la Meuse au nord de Revin. La 51e division de réserve, général Boutegourd, était encore au sud, dans la région de Rocroi, d'où elle allait gagner, le 21, Matagne-la-Petite, Treignes, au sud-ouest de Givet. Comme la brigade Mangin, elle était rattachée provisoirement au 1er corps et se tenait en liaison vers le sud avec la 52e division (4e armée). D'autre part, le 1er corps se reliait à la position fortifiée de Namur, où le général Michel, commandant la 4e division belge, allait être renforcé de trois des bataillons du général Mangin.

Le 10e corps avait son quartier général à Florennes, dans l'angle de la Sambre et de la Meuse. Une avant-garde tenait Fosse; en arrière, la 19e division, général Bonnier, était dans la zone Saint-Gérard, Denée, Mettet, prête à se porter sur la Meuse au nord de Dinant; la 20e division, général Boë, comme la précédente à dix kilomètres environ de la Sambre, dans la région Devant-les-Bois, Laneffe, Morialme, Oret. La 37e division, général Comby, rattachée provisoirement au 10e corps, était au sud vers Florennes, Fraire-les-Walcourt, Daussois, Philippeville (1).

(1) Hanotaux, V, p. 252-253.

Le quartier général du 3e corps était à Walcourt et ses cantonnements au sud de Charleroi, les têtes à Villers-Poteries et Loverval. Il avait ordre, pour le 21 août, de tenir la rive droite de la Sambre et de garder les passages entre Tamines et Marchienne-au-Pont, Charleroi compris. La division Muteau (38e), qui le renforçait pour l'instant, était vers Somzée, Gourdinne et Berzée. A droite, la 5e division gardait les débouchés vers Châtelet, c'est-à-dire les ponts de la Sambre entre Pont-du-Loup et Châtelet. Un bataillon du 74e avait été poussé sur Aiseau, vers l'est, pour parer, le cas échéant, à une tentative de l'ennemi par Roselies, autre passage de la Sambre.

A gauche, la 6e division était vers Charleroi, les têtes de ses gros sur la ligne Villers-Poteries, Joncret, Jamioulx. Le corps d'armée pouvait déboucher soit sur Fleurus, soit sur Gosselies, c'est-à-dire sur Tirlemont ou sur Bruxelles.

Le 18e corps continuait ses débarquements. Son quartier général était encore à Solre-le-Château, sensiblement au sud. Ses divisions se portaient vers la Sambre au fur et à mesure de leur constitution. Le 21, elles allaient être sur la ligne Thuin, Gozée, en liaison avec le 3e corps par Ham-sur-Heure. Le quartier général du 18e corps serait à Beaumont (1).

A l'extrême gauche de l'armée Lanrezac, le groupe Valabrègue avait reçu l'ordre de combler le vide entre elle et l'armée britannique. Jusqu'au 19, ces divisions (53e, général Perruchon, et 69e, général Néraud) avaient organisé une position défensive dans la région de Vervins, afin de couvrir la gauche de nos armées et la zone des débarquements anglais. C'est du moins ce qu'écrit M. Hanotaux. Mais il est permis de se demander comment ces

(1) Hanotaux, V, p. 253.

30.000 ou 40.000 hommes, ainsi établis au sud-ouest d'Hirson, auraient pu couvrir la gauche de la 5e armée, soit qu'elle se portât sur la Meuse, comme c'était le projet primitif, soit qu'elle marchât sur la Sambre, suivant les intentions dernières. D'autre part, si le général Valabrègue devait protéger les débarquements britanniques, ils ne pouvaient assurément pas être effectués vers Maubeuge, à plus de 50 kilomètres au nord, comme il arriva. Il fallait de toute nécessité qu'ils fussent projetés dans une autre région, celle de Marle ou de Rozoy-sur-Serre, par exemple.

Quoi qu'il en soit, le groupe Valabrègue remplit sa mission aux environs de Vervins, mit même en état de défense le fort d'Hirson (1), que nous avions commis l'imprudence insigne de laisser à l'abandon. Le 17 août, le maréchal French prenait contact avec lui et les deux divisions recevaient l'ordre de se porter vers Maubeuge. Le 22 août, elles devaient être à la hauteur du 18e corps, dans la zone Avesnes, Limont, Fontaine, Ferrières-la-Petite, Bérelles, Solre-le-Château.

Quant au corps de cavalerie Sordet, le soir du 20 août, il était dans la région de Souvret, à l'ouest du canal de Bruxelles et au nord de la Sambre. L'arrière-garde de la 1re division (5e brigade de dragons, cyclistes, deux batteries) avait été vivement talonnée par l'ennemi dans la marche du 20.

Il semble que, chez nous, on ait escompté l'entrée en ligne des forces britanniques d'abord pour le 20, puis pour le 21, c'est-à-dire à une date sensiblement antérieure à ce qu'elle fut réellement. L'intention du grand quartier

(1) Au sujet de l'état de ce fort, lire F. Engerand, p. 1023.

général était de les porter au nord de la Sambre et non sur cette rivière, entre Charleroi et Maubeuge, en échelon refusé. Cette dernière disposition aurait présenté l'inconvénient de laisser ouverte la trouée de l'Escaut vers laquelle paraissait se diriger l'armée Klück. Le maréchal French allait donc marcher sur Mons, au nord de Maubeuge, avec prière d'obliquer ensuite sur Soignies et Nivelles, sans doute en direction générale de Bruxelles. On doit se demander si cette combinaison était opportune, étant donné les emplacements connus des Allemands.

L'armée britannique atteignait le front sensiblement plus tard que la plupart des éléments de la 5e armée. Le rôle d'aile marchante lui convenait peu pour cette raison même et aussi parce que les aptitudes spéciales de nos alliés les rendent plus aptes à une défensive obstinée, suivie de contre-attaques victorieuses, qu'à une offensive de prime abord.

Quoi qu'il en soit, le 20 août, le quartier général du 1er corps britannique était encore à Wassigny, entre Guise et Le Cateau, ses éléments à peu près au complet (1). Le 2e corps achevait ses débarquements. La division de cavalerie se concentrait au nord de Maubeuge, où son quartier général était le 18 août; le 20, il se portait à Jeumont. Le soir du 21, la concentration de l'armée fut presque terminée et le maréchal French put prendre ses dispositions pour la mettre en mouvement, le 22, vers les emplacements qu'il considérait comme les plus favorables pour le début des opérations. Rappelons que ces emplacement étaient du choix du maréchal et que notre général en chef lui avait simplement indiqué l'objectif général

(1) Hanotaux, V, p. 255. Le *Rapport French* du 7 septembre 1914 ne donne aucun détail sur les événements avant le soir du 21.

qui devait être atteint, en conformité avec ses propres projets (1).

Nous avons dit que la gauche du maréchal French devait être protégée par un nouveau groupement confié au général d'Amade.

Ce membre du Conseil supérieur de la guerre, connu pour des opérations heureuses au Maroc, exerçait, au début de la guerre, à Lyon, le commandement de ce qu'on appelait du nom ambitieux d'armée des Alpes, c'est-à-dire de quelques éléments qu'on avait jugé opportun de laisser en observation sur la frontière italienne. L'attitude de nos futurs alliés s'étant affirmée de plus en plus dans le sens d'une neutralité bienveillante, ces troupes furent les unes après les autres portées sur notre front nord-est. Le 16 août, le général d'Amade reçut l'ordre de se rendre à Arras pour y prendre le commandement d'un groupe de divisions territoriales. Le 19 août, cette petite armée était constituée : la 81e division, général Marcot, entre Hazebrouck et Saint-Omer; la 82e, général Vigy, autour d'Arras; la 84e, général de Ferron, à Douai et aux environs. Chacune de ces divisions comptait quatre régiments à trois bataillons, deux groupes de 75, deux escadrons, une compagnie du génie. L'effectif approché de l'ensemble atteignait de 40.000 à 50.000 hommes (2).

Il faut bien dire que ces divisions territoriales constituaient alors des forces beaucoup plus apparentes que réelles. Les soldats, qui avaient servi trois ans dans l'armée active, étaient vigoureux et pleins de bonne volonté, avec un peu de lourdeur fort explicable. Les sous-officiers

---

(1) *Rapport French* cité. Cf. *La grande guerre sur le front occidental*, II, p. 111.

(2) Hanotaux, V, p. 256. Pour chaque division, 250 officiers et 14.000 hommes, 2.100 chevaux.

et caporaux, déshabitués du commandement par plusieurs années de vie civile, n'étaient guère là que pour la forme; quant aux officiers, les uns, provenant des officiers retraités ou démissionnaires, étaient le plus souvent fatigués et usés, quelquefois aigris et enclins au pessimisme; les autres, anciens engagés conditionnels, avaient une instruction technique incomplète et parfois peu d'aptitude au commandement; les moins médiocres étaient généralement les anciens sous-officiers retraités après quinze ans de service (1). Les régiments ne comportaient aucun élément de l'armée active.

Quant aux cadres supérieurs, ils avaient été l'objet d'une attention insuffisante, comme tout ce qui tenait à la mobilisation de l'armée territoriale. On voyait, par exemple, à la tête d'une division, d'anciens officiers de cavalerie qui n'avaient jamais eu un bataillon sous leurs ordres. Dans ce cas on n'avait même pas pris l'élémentaire précaution de leur donner un chef d'état-major provenant de l'infanterie et leur inexpérience éclatait à tous les yeux.

La première mission du groupe d'Amade consistait à mettre nos communications ferrées et fluviales à l'abri des incursions éventuelles, en constituant un barrage de Dunkerque à Maubeuge, sur une étendue supérieure à 140 kilomètres, à vol d'oiseau. C'était beaucoup demander à des troupes aussi neuves, aussi faiblement encadrées, d'un maniement aussi lourd que cette masse inarticulée de trois divisions territoriales.

(1) Un général de brigade faisant partie d'une division territoriale au nord de Paris, écrivait le 19 août : « Depuis deux jours, j'ai interrogé un par un tous les officiers.... Ils ont de la bonne volonté, c'est certain, mais beaucoup ne connaissent guère leur profession ». A cette date, sa brigade ne comptait pas une mitrailleuse et tout son train, en dehors des caissons de munitions, se bornait à une voiture de réquisition.

Quand la marche des armées Klück et Bülow fut connue, le général d'Amade reçut l'ordre de se porter en avant pour tendre la main aux Anglais, mais on ne crut pas devoir renoncer à lui faire constituer une sorte de barrage entre leur gauche et la mer. C'est ainsi que, le 20 août au soir, la 81e division était établie en cordon à l'ouest de la Lys, la 82e entre la Scarpe et la Lys, la 84e entre la Scarpe et l'Escaut, vers Arleux, Etrun et Valenciennes, avec des avant-gardes à Condé, à Tournai et à Lille.

Le général d'Amade donnait l'ordre d'activer la mise en état de défense de Lille, opération qui avait subi des retards tenant autant à notre imprévoyance qu'aux plus déplorables incertitudes. Nous avons dit, en effet, que le déclassement de ce camp retranché avait été officiellement demandé peu avant la guerre, en dépit d'une vive opposition (1). Celle-ci fut assez forte pour empêcher le déclassement immédiat, mais non pour assurer l'entretien de l'antique forteresse. Il en résulta que tout y manquait, les troupes autant que le matériel. En outre, il ne paraît pas que le commandement y ait été assuré avec l'esprit de suite et la volonté qui permettent seuls les résultats sérieux.

Le matin du 22, une nouvelle division territoriale renforçait la petite armée d'Amade : la 88e. Elle était à Choisy-le-Roi, faisant partie de la garnison du camp retranché de Paris, quand elle reçut brusquement l'ordre de s'embarquer dans la nuit du 22 au 23, sans destination connue (2). Elle fut dirigée vers le Nord, en vingt-deux

(1) Cf. *La grande guerre sur le front occidental. Liége, Mulhouse, Sarrebourg, Morhange*, p. 53. D'après F. Engerand, p. 1022, Lille fut déclassé le 1er août 1914.

(2) L'état-major de la division ne connaissait que sa propre destination, Templeuve.

trains, et éparpillée tout le long de la frontière, dans des conditions que nous indiquerons bientôt. Par une singulière combinaison, son artillerie débarquait à Douai et devait rejoindre par la route. Notons qu'il s'agissait d'une division dite de place, c'est-à-dire encore plus faiblement organisée que les 81e, 82e et 84e, dites de campagne non sans exagération.

En outre, par suite de l'arrivée des Anglais, la 84e division était concentrée à Valenciennes, prête à se porter sur leur gauche, entre Condé et Tournai.

CHAPITRE XIV

PRÉPARATION DE L'OFFENSIVE A LA 5e ARMÉE

Le théâtre des opérations. — Dispositions en vue de l'offensive. — Objectif visé par le grand quartier général. — Le 1er corps le 21 août. — Le 10e corps. — Les premiers contacts. — Combat de Tamines. — Perte du pont d'Auvelais. — Le 3e corps. — Perte du pont de Roselies. — Le corps Sordet. — Le 18e corps. — Ordres pour l'offensive du 22.

I

Sur les entrefaites (20 août), une instruction du grand quartier général parvenait à la 5e armée, constatant que tout confirmait chez l'ennemi l'intention de nous déborder par le nord. Les 3e et 4e armées avaient ordre de marcher. le 21, sur Neufchâteau, Arlon. La 5e, s'appuyant à la Meuse et à Namur, allait prendre pour objectif le groupement ennemi du nord. L'armée britannique, à sa gauche, marcherait vers Soignies, en direction générale de Nivelles. Quant au général d'Amade, il organiserait des positions défensives pour ses quatre divisions.

La Sambre est le principal affluent de la Meuse sur sa rive gauche. Elle devait jouer un rôle important dans les opérations qui allaient commencer. Cette rivière coule d'abord du sud-ouest au nord-est; puis, à partir de Charleroi, elle devient encore plus sinueuse et se dirige à peu près de l'ouest à l'est jusqu'à Namur, où elle se confond avec la Meuse.

L'ensemble de la région qu'elle parcourt est très peuplé, surtout aux environs de Charleroi où l'industrie a pris un grand développement. Vers l'ouest s'étend autour de Mons le Borinage, dont les houillères sont bien connues; puis, vers Tournai, un pays de grandes fermes, presque uniquement agricole. Ainsi la culture, les mines et l'industrie concourent à donner une vie intense à cette partie de la frontière franco-belge, surtout dans le centre, où s'élèvent une multitude de fabriques. Les maisons y succèdent aux maisons, les cabarets aux cabarets, les rues aux rues; les murs en briques noircies par les intempéries bornent partout la vue. Quelques champs, des boqueteaux oubliés par la hache du bûcheron mettent dans cet océan grisâtre une note de verdure. Des *terrils* de cendres et de déchets s'élèvent par endroits. Le ciel est presque toujours alourdi de nuages que pousse la ruée folle des vents d'ouest; des tourbillons de fumées noires s'y mêlent constamment (1).

Autour de Charleroi, à l'ouest de Mons, le terrain est creusé en tous sens par l'exploitation des mines, des voies ferrées qui les desservent. Il se hérisse de *corons* et de terrils. Si Charleroi est une ville industrielle, Mons n'est plus guère qu'un centre de commerce et de plaisirs pour le Borinage, malgré les souvenirs historiques qui s'y attachent. Au nord et au sud de la Sambre, le pays se relève et change d'aspect. Des bois assez étendus s'y montrent, couronnant les pentes.

A l'ouest de Mons, la culture prend le dessus. Il y a quelques carrières dans la partie nord, mais, presque partout, le terrain présente de vastes ondulations couvertes de riches moissons et semées de grandes fermes qui ressemblent à des forteresses avec leurs enclos rectangulaires, fermés de hautes murailles, leurs pigeonniers et

(1) Cf. Hanotaux, V, p. 257-258.

leurs grands bâtiments. Elles évoquent le souvenir de La Haye-Sainte et des fermes célèbres du champ de bataille de Waterloo.

La Sambre est un obstacle insignifiant en raison du grand nombre de ponts qui la traversent et de son peu de profondeur. Sous ce rapport, elle ne diffère pas sensiblement de ce qu'elle était au temps de César, lorsqu'il battit les Nerviens sur ses bords (1). Comme à cette époque, la défense est plutôt sur les crêtes qui dominent la rivière au nord et au sud, que dans la vallée où les habitations, les obstacles de tout genre masquent les vues et facilitent les progrès de l'attaque.

Le général Lanrezac arrêta les dispositions suivantes pour l'offensive qui lui était ordonnée :

La 5e armée allait se porter en avant, dans l'intervalle entre Namur et Nivelles. Pour l'instant, elle se bornerait à des mouvements préliminaires. A sa droite, le 1er corps resterait à la garde des passages de la Meuse, jusqu'à relève par la division de réserve Boutegourd (51e). Il se porterait ensuite entre Namur et Sart-Saint-Laurent, en détachant à Namur un régiment actif au plus.

Le 10e corps organiserait la défense du front Fosse, Vitrival, Sart-Eustache. Le 3e corps s'opposerait au débouché de l'ennemi sur Châtelet et tiendrait Nalinnes, Tarcienne, au sud de Charleroi. Le 18e corps borderait le front Ham-sur-Heure, Gozée, Thuin.

Le groupe des divisions de réserve porterait sa droite à Solre-le-Château; il aurait sa division de gauche au sud-est de Maubeuge, de façon à pouvoir gagner Cousolre (2), par Beaumont.

---

(1) Le lieu de la rencontre était en amont de l'emplacement actuel de Maubeuge. *Cf. De bello Gallico, lib.* II, XVI-XXVII.

(2) Cousolre sur la route de Beaumont à Maubeuge.

Quant au corps de cavalerie, il se bornerait à garder ses emplacements actuels au nord et à l'ouest de Charleroi (1).

En résumé, la 5e armée, avant d'engager l'offensive qui lui était prescrite, exécutait des mouvements préparatoires dont le résultat serait de l'établir sur une ligne allant de Namur à Thuin, au sud de la Sambre. Le corps de cavalerie resterait en avant de sa gauche et le groupe Valabrègue la prolongerait en échelon refusé, de Cousolre au sud-est de Maubeuge. Mais, avant de gagner les emplacements indiqués, le 1er corps devait être relevé par un élément qui n'était pas à pied d'œuvre, ce qui pouvait retarder son entrée en ligne. Il semble que l'intention du général Lanrezac ait été de ne pas entreprendre son mouvement offensif avant la fin de la concentration des Anglais (2). Il semble aussi que ce retard n'entrait pas dans les vues du grand quartier général, qui envisageait une offensive de la 5e armée concordant avec celle des 4e et 3e armées à l'est de la Meuse. Voici, en effet, comment s'exprime une publication officielle :

« Le 20 août, la concentration de nos lignes était terminée et le général en chef donna l'ordre à notre centre et à notre gauche de prendre l'offensive.... Le plan allemand, à cette date, était le suivant : sept ou huit corps d'armée et quatre divisions de cavalerie allaient s'efforcer de passer entre Givet et Bruxelles, et même de prolonger leur mouvement plus vers l'ouest. Notre objectif était par conséquent tout d'abord de maintenir et de repousser le

(1) Hanotaux, V, p. 252. La 5e division était vers Landelies, la 1re à Gosselies et vers l'ouest, la 3e dans la boucle du canal, entre Luttre et Gouy-les-Piétons.

(2) M. Hanotaux écrit (*L'énigme de Charleroi*, *loc. cit.*, p. 757) que, pour le 21 août, « le général Lanrezac donna des instructions offensives-défensives, par conséquent un peu obscures ».

centre de l'ennemi, ensuite de nous jeter, avec toutes les forces à notre disposition, sur le flanc gauche du groupe des armées allemandes dans le Nord » (1).

Notons encore que l'offensive de la 5e armée dépendait entièrement de celle des 4e et 3e. En effet, dans son mouvement vers la Sambre et, à plus forte raison, au nord de cette rivière, le général Lanrezac allait prêter le flanc droit aux Allemands. La division Boutegourd était insuffisante pour leur interdire le passage de la Meuse. Si donc, comme il arriva, les 4e et 3e armées étaient obligées à un arrêt ou à un mouvement rétrograde, l'offensive du général Lanrezac serait nécessairement paralysée.

Enfin, il n'y avait pas coordination dans les mouvements de ces trois armées, chacune indépendante sous les ordres du général en chef. Peut-être eût-il été préférable, comme on le fit ensuite, de grouper sous un même commandement les armées destinées à exécuter une opération distincte, le grand quartier général restant chargé de conduire l'ensemble.

II

Le 21 août, le 1er corps conservait ses emplacements de la veille. Le 10e corps avait son quartier général à Fosse; sa cavalerie, 6e chasseurs d'Afrique et 13e hussards, était répartie à la garde des ponts de la Sambre, à Floriffoux, Franière, Mornimont, Jemeppe. A la 19e division, général Bonnier, la 38e brigade était entre le château de Taravisée et Arsimont (2), la 37e brigade près de Haut-Vent-du-Bois

(1) *Exposé de six mois de guerre*, p. 4 et 5.

(2) D'après le docteur Veaux, *En suivant nos soldats de l'Ouest*, p. 47 et suiv., les 7e et 8e compagnies du 41e sont dans les boucles de

et de Mazuys. L'artillerie était sur les hauteurs. vers le bois de Ham, la cote 190, la croupe d'Arsimont.

Depuis la veille, on savait que la cavalerie avait pris le contact; des cavaliers allemands étaient entrés à Jemeppe et, dans la soirée du 20, les nôtres avaient laissé au 41e la garde des ponts de la Sambre (1).

Dans la matinée du 21, on ne signalait nulle part l'ennemi; toutefois on avait entendu la nuit précédente des roulements de voitures vers Spy, au nord de la rivière. A 8 h. 30, on donnait à la 37e brigade l'ordre de s'en rapprocher; des reconnaissances de cavalerie venaient d'être signalées vers le nord.

A 9 h. 30, on apprenait que 1.500 cavaliers environ s'étaient montrés vers Saint-Martin, au nord-ouest de Jemeppe; une forte colonne d'artillerie marchait de Saint-Martin sur Velaine et la cote 183, vers Jemeppe. Puis de l'infanterie descendait vers la rivière par Gembloux, Corroy-le-Château, marchant sur Fleurus. Une heure après Spy et Temploux étaient encore inoccupés, mais on savait à l'ouest Tongrinne et Fleurus encombrés de troupes. Avec l'exagération habituelle, les gens du pays parlaient de cent mille hommes en marche sur Charleroi (2).

Vers 10 heures, deux pelotons de uhlans et une centaine de cyclistes attaquaient sans succès le pont de Tamines. Celui d'Auvelais étant également menacé, le général Bonnier croyait devoir renforcer par un nouveau bataillon du 70e celui qui gardait ce pont. Ainsi se manifestait, dès le premier moment, une tendance qui allait nous coû-

Mornimont et de Ham; les 5e et 6e sur la hauteur d'Arsimont; puis le 1er bataillon remplace la 8e compagnie dans la boucle de Ham et le 2e bataillon est envoyé à Franière et Demange, le tout dès le 20 août. Le château de Taravisée est au sud de Mornimont.

(1) Docteur Veaux, *En suivant nos soldats de l'Ouest*, p. 36.

(2) Hanotaux, V, p. 265.

ter des pertes inutiles. Nous allions consacrer à la défense des ponts de la Sambre une proportion excessive de nos forces, sans en conserver suffisamment pour les hauteurs au sud, beaucoup plus intéressantes.

Les prisonniers signalaient la présence de cinq régiments de cavalerie, dont deux de la garde, trois régiments d'infanterie, un bataillon de chasseurs, deux régiments d'artillerie. Plusieurs batteries s'installaient bientôt sur la hauteur du Bois-du-Curé et canonnaient les fonds de la Sambre. Puis, à 12 h. 45, l'infanterie de la garde tentait une attaque sur le pont d'Auvelais. Ce village et Tamines, dans la boucle aval de la rivière, devenant de véritables nids à projectiles, le colonel du 70e jugeait nécessaire de reporter la défense en arrière, tout en continuant à garder le pont.

A 14 h. 30, une troisième attaque, opérée en forces, emportait ce passage et le 70e se repliait au sud.

Le pont de Tamines avait été inutilement attaqué; de même celui de Ham restait aux mains du 10e corps. Toute cette région était violemment bombardée. Le général Defforges, qui avait établi son poste de combat à Mettet, prescrivait à la 20e division (général Boë) de soutenir la 19e. Toutes deux auraient à défendre les pentes au sud de la Sambre (1).

A ce moment, le 3e corps faisait connaître qu'il avait devant lui de la cavalerie, mais que, néanmoins, une brigade était prête à tendre la main au 10e corps vers Gerpinnes et Acoz, au sud de Châtelet.

Les Allemands avaient passé la Sambre à Auvelais et débordaient le 70e (2) à l'ouest. Il se repliait sur Arsimont.

(1) Hanotaux, V, p. 265.
(2) 38e brigade; 71e, 37e brigade.

On croyait devoir lancer le 71° à son aide (16 h. 30), avec mission de refouler « coûte que coûte » l'ennemi au nord de la rivière. Il était trop tôt pour une contre-attaque fructueuse et, en outre, la liaison était insuffisante entre l'infanterie et nos batteries. Cette attaque, prononcée à la chute du jour, échoua. Le 71°, ne pouvant pénétrer dans Auvelais, où l'ennemi s'était retranché, chercha inutilement à tourner ce village. La nuit était venue. On se retira sur Arsimont et Aisemont. Ce régiment avait eu 16 officiers et 560 hommes hors de combat.

A la droite du 10° corps, il ne se produisait aucun incident; la gauche ennemie paraissait ne pas dépasser Arsimont. A sa gauche, la cavalerie du corps d'armée avait eu l'ordre de se porter vers Le Roux pour maintenir la liaison avec le 3°. Un malentendu (1) survint, et un vide se produisit entre les deux corps, dont le front, comme celui de l'armée en général, était extrêmement étendu.

Après 18 heures, la 20° division se massait vers Presles, Aiseau, dans l'intention de s'engager vers Falisolle, Aisemont, c'est-à-dire vers l'est, mais ces troupes arrivaient fatiguées par une marche pénible et, d'ailleurs, la journée s'avançait. A la nuit, une brigade fut portée en échelon derrière la 19° division et à sa gauche; une autre demeura en réserve générale.

Sur les entrefaites, le 1er bataillon du 41° se voyait attaqué dans la boucle de Ham. Le pont de la Sambre, situé au sommet nord de cette courbe, était gardé par une compagnie. Les trois autres restaient en réserve au sud, dans la direction du village qui est à la naissance de la boucle. L'attaque ne venait pas du nord, mais bien de l'ouest, vers Auvelais. L'ennemi utilisait une passerelle imparfai-

(1) Signalé par M. Hanotaux, V, p. 266, sans autre précision.

tement détruite à côté du pont du chemin de fer, en sorte qu'une petite fraction parvenait à se maintenir sur la rive droite de la Sambre (1), compromettant la possession du pont de Ham.

L'échec de la contre-attaque du 71e amenait la retraite des troupes à l'ouest de cette boucle. Vers 21 h. 15, les Allemands prenaient Arsimont et la 19e division organisait une position de repli au sud, sur le front Aisemont, Cortil-Mozet.

Ainsi, une moitié du 10e corps, fortement engagée, avait déjà subi des pertes marquées. Le commandant de l'armée prescrivait au 1er corps, resté indemne jusqu'alors, d'occuper Sart-Saint-Laurent pour le soutenir. Le 3e corps dut également appuyer le 10e vers Presles (2). Mais cette dernière disposition apparut bientôt d'une réalisation impossible.

III

Vers 22 heures, le 3e corps faisait savoir que la 5e division, général Verrier, avait perdu Roselies; la 38e brigade (division Bonnier) rendait compte qu'en raison des pertes subies elle renonçait à défendre Aisemont et se repliait sur Cortil-Mozet, ce qui rendait plus dangereux encore le vide survenu entre les deux corps d'armée.

Les données publiées jusqu'ici concernant le 3e corps ne permettent pas de décrire exactement son rôle le 21 août. D'après M. Hanotaux (3), les instructions qu'il avait reçues étaient complexes : il devait « se tenir prêt à l'offensive; être en mesure de s'opposer éventuellement à un

(1) Docteur Veaux, *En suivant nos soldats de l'Ouest*, p. 48.
(2) Hanotaux, V, p. 268.
(3) V, p. 269.

débouché des forces ennemies au sud de la Sambre; se préparer à appuyer et à flanquer le 10e corps à sa droite et le 18e corps à sa gauche; veiller à arrêter les incursions de la cavalerie ennemie sur les ponts de la Sambre ». En outre, ces instructions étaient accompagnées, dit-on, « de la défense formelle d'aller dans les fonds de la Sambre autrement que par des détachements chargés d'empêcher les éclaireurs ennemis de la passer ».

Puis, vers la fin du jour, à 17 h. 25, le général Lanrezac aurait prescrit « de tenir les ponts par des postes et de les renforcer dès que l'ordre d'offensive entre Namur et Nivelles serait donné » (1). Si ce qui précède est exact, on conçoit que la tâche du 3e corps n'en ait pas été facilitée.

Le 21 août, l'ennemi attaquait plus près de Charleroi qu'on ne l'avait prévu. Dès le 20, dans l'après-midi, l'approche des Allemands avait été signalée par les habitants : il s'agissait de cavalerie allant vers la Sambre, d'une colonne de toutes armes marchant de Huy sur Wavre, avec une grosse flanc-garde sur le chemin de Beuzet à Tongrinne, le tout semblant se diriger au sud-ouest.

Vers le milieu du jour, le 21, un changement parut se produire. L'ennemi faisait face à gauche, pour descendre vers la Sambre. A 15 heures environ, des cavaliers suivis d'infanterie (Xe corps) furent signalés marchant de Campinaire (2) et de Gilly vers Pont-de-Loup. Un bataillon de chasseurs attaqua sans succès ce dernier centre. Dans la banlieue de Charleroi notre 75 n'avait pas de vues; ses obus étaient de peu d'effet sur les maisons, les murs en briques. Les ponts laissés intacts en vue de notre offensive

(1) Hanotaux, V, p. 269.
(2) Route de Fleurus à Charleroi.

n'étaient gardés que par de faibles fractions. Enfin la Sambre est à peine un obstacle dans cette région (1).

Il en résulta que l'ennemi s'infiltra rapidement au sud de la rivière. A 19 h. 30, il emportait le pont de Roselies, prenait pied à Tamines, puis même à Aiseau que défendait le 74e. Par Farciennes, il gagnait Châtelet. Les fractions de nos troupes qui gardaient Pont-de-Loup étaient tournées entièrement, mais elles avaient été renforcées d'un bataillon du 129e et se maintenaient, bien que fort exposées.

En même temps, un bataillon du 74e avait ordre de reprendre Roselies, attaque qui s'opérait en pleine nuit. Aiseau était réoccupé à minuit. Une première tentative sur Roselies, échouait; une seconde, avec quatre bataillons frais, réussissait un instant, pour aboutir à un repli général. Le moral de nos troupes avait à souffrir de ces échecs répétés, joints à de dures fatigues. Le bruit courait parmi elles de la capitulation de Namur, ce qui, bien qu'encore inexact, contribuait à leur abattement (2).

A l'ouest de Charleroi, les Allemands entraient à peu près à la même heure (15 h. 30) en lutte avec le corps Sordet. Vers 17 h. 15, la 11e brigade d'infanterie, général Hollender, recevait l'ordre de se porter en soutien de cette cavalerie (3).

Transportée en autobus, elle atteignait, vers 22 heures, le front Fontaine-l'Evêque, Anderlues, les Trieux (4). Ce

(1) Hanotaux, V, p. 270.

(2) A la nuit, la 5e division tenait les faubourgs à l'est de Charleroi jusqu'à Aiseau; la 6e division, général Bloch, était en arrière, vers Villers-Poteries; la 38e, général Muteau, bivouaquait vers Somzée, au sud ouest. La quartier général du 3e corps était à Walcourt, à près de 18 kilomètres à vol d'oiseau de Châtelet.

(3) M. Hanotaux, V, p. 274, écrit même *en couverture*.

(4) Sur la route de Binche à Charleroi.

fut pour y subir de violentes attaques du VIIe corps, avec de fortes pertes.

Dans l'après-midi, la 3e division de cavalerie s'était portée sur le front Trazegnies, Chapelle-les-Herlaimont, face au nord. La 1re division détachait la 5e brigade de dragons au nord de Courcelles, en soutien. Finalement, la retraite de la 3e division sur Carnières, vers l'ouest, obligeait la gauche de la 1re à se replier sur Piéton, où était restée en réserve la 2e brigade de cuirassiers. A minuit, la brigade Hollender relevait la 1re division sur le front qu'elle tenait encore et le corps Sordet se portait, par une longue marche de nuit, dans la région de Solre-sur-Sambre. Il faisait « un froid glacial » (1).

Ainsi Charleroi était fortement menacé à l'ouest et les têtes du groupe Valabrègue (69e division) commençaient seulement à quitter la région de Vervins pour se porter vers Beaumont, Cousolre.

Enfin, le 18e corps, venu de l'Est, débarquait du 18 au 20, mais n'entrait en ligne que le 21. Encore son quartier général était-il à Beaumont, et son avant-garde à Thuin. Il put néanmoins organiser défensivement le front Thuin, Gozée, Ham-sur-Heure, le 10e hussards et de l'infanterie gardant les ponts de la Sambre entre Thuin et Marchiennes-au-Pont.

Plus à l'ouest, l'armée britannique était encore vers Saint-Aubin, Saint-Hilaire, Landrecies.

Dès le 20 août, de la cavalerie allemande avait paru vers Fontaine-l'Evêque. Une patrouille entrée dans Charleroi, où elle était prise, était commandée par un officier qui y avait dirigé sept ans une usine; il y avait encore sa femme et son enfant, détail qui en dit long sur la

(1) V. *supra*, p. 63.

pénétration des Allemands en Belgique avant la guerre. Dans la nuit du 21 au 22 août, les premiers obus tombaient sur la gare (1). Tout donnait à penser que la journée suivante ne se passerait pas sans une attaque dans cette direction.

En somme, les événements du 21 août apportaient déjà un sensible dérangement aux projets du général Lanrezac et du commandant en chef. Notre préparation de l'offensive était interrompue par des attaques allemandes, encore sur un front restreint, mais dont il fallait prévoir l'extension. Si le 1er corps, une partie des 10e et 3e, le 18e n'avaient pas été engagés, deux divisions des 10e et 3e avaient souffert et, dans leur secteur, nous avions perdu les hauteurs au sud de la Sambre.

Le général Lanrezac n'en jugeait pas moins nécessaire de procéder à l'offensive prescrite. Le 1er corps, renforcé de la brigade Mangin (2e corps) et le 10e corps avec la 37e division (Comby) (2) attaqueraient énergiquement à l'ouest de Namur, dans une région où le terrain est relativement découvert et où l'on serait appuyé, pensait le général, du canon de la position retranchée.

Les 3e et 18e corps, renforcés par les deux divisions de réserve du général Valabrègue, maintiendraient l'ennemi sur le front Ham-sur-Sambre, Fontaine-l'Evêque et assureraient la liaison avec l'armée britannique. Nous comptions ainsi arrêter et refouler Bülow, dont l'intention, croyait-on chez nous, était simplement de couper la 5e armée de Namur (3). Si telle était l'idée de notre haut

(1) Fleury-Lamure, *op. cit.*, p. 41 et suiv.

(2) Cette division paraît avoir été le 21 en réserve, à la disposition du commandant de l'armée.

(3) Hanotaux, V. p. 269. Cet ordre est daté de Chimay, le 21 août à 16 heures (*ibid.*, p. 276).

commandement, il semble qu'il n'ait pas encore apprécié à sa valeur la manœuvre allemande en Belgique.

Avant de prendre cette décision, le général Lanrezac avait jugé opportun de demander (21 août) au grand quartier général à quelle date l'armée devrait passer la Sambre. Il faisait remarquer que la passer le 22 reviendrait à combattre isolément, sans l'intervention des Anglais. Pour agir en liaison avec eux, il faudrait attendre au moins le 24. La réponse fut, dit-on, que le commandant de la 5e armée restait absolument libre de sa décision (1). Peut-être, au contraire, la fixation de cette date rentrait-elle dans les attributions essentielles du général en chef, qui, seul, possédait toutes les données voulues pour coordonner l'action de nos armées et des forces britanniques.

---

(1) D'après M. Hanotaux, V, p. 276, cette réponse serait datée de 19 heures, ce qui indiquerait que les ordres pour le 22 avaient été envoyés sans l'attendre.

CHAPITRE XV

LA JOURNÉE DU 22 AOUT

Le 1er corps et la division Boutegourd. — Le 10e corps. — Echecs des divisions Boë et Bonnier. — Attaque allemande. — Retraite du 10e corps. — Le 3e corps. — Contre-attaque de Châtelet. — Retraite du 3e corps. — Le corps de cavalerie. — Le 18e corps. — Le groupe Valabrègue. — L'armée britannique. — Résultats du 22 août. — Dispositions pour le 23.

I

En ce qui concerne le 1er corps, les prévisions du général Lanrezac paraissent avoir été démenties. La division Boutegourd n'arriva que le soir du 22 et la relève du 1er corps ne put avoir lieu qu'à ce moment. Il en résulta que ce corps d'armée ne joua aucun rôle actif dans la journée. La 2e brigade continua simplement d'occuper Sart-Saint-Laurent, qui fut organisé pour la défense, et de tenir les ponts de Floreffe et de Floriffoux, en liaison avec Namur.

Au 10e corps, des fractions du 41e avaient continué d'occuper Ham, dans la nuit du 21 au 22. Le matin, on rassembla le régiment au nord de Fosse, où se préparait une attaque générale sur Arsimont (1).

Dans la nuit (1 h. 45), le général Defforges avait donné les ordres suivants : Au point du jour, la division Bonnier

---

(1) C'est ce qui résulte du témoignage concordant du docteur Veaux, *En suivant nos soldats de l'Ouest*, p. 53, et de C. Le Goffic, *Un peintre soldat : le sous-lieutenant Julien Lemordant*, *Revue Hebdomadaire*, 28 avril 1917, p. 459 et suiv.

attaquerait dans la direction Arsimont, Auvelais, son artillerie étant groupée vers Cortil-Mozet.

La division Boë marcherait sur Tamines, à gauche de la précédente; elle aurait son artillerie au nord de Le Roux. La mise en mouvement aurait lieu dès 3 h. 30.

La division Comby soutiendrait vers Fosse la division Bonnier (1).

A la gauche du 10ᵉ corps, on apprenait de grand matin que la contre-attaque du 3ᵉ sur Roselies avait échoué. A 5 h. 50, la division Boë entamait l'attaque sur Falisolle, en liaison avec le 3ᵉ corps vers Aiseau. Les fonds de la Sambre étaient encore voilés par la brume matinale, en sorte que l'artillerie ne croyait pas pouvoir soutenir cette attaque. Il semble pourtant que, si le tir avait été repéré la veille, comme il était possible, le brouillard n'aurait pas empêché de tirer.

L'attaque était opérée par les 25ᵉ et 136ᵉ régiments, qui progressaient lentement; le 47ᵉ essayait de déboucher en face des lisières de boqueteaux fortement occupés; il était arrêté par un feu violent.

Vers 9 heures, les fractions des 74ᵉ et 129ᵉ (3ᵉ corps), qui avaient occupé les premières maisons de Roselies, étaient refoulées par le Xᵉ corps. La 20ᵉ division suivait ce mouvement de repli; nous gardions cependant Falisolle et Aiseau.

La division Bonnier avait reçu pour objectif Arsimont. Elle se rassembla de grand matin à cheval sur la route de Fosse à Tamines, dans une dépression. L'attaque n'était déclenchée que vers 8 h. 30, sans doute à cause de la brume. Elle était amorcée par le 71ᵉ, suivi du 2ᵉ bataillon du 41ᵉ, dont une compagnie, la 5ᵉ, réoccupait Ham.

(1) Hanotaux, V, p. 276.

Nos tirailleurs descendaient les pentes douces vers Arsimont, qu'ils réoccupaient sans préparation sérieuse d'artillerie. Mais la résistance ennemie devenait plus vive et, vers 11 heures, l'artillerie et les mitrailleuses ouvraient un feu si violent que nos troupes se repliaient sur le bois de Ham, puis vers Fosse. Le village de Ham était également évacué par la compagnie du 41ᵉ. Notre artillerie avait peine à lutter, en raison de l'observation incessante d'avions allemands, qui réglaient le tir de leurs batteries. Aucun des nôtres ne se montrait (1).

Sur la demande du général Bonnier, la division Comby engageait le 3ᵉ zouaves, sans plus de succès. Il était ramené avec de fortes pertes.

Ainsi nos attaques s'étaient brisées à la résistance rencontrée dans les fonds de la Sambre, comme il était à prévoir (2).

Le mouvement de repli du 10ᵉ corps commença vers 11 heures. La division Boë se replia vers le sud, sous la protection de son artillerie restée vers Le Roux. La division Bonnier, à droite, prenait pour objectif de retraite les hauteurs de Cortil-Mozet. La division Comby opérait une

---

(1) Docteur Veaux, *En suivant nos soldats de l'Ouest*, p. 55; Ch. Le Goffic, *Un peintre soldat*, *loc. cit.*, p. 460; Hanotaux, V, p. 278. D'après le docteur Veaux, le 41ᵉ aurait perdu 340 hommes aux combats de Ham et de Fosse, dont 280 blessés et 60 tués ou disparus.

(2) D'après M. Hanotaux, V, p. 278, qui reproduit une appréciation des plus autorisées (celle du général de Lanrezac ?) la division Boë aurait attaqué contre les intentions du commandant de l'armée, abandonnant les positions de Fosse, Vitrival, Le Roux qui lui avaient été confiées et dont elle avait à peine ébauché la défense. Nos troupes, impatientes de l'offensive, répugnaient aux travaux défensifs. Le général Lanrezac aurait fait remarquer au général Defforges qu'il ne fallait pas s'engager dans les fonds de la Sambre. La réponse aurait été : « La division Boë m'a échappé ! » Cette version est contredite par l'analyse que donne M. Hanotaux, V, p. 269, des ordres pour le 22. Ils attribuent, en effet, un rôle nettement offensif aux 1ᵉʳ et 10ᵉ corps, un rôle défensif aux 3ᵉ et 18ᵉ.

brillante contre-attaque, avec quatre bataillons de tirailleurs, pour dégager les bataillons bretons. Cette offensive, dirigée sur Arsimont, échoua encore et la retraite devint générale (1).

Vers 13 heures, après une puissante préparation d'artillerie, les Allemands prononçaient une première attaque vers la ferme de Belle-Motte. Un groupe d'artillerie de la division Boë les rejetait sous bois. Une heure après, nouvelle attaque suivant une seconde préparation dans la même région. Le général Boë, blessé, était remplacé par le général Ménissier (39e brigade). L'ennemi, arrêté pendant une heure environ par nos feux, finissait par déboucher des bois. La division était débordée à l'est et à l'ouest, par les ruisseaux de Presles et de Falisolle; elle se retirait sur Sart-Eustache.

Au même instant, le 3e corps faisait savoir qu'il se repliait sur Presles, Champs-Borniaux (2), où il était violemment attaqué.

Heureusement, l'infanterie allemande montrait peu de mordant et l'artillerie surtout agissait. La division Bonnier se repliait sans désordre sur Fosse et Vitrival; les éléments de la 38e brigade restés à Arsimont couvraient cette retraite, puis se retiraient à leur tour. A 19 heures, avait lieu un nouveau recul, très pénible; la division était à cheval sur la route de Fosse à Saint-Gérard, le 71e en avant sur la croupe au sud de Vitrival. Quant à la division Ménissier, elle gagnait la ligne Devant-les-Bois, Gougnies et même, durant la nuit, celle de Biesme, Séry-devant-Mettet.

Ce combat incohérent coûtait au 11e corps de lourdes

(1) Hanotaux, V, p. 279-280.
(2) Hameau à l'est de Presles.

pertes. Le 48ᵉ, par exemple, avait perdu son colonel et deux chefs de bataillon. Malgré tout, la retraite s'opérait sans trop de désordre. Un témoin montre la route de Fosse à Saint-Gérard encombrée de troupes de toutes armes, les voitures au milieu, l'infanterie cheminant dans les fossés. Aucun bruit, aucun cri; pas trace de précipitation ou de panique. Les compagnies se reconstituaient en marchant, petit à petit; l'artillerie conservait toute sa cohésion (1).

Même au contact immédiat de l'ennemi, il suffit d'un noyau pour organiser rapidement un centre de résistance. Quand, dans l'après-midi, le 41ᵉ se replie sur Fosse, les routes sont déjà couvertes de fractions et d'isolés, le tout confondu en une masse informe. Des hommes ont jeté leurs armes, des compagnies n'ont plus d'officiers.

Le sergent-major Lemordant, du 41ᵉ, se place en travers de la route avec les débris de sa section et arrête une centaine d'isolés de toutes sortes, fantassins, zouaves et tirailleurs. Il les reporte en avant jusqu'à un chemin creux qu'il organise rapidement, et il tient ainsi toute l'après-midi, dirigeant sur l'ennemi une fusillade assez vive pour l'inquiéter. Il ralentit la poursuite, au point que les Allemands n'entrent dans Fosse que vers 20 heures, non sans que le brave Lemordant esquisse, vers 21 heures, une contre-attaque (2).

---

(1) Docteur Veaux. *En suivant nos soldats de l'Ouest*, p. 67.

(2) Le Goffic, *Un peintre soldat*, p. 460-461. Cf. Hanotaux, V, p. 280-281 : un témoin à Fosse, puis à Mettet, mentionne de l'encombrement, de l'inquiétude. On a le sentiment d'une défaite, mais il n'y a pas de désordre et le moral est bon. « Nous avons été engagés sans méthode, sans idée générale, les uns après les autres ».

II

Au 3e corps, dans la matinée du 22, la division Verrier tenait le front parc nord de Presles, cote 70, croupe nord de Champs-Borniaux, Loverval. De petites fractions gardaient encore les ponts de la Sambre, mais elles avaient ordre de se replier sur la division en cas d'attaque. A gauche, la 6e division (Bloch) tenait, immédiatement au sud de Charleroi, la croupe des Hayes, la cote 178 et le terrain au nord du château de Bommérée. Cette position masquée par les habitations, les murs, les obstacles de tout genre qui hérissent la banlieue de ce centre industriel et minier, ne possédaient que peu de vues et ses approches étaient faciles. Dès 9 h. 45, l'ennemi s'emparait de la cote 170 et de Bouffioulx, au sud de Châtelet; la 9e brigade reculait, puis la 10e. La 6e division, réduite à une brigade par l'envoi de la brigade Hollender en soutien du corps Sordet, recevait l'ordre de soutenir la 5e et nous renouvelions des tentatives obstinées (1) pour refouler l'ennemi vers la Sambre. La 38e division intervenait à son tour. La 75e brigade, général Schwartz, avait ordre de prononcer une attaque de Binche sur Châtelet. En même temps, un bataillon du 39e attaquait la cote 170 à l'est de Bouffioulx et un bataillon du 36e marchait vers Châtelet, à l'ouest.

La brigade Schwartz comprenait les 1er zouaves et 1er tirailleurs. D'après un témoin, l'attaque sur Châtelet fut déclenchée avant que l'artillerie eût produit un effet suffisant. L'élan de ces troupes fut admirable, mais elles se heurtaient à un ennemi embusqué derrière des barricades et des murailles, dans des maisons. Il ouvrit sur

(1) Hanotaux, V, p. 281.

elles un feu de mitrailleuse et de fusil à très courte portée. Les pertes furent terribles : le 1er tirailleurs perdit 70 % de son effectif, trente officiers dont deux chefs de bataillon tués; les pertes du 1er zouaves furent un peu moins fortes. Les survivants de cette malheureuse attaque hésitèrent, puis refluèrent en désordre. Le choc n'avait pas duré un quart d'heure, dit-on (1). Les restes de la brigade Schwartz furent recueillis par une fraction de la brigade Bertin, du 3e corps.

Vers 13 heures, on se résignait à l'abandon des approches de Charleroi. La 75e brigade, la 6e division et l'artillerie disponible avaient ordre de se reporter sur la ligne Presles, Binche (2), de façon à contenir l'ennemi au débouché de Châtelet. A l'est, le 10e corps faisait inutilement appel à l'appui du 3e; il était forcé de reculer, ce qui entraînait la retraite de son voisin.

A 16 h. 45, nouveau repli de la 6e division sur la ligne Tarcienne, La Prêle, Claquedent, la 5e étant à cheval sur la route Hanzinne, Hanzinelle, à l'est. Déjà on était à plus de dix kilomètres de la Sambre. La liaison était toutefois maintenue avec le 10e corps vers Mettet, bien que ce dernier eût ses arrière-gardes beaucoup plus au nord, vers Sery et même Vitrival.

Les Allemands témoignaient de peu de mordant, au point qu'ils ne débouchaient pas tout d'abord de Châtelet, laissant à nos troupes le temps de se dégager. D'après M. Hanotaux (3), il n'y avait parmi elles aucun affolement, aucune démoralisation. Elles jugeaient que c'était une partie à reprendre et se repliaient sur Somezée dans

(1) Hanotaux, V, p. 282.
(2) Hameau à l'ouest de Presles. La ville de Binche est à l'ouest.
(3) V, p. 282.

un ordre suffisant, sans être atteintes par un obus allemand.

Le soir, le 3e corps avait son quartier général à Chastres, au nord-est de Walcourt; la 6e division était à Nalinnes, la 38e vers la cote 242 au sud-est, la 5e vers Tarcienne, Hanzinelle. L'ennemi ne tentait aucune poursuite et le calme était complet dès 1 h. 30 du matin.

III

A la gauche du 3e corps, le corps de cavalerie, arrivé le matin, vers 10 heures, dans la région de Solre-sur-Sambre, était alerté dans l'après-midi. La 1re division allait organiser la défense des ponts de la Sambre entre Fontaine-Valmont et Jeumont, en préparant leur destruction. La 3e division était à sa droite, vers Merbes-Sainte-Marie, tenant également les passages de la rivière. Elle avait livré combat à Anderlues, avec la brigade Hollender, pour ralentir les progrès de l'ennemi.

La marche de la nuit du 21 au 22 avait été une nouvelle épreuve pour ces beaux escadrons :

« Et c'est encore une marche de nuit, écrit un témoin, comme la veille, aussi longue, aussi heurtée, aussi fatigante. On dort debout.... Ce sont des à-coups formidables et incessants. Quand on est pied à terre, les hommes s'affalent, s'accroupissent, s'allongent, se pelotonnent entre les jambes de leurs chevaux, sur la route. Les officiers, privilégiés, ont les seuils des portes. Le général de brigade dort debout, les coudes appuyés sur une fenêtre, la tête dans ses mains. Pas un bruit, pas un souffle » (1).

Au 18e corps, la 36e division occupait le front Ham-

(1) Ouy-Verzanobres, p. 24.

sur-Heure, Gozée, Thuin, au sud-ouest de Charleroi; elle gardait les ponts de la Sambre entre Thuin et Marchiennes-au-Pont. Lorsque le 3ᵉ corps fléchissait, le corps d'armée portait de l'artillerie vers Thuillies, d'où elle canonnait l'ennemi débouchant sur Jamioulx et Nalinnes.

A 19 heures, le 18ᵉ corps recevait ordre de mettre à la disposition du 3ᵉ la 69ᵉ brigade qui, des environs de Beaumont, allait vers Nalinnes. Dans la soirée, la 36ᵉ division et le 10ᵉ hussards continuaient de tenir le front de Ham-sur-Sambre à Thuin; la 35ᵉ division avait une brigade (70ᵉ) vers Montignies-Saint-Christophe, Thirimont, tenant les ponts de Merbes-le-Château et de Fontaine-Valmont; l'autre brigade (69ᵉ) était à Nalinnes.

Ainsi le 18ᵉ corps était au sud de la Sambre, de Thuin à Nalinnes, au lieu d'être vers Fontaine-l'Evêque ou Binche, sur la route de Charleroi à Mons, comme y comptait le général Lanrezac (1). De ce fait, il allait se produire un vide entre la 5ᵉ armée et les troupes britanniques. La brigade Hollender était restée au nord de la Sambre jusqu'au soir du 22; elle reçut l'ordre de se replier sur Lobbes, en amont de Thuin, où elle fut recueillie par le 18ᵉ corps à la disposition duquel on la mit. Elle avait beaucoup souffert dans sa courte mission en soutien du corps Sordet.

Le général Valabrègue avait encore son quartier général à Avesnes. Le 21 au soir, la 69ᵉ division avait commencé son mouvement sur Beaumont, Cousolre. Le 22, à 21 heures seulement, le groupe reçut du général Lanrezac l'ordre de se porter sur la Sambre, de façon à placer sa gauche sous le canon de Maubeuge et sa droite sur la

(1) Hanotaux, V, p. 286. Les ponts de Merbes-le-Château et de Fontaine-Valmont étaient également tenus par la 1ʳᵉ division de cavalerie.

route de Solre-sur-Sambre à Beaumont. Il n'atteignit que le 23, après une marche pénible, le front de Jeumont à Montignies-Saint-Christophe. Au sujet de ce mouvement, voici ce qu'écrit un témoin à la date du 22 août · « ...Un immense convoi d'émigrants s'avance en sens inverse de notre marche. La file s'arrête, se range à gauche, et nous passons devant les grands chariots de bois où sont entassées les familles. Ils sont éclairés par une lampe Davy et bondés de meubles, de matelas, de couvertures, d'édredons. On voit ça et là émerger des têtes d'enfants ou de vieillards qui dorment sur ces couches imprévues. Plus lamentable encore le défilé de ceux qui vont à pied. Les enfants sont accrochés au cou de leurs pères ou suspendus dans le dos de leurs mères, et les plus petits, transis par le froid de la nuit, pleurent ou geignent. Des garçons de 10 à 12 ans portent sous le bras ou sur le dos d'énormes ballots d'effets, une petite fille de 12 ans pousse devant elle une voiture d'enfant pleine de bibelots et de livres... » (1).

Enfin, le 22 août, l'armée britannique était encore sous Maubeuge, où le 1er corps avait son quartier général. Elle se mettait en liaison avec le 18e corps vers Merbes-le-Château.

La journée du 22 marquait une offensive de l'ennemi, au lieu de celle que nous avions projetée. Elle constituait par cela même un échec stratégique, puisqu'elle modifiait nécessairement nos projets. Au point de vue tactique, notre échec n'était pas moins net, bien que la défaite n'eût rien de décisif. Deux de nos corps d'armée seulement avait été engagés, les 3e et 10e, mais ils avaient

(1) Pierre Audiat, *De Lorraine en Belgique, Carnet de route d'un combattant, Lectures pour tous*, 26 décembre 1914.

subi de grosses pertes et le commandement s'y était révélé très médiocre.

Leur échec était dû surtout à l'artillerie allemande, qui avait prodigué les munitions, alors que, trop souvent, nous les ménagions avec excès. Grâce au concours actif des avions, elle avait, en dépit d'un médiocre réglage, obtenu des effets matériels sérieux et un très grand effet moral, mentionné par les témoins (1).

Quant à l'infanterie ennemie, elle avait su se dissimuler habilement, profiter pour cheminer de la configuration du terrain, mais elle avait fait preuve de peu de mordant.

La IIe armée, général von Bülow, attaquait la ligne de la Sambre, le VIIe corps marchant sur Péronne-lez-Binche et Haine-Saint-Pierre à l'est de Mons, puis se portant par Binche sur la Buissière et, par Anderlues et Lobbes, sur Thuin.

Le Xe corps et le Xe corps de réserve avaient ordre d'attaquer notre centre et Charleroi. Le second marcha sur cette ville et sur Montignies-sur-Sambre; le premier, par Fleurus, sur Farciennes et Tamines. Enfin, à l'est, la garde prussienne dut forcer le passage à Auvelais.

Quoi qu'on en ai dit (2), il ne semble pas que l'ennemi ait mis en ligne des forces supérieures aux nôtres. Notre échec était dû à nous-mêmes plutôt qu'à lui. Le commandant de la 5e armée estimait qu'elle avait été ébranlée, mais non dissociée, qu'elle avait porté et reçu des coups très rudes, mais qu'elle pouvait se reprendre et exécuter des contre-attaques. A ses yeux, les 1er, 3e et 10e corps

(1) Hanotaux, V, p. 288. Cf. docteur Veaux, *En suivant nos soldats de l'Ouest*, p. 43.

(2) Hanotaux, V, p. 289, d'après un critique autorisé (général Lanrezac ?)

pourraient garder le 23 leurs positions du soir du 22. On rapprocherait le 18e corps du 3e pour faire place aux divisions Valabrègue, entre Recquignies et Solre-sur-Sambre. On appuierait fortement le 10e corps, qui avait été le plus éprouvé, et l'on attendrait ainsi l'intervention des divisions de réserve et de l'armée britannique.

CHAPITRE XVI

JOURNÉE DU 23 AOUT

Le 1er corps. — L'ennemi force le passage de la Meuse. — Le 10e corps. — Engagement du 1er corps vers la Meuse. — Sac de Dinant par les Allemands. — Le 3e corps. — Retraite. — Le 18e corps. — Combats. — Retraite. — Le corps Sordet. — Le groupe Valabrègue.

I

Au 1er corps, dans l'après-midi du 22 (15 h. 45), on recevait l'ordre de faire sauter les ponts de la Meuse. On détruisait ceux d'Anseremme, de Bouvignes, de Houx; celui de Dinant était conservé, sans qu'on en voie la raison. A minuit 30, la 2e division, général Deligny, quittait les environs de Weillen, à l'ouest de Dinant. Les 33e, 73e, 110e et l'artillerie se rassemblaient vers la ferme de Montigné. La 1re division, général Gallet, était vers Sart-Saint-Laurent, pour soutenir le 10e corps, et la brigade Sauret occupait ce point. Quant au 8e régiment, il était vers Bioul, au nord-ouest de Dinant, avec le colonel Pétain, commandant la 4e brigade, en réserve de corps d'armée.

Le 23 août, vers 9 h. 30, le 1er corps recevait ordre de porter la division Deligny, moins le 8e régiment, sur Saint-Gérard, Maison. Ce mouvement s'opérait en deux colonnes, la 3e brigade marchant au nord, le 110e et l'artillerie au sud. A Graux, la division opérait sa liaison avec la brigade Blancq de la division Comby, qui avait là trois bataillons de zouaves et deux de tirailleurs. Après une sérieuse préparation d'artillerie, le général Deligny allait ordonner l'attaque, quand il recevait l'ordre de garder la défensive, sans dépasser à l'ouest Cottaprez, la ferme Tayot et la cote 270. Déjà la division Gallet s'était engagée à Saint-Gérard, mais son offensive s'arrêtait également (1).

C'est que de fâcheuses nouvelles étaient survenues. On avait appris l'abandon de Namur par sa garnison, les échecs de la division Boutegourd sur la Meuse, vers Dinant, Hastière. On savait les Allemands à l'ouest du fleuve au nord et au sud de Dinant, sans qu'on connût d'une façon précise à quelle formation ils appartenaient. En réalité, il s'agissait de la droite de l'armée Hausen, XIIe corps, tandis que la gauche, XIXe, était à l'est de la Meuse, vers Bourseigne-Neuve, face à la gauche de notre 4e armée.

Dans la nuit du 22 au 23 août, le 10e corps avait reçu du général Lanrezac l'ordre de prendre ses dispositions en vue de réparer les événements du 22. On avait donc commencé à rallier les trois divisions, ainsi que l'artillerie de corps et la brigade provisoire de cavalerie. La division Comby pouvait combattre immédiatement, les divisions Bonnier et Ménissier étaient moins désorganisées qu'on ne l'avait craint. La brigade de cavalerie, après avoir couvert la retraite, avait bivouaqué près de Saint-Gérard. Le poste de commandement du général Defforges était à Stave.

Dans la matinée du 23, il crut devoir prescrire un nouveau repli sur la ligne Hermeton-sur-Biert, Furnaux (division Bonnier); Séry, Devant-les-Bois (division Ménissier); Graux, Mettet, Wagnée (division Comby). Pourtant la nuit s'était passée sans incident.

(1) Hanotaux, V, p. 292.

Vers 10 heures, l'ennemi ouvrait une violente canonnade sur les troupes d'Afrique, qui répondaient de leur mieux. A 12 h. 30, le canon allemand se taisait subitement. Cet arrêt était dû au déploiement vers l'est des deux divisions du 1er corps, apparaissant ainsi dans le flanc gauche de la garde prussienne venue de Fosse (2e division). Nous avions évidemment la possibilité d'un succès local qui n'eût pas été sans importance. Mais comme nous l'avons vu, le 1er corps n'attaquait pas; il jugeait même indispensable de retourner vers la Meuse pour parer au péril le plus pressant (1).

A 14 heures, les Allemands reprenaient l'attaque de Wagnée. Les divisions Ménissier et Comby supportaient le choc et il s'ensuivait un combat très confus entre Wagnée, Oret et le bois de la Gatte. Les 25e et 136e régiments, le 3e zouaves avaient l'occasion d'opérer de brillantes contre-attaques.

A la fin du jour, la division Ménissier gardait ses positions au sud de Wagnée, Graux, Mettet; la division Bonnier bivouaquait dans le ravin de Furnaux. Nous gardions ainsi la route de Bioul à Walcourt, importante en cas de repli au sud-ouest. Mais, à 21 heures, la division Bonnier jugeait à propos de se replier au sud du ravin, entre Biesmérée et Stave, exposant ainsi le 1er corps à un danger sérieux.

Il faut bien dire que, pour ces troupes du 10e corps, après leurs échecs des jours précédents, la situation apparaissait fort inquiétante. Le canon retentisssait à l'ouest, au nord, à l'est et même au sud-est. La pensée d'un encerclement était dans tous les esprits. Malgré ces circonstances, la retraite s'opérait avec un ordre relatif et le

---

(1) Hanotaux, V, p. 295.

moral restait solide. Voici un épisode instructif à cet égard :

Entre Flavien et Florennes, le docteur Veaux, du 41e entend brusquement retentir « un chant profond, majestueux. Qu'est-ce donc? Je vois alors dans un pré voisin un prêtre revêtu des ornements sacerdotaux. Un autel a été dressé en plein air; le prêtre officie. Sa voix est magnifique. Elle résonne dans l'air, s'enfle, couvre la voix du canon. De tous côtés, les soldats accourent; en cinq minutes, plus de 1.500 hommes sont réunis autour de lui....

« Après les horreurs que nous avons vues hier et avant-hier, après les incendies, la mort, les blessés, la destruction, le meurtre, il est bon pour tous ces hommes de prier un peu. La messe se termine. Tous les soldats... le revolver au côté ou le fusil en bandoulière, entonnent un cantique. Toute notre âme s'envole dans ce chant qui retentit plus haut que la canonnade.. Tous les yeux sont remplis de larmes; jamais je n'avais connu une émotion semblable... » (1).

II

Quand le général Franchet d'Espérey prenait le parti de ramener le 1er corps vers la Meuse, la division Deligny était déjà engagée et cette rupture de combat n'allait pas sans difficultés. Le colonel Pétain, avec le 8e régiment et l'artillerie de corps, masquait la retraite, pendant que le général Deligny ralliait les 33e, 73e, 110e, son artillerie divisionnaire et se portait d'Hermeton-sur-Biert à Anthée.

---

(1) Docteur Veaux, *En suivant nos soldats de l'Ouest*, *Ouest-Eclair*, 20 janvier 1917. Ce passage n'a pas été reproduit dans la publication en volume. Mais le docteur Veaux, *qui est protestant*, nous en a confirmé la rigoureuse exactitude.

La marche fut pénible sur une route étroite encombrée de voitures, d'habitants en fuite devant la sauvagerie teutonne. La division arriva tardivement à Anthée, sur la route de Dinant à Philippeville, où elle rallia quelques éléments de la division Boutegourd qui s'étaient ressaisis dans la débâcle. Toute la vallée de la Meuse apparaissait jalonnée par les flammes (1).

Le général Franchet d'Espérey s'était porté sur Dinant avec la brigade Mangin, revenue des environs de Namur. Il allait s'y heurter à une fraction de l'armée Hausen.

Le XIIe corps avait, en effet, reçu l'ordre de forcer le passage de la Meuse à Houx (32e division) et à Dinant (23e division). A droite, le XIIe corps de réserve devait s'emparer d'Yvoir; à gauche, le XIXe corps remontait le long de la rive droite, vers Givet et Fumay.

Depuis le 15 août, Dinant n'avait pas été attaqué; le 1er corps avait organisé la rive gauche; le pont était barré par un réseau de fils de fer; le faubourg à l'ouest était fortement occupé, ainsi que la route de Dinant à Onhaye qui le traverse. De même, à Hastière, on avait coupé les routes et les chemins venant de l'est au moyen d'abatis, de barricades, de fils de fer. Deux mitrailleuses battaient le pont, gardé sur la rive droite par deux sections et demie du 348e; sur la rive gauche, la défense d'Hastière était confiée à une compagnie du 208e (2), avec une section de mitrailleuses. Ordre était donné de détruire le pont en cas d'attaque, sans qu'on puisse se rendre compte du motif

---

(1) Hanotaux, V, p. 298. « C'était un merveilleux spectacle de voir, le soir, de Dinant jusqu'à Leffe, tout le long des bords de la Meuse, une mer de flammes illuminer divers châteaux et édifices. Sanglante, cette lueur se reflétait dans la Meuse. Il faisait presque aussi clair qu'en plein jour » (J. de Dampierre, *Carnets de route de combattants allemands*, p. 23).

(2) 208e et 348e, régiments de réserve des 1er et 2e corps.

qui avait empêché sa destruction immédiate, ainsi que celle du pont de Dinant, lorsque le 1er corps détruisit les passages de la Meuse avant d'être relevé par la division Boutegourd.

La 23e division attaqua Dinant par les quatre routes de Lisogne, de Ciney, de Montagne-Saint-Nicolas et de Bosseilles. En même temps, la garnison d'Hastière était attaquée sur la rive droite; les Allemands commençaient de passer la Meuse à Waulsort, en aval, par petites fractions qui refoulaient deux sections du 208e. A Anseremme, le pont n'avait été détruit qu'incomplètement; quelques éléments d'infanterie passèrent sur la rive gauche en repoussant d'autres fractions du 208e. Un petit groupement ennemi put ainsi se former à Onhaye (1), sur la route de Dinant à Philippeville.

A Dinant, tout se bornait à une violente canonnade, pendant que les Allemands saccageaient la ville avec une férocité sans exemple, tout en rétablissant le pont. Mais cette honteuse victoire de la *kultur* germanique mérite plus qu'une mention.

Dès le 21 août, dans la soirée, une reconnaissance allemande était entrée dans Dinant et, sans raison aucune, avait tiré sur les fenêtres, tuant un ouvrier, en blessant un autre qu'elle obligeait de crier « Vive le Kaiser! » Puis elle envahit des cabarets, réquisitionna tout ce qu'ils contenaient de liqueurs, s'enivra et mit, avant de se retirer, le feu à plusieurs maisons.

Le dimanche 23, des fractions du 108e (saxon) apparurent de grand matin. A 6 h. 30, des soldats pénétraient dans l'église des Prémontrés et en faisaient sortir les fidèles. Ils séparaient les femmes des hommes et fusillaient immédiatement une cinquantaine de ces derniers.

(1) Hanotaux, V, p. 298.

sans même apparence de jugement et sans distinction d'âge. Puis ils se répandirent dans la ville, pillant et incendiant les maisons, fusillant sur place les habitants qui cherchaient à fuir.

Ils groupèrent ainsi un grand nombre d'hommes, de femmes et d'enfants sur la place d'Armes, où ils leur répétèrent toute la journée qu'ils allaient être fusillés. A 18 heures, un capitaine fit sortir les hommes de cette masse affolée et les aligna sur deux rangs le long d'un mur; ceux du premier rang durent s'agenouiller, les autres restant debout. Un peloton se plaça devant le groupe, au milieu des pleurs et des lamentations de l'entourage. L'officier commanda le feu; morts et blessés s'écroulèrent pêle-mêle, et les Allemands firent une nouvelle décharge dans cette masse sanglante, encore agitée des soubresauts de l'agonie.

Quelques suppliciés, échappés aux balles, firent les morts pendant plus de deux heures; puis, la nuit venue, gagnèrent les environs. Mais il resta sur place une centaine de cadavres.

Le consul de la République Argentine, M. Himmer, sa femme, ses enfants, ses ouvriers et leurs familles, des voisins, s'étaient réfugiés dans l'usine dont il était administrateur. Vers le soir, ils tentèrent de quitter leur retraite autour d'un drapeau blanc. Des soldats les entourèrent. Un officier fit mettre à part M. Himmer et tous les hommes de plus de seize ans. Ils furent fusillés, en dépit des protestations du consul (1).

Le directeur de la Banque Centrale, M. Wasseige, fut emmené sur la place d'Armes avec ses deux fils et fusillé

(1) Il n'apparaît pas que l'Argentine ait soulevé aucune protestation sérieuse, ce qui en dit long sur l'attitude des neutres au début de la guerre.

de même. L'un des enfants, qui avait quinze ans, agonisa pendant des heures, suppliant en vain qu'on lui donnât à boire.

Six femmes âgées de plus de soixante-quinze ans, huit vieillards de plus de soixante-dix ans furent assassinés dans les mêmes conditions. Des familles entières disparurent. La liste funèbre contient les noms de *dix enfants âgés de moins de cinq ans.*

Près de 700 personnes, dont 73 femmes et 39 enfants, furent tuées; 600 autres, environ, furent dirigées sur l'Allemagne, en captivité. De 1.400 maisons environ, 1.200 furent détruites de fond en comble. Des malheureux s'étaient réfugiés dans les montagnes environnantes, où ils vivaient d'herbes et de racines. On les traqua, on les abattit comme des bêtes féroces. Dinant ne fut pas seul à souffrir. A Onhaye, sur deux cents maisons, une vingtaine à peine furent épargnées; à Anthée, sur cent cinquante maisons au moins, cinq restèrent debout; à Surice, village de 600 habitants, du canton de Florennes, sur cent trente maisons, huit échappèrent à l'incendie; dix-huit personnes, dont quatre prêtres, furent fusillés; des infirmes furent brûlés vifs dans leur lit; d'autres assassinés chez eux.

« Près de Lisogne, raconte dans son carnet un officier du 178e régiment saxon, un chasseur de Marburg, ayant placé trois personnes l'une derrière l'autre, les abattit du même coup de feu » (1). A Villers-en-Fagne, le même officier a vu « le curé et d'autres habitants fusillés », parce qu'on avait trouvé « des grenadiers de la Garde tués et blessés » (2).

(1) J. de Dampierre, *Carnets de route de combattants allemands*, p. 20.

(2) J. de Dampierre, p. 29. Cf. Commandant de Gerlache, *La Bel-*

III

Le 3e corps avait ordre de défendre la position Hanzinelle, Tarcienne, Nalinnes, face au nord-est, pour gagner le temps nécessaire à l'offensive de la droite française. La division Verrier était à droite, d'Hanzinelle à la cote 246; la division Muteau au centre; la division Bloch un peu au sud de Nalinnes, vers Pairain, à gauche.

Les Allemands venus de la région à l'ouest de Charleroi utilisèrent un ravin débouchant dans la vallée de l'Heure pour marcher par Linsoury sur Pairain, contre la gauche du 3e corps. L'artillerie de ce dernier était sur les crêtes vers Chastres et Fraire-les-Walcourt. Pour la première fois, assure M. Hanotaux (1), on faisait usage de l'artillerie lourde dont une fraction était en batterie dans la zone de la division Bloch.

Tout d'abord le combat traînait; les forces allemandes s'accroissaient lentement et, vers 16 heures, sans raison connue, la division fléchissait. Le général Sauret, d'abord à Chastres, avait cru devoir se retirer au sud-ouest, dans la direction Vogenée, Silenrieux. Une grande confusion se produisit. L'attaque avait peu à peu étendu son action à tout le front du 3e corps. A la division Verrier, une contre-attaque préparée par la brigade Durand sur Hanzinne ne put se déclencher. L'artillerie, menacée par le repli de la division Bloch, fut sauvée par l'arrivée fortuite du 123e (18e corps) sur la hauteur à l'est de Chastres. La retraite s'étendit à tout le 3e corps, sans qu'on en perçoive nettement les motifs.

---

gique et les Belges pendant la guerre, p. 80-93. Voir encore *Le sac de Dinant*, *Débats* du 20 décembre 1914; *Le martyre de Dinant*, *Illustration* du 20 mars 1915; *Campagne de l'armée belge*, p. 60.

(1) V, p. 298.

Elle s'opérait d'abord, dit-on, dans un ordre relatif. L'ennemi ne paraît avoir fait agir que son artillerie, au point qu'on attendait vainement son offensive qui ne se produisait que vers le soir (1). Une contre-attaque de la division Muteau le maintenait aisément et ces troupes pouvaient gagner la hauteur entre Somezée et Yve-Gomezée.

A la nuit, l'insuffisance du commandement provoquait un désordre indescriptible dans les masses qui refluaient sur Silenrieux par Walcourt. Le moral de tous était atteint. Quand le quartier général du 3e corps s'établissait à Silenrieux vers 22 h. 30, l'inquiétude tendait à se généraliser, du chef aux soldats (2).

Le 18e corps avait mission de surveiller la Sambre, sans s'engager dans la vallée, et de défendre la ligne Ham-sur-Heure, Gozée, Thuin. La 36e division tenait cette ligne et devait maintenir la liaison avec le 3e corps, tout en gardant les ponts de Fontaine-Valmont et de Lobbes derrière sa gauche. La brigade Hollender (11e, 3e corps), qui lui était provisoirement adjointe, se reconstituait dans la même direction, à Biercée. La 35e division était en réserve au sud du bois de Fontaine-Valmont, prête à prolonger la 36e vers l'ouest ou à la renforcer sur sa gauche.

On comptait, en outre, sur l'arrivée, dans la journée du 23, de la 69e division de réserve vers Montignies-Saint-Christophe. Elle irait à la gauche du 18e corps.

Vers 11 heures, l'ennemi dessinait une attaque sur le pont de Lobbes. Le général de Mas-Latrie prescrivait à l'une des brigades de la 35e division de se porter au nord-est de Leers-et-Fosteau pour contre-attaquer, si les Allemands prenaient position sur la rive droite. Il rappro-

(1) C'est du moins ce que rapporte M. Hanotaux, V, p. 300 et suiv.

(2) Hanotaux, V, p. 300.

chait ses deux régiments de réserve, qui venaient, le 218e à Strée et le 249e à Beaumont.

Le pont de Lobbes était enlevé vers 13 heures à la brigade Hollender et de vifs combats s'engageaient sur tout le front de la 36e division. Gozée était chaudement disputé. L'ennemi progressait lentement, en dépit de vigoureuses contre-attaques.

Vers 19 heures, après une très vive canonnade et l'arrivée de renforts allemands, une violente offensive se produisait. Gozée et Marbaix étaient pris, la liaison avec le 3e corps compromise. Néanmoins le 18e corps continuait de tenir à Biesme et à Thuin. Le pont de Fontaine-Valmont, un instant perdu, était repris par le 57e.

A 21 heures, le combat se ralentissait, pour cesser bientôt. Le corps d'armée avait beaucoup souffert, sans que la ligne de la Sambre eût été réellement perdue. A minuit, la 36e division était dans la région Thuillies, Strée; la 35e autour de Leers-et-Fosteau, la 11e brigade au centre, vers Ragnies, le quartier général du 18e corps à Beaumont (1).

Dans la nuit, les troupes recevaient l'ordre de se retirer légèrement, la droite vers Clermont, en liaison avec le 3e corps qui s'était porté vers Walcourt. La 35e division resta vers Ragnies-Thuillies; la 36e alla vers Beaumont, sans abandonner entièrement Strée. A gauche, le groupe des divisions de réserve tenait la Sambre, sa droite à Hautes-Wihéries. Si ces mouvements s'opéraient de nuit, ainsi qu'il paraît, on se les explique mal, car l'ennemi ne manifestait aucune activité. On eût dit qu'il avait perdu le contact.

(1) Hanotaux, V, p. 300-302.

IV

Le 23 août, le corps Sordet conservait les mêmes missions que la veille. La 1re division, renforcée de l'artillerie de la 5e — en réserve au sud de la Sambre — continuait de garder les ponts de cette rivière, depuis celui de Jeumont. A la droite, la 11e brigade et l'artillerie de la 3e division opéraient en liaison avec l'artillerie et une brigade de la 36e division, au nord de Montignies-Saint-Christophe. A 16 h. 30, les batteries du corps Sordet, en surveillance au nord de Merbes-le-Château, ouvraient le feu sur une colonne ennemie attaquant Fontaine-Valmont. Dans la journée, il avait ordre de quitter la 5e armée de se porter, aussi rapidement que possible, à la gauche de l'armée britannique, déjà compromise par l'arrivée imprévue de nouvelles forces allemandes.

Il devait aller stationner le soir même au nord et à l'est de Maubeuge, en dépit de l'extrême fatigue des hommes et des chevaux, après l'épuisante randonnée en Belgique. A 17 h. 30, la 69e division de réserve relevait la 1re division le long de la Sambre. Le corps de cavalerie se mettait en mouvement dans la soirée. En route, le général Sordet recevait du général Fournier, gouverneur de Maubeuge, avis que la cavalerie ne pouvait cantonner dans le camp retranché. Le motif invoqué était peut-être l'imminence d'une attaque de la forteresse ou la présence de l'armée britannique déjà en retraite sur le front Bavai-Maubeuge. L'un ou l'autre procédait d'une compréhension singulièrement étroite.

Ce mouvement ne s'accomplissait pas sans mettre à de nouvelles épreuves l'énergie de nos escadrons : « On va cantonner à Elesmes où l'on arrive à 8 heures du soir, écrit un témoin, mais on n'a pas pensé que nous sommes dans le secteur de la défense de Maubeuge que nous venons de traverser et dont nous avons admiré les hâtives défenses. Alors on nous déloge et c'est une nouvelle marche de nuit. On arrive à 2 heures du matin à Vieux-Mesnil, où, fourbus, nous nous affalons dans un fossé pour dormir » (1). Peut-on imaginer des méthodes mieux faites pour la destruction rapide d'une troupe de cavalerie?

Le corps s'arrêtait en pleine nuit dans la région de Beaufort, au sud de la place, où il bivouaquait (2).

Quant au groupe Valabrègue, l'ordre pour le 23 août portait qu'il irait dans la région de Colleret, Montignies-Saint-Christophe, Cousolre, pour interdire à l'ennemi le passage de la Sambre. Il occuperait les hauteurs bordant cette rivière au sud, du bois de Jeumont à Montignies et à Sartiau. Si les Allemands avaient déjà passé les ponts, on les attaquerait. La 69e division agirait à droite jusqu'à Merbes-le-Château, un régiment restant en réserve vers les Haies-de-Cousolre; la 53e division, général Perruchon, à gauche, de Cousolre à Colleret, un régiment à Aibes. Le poste de commandement du groupe serait à Solre-le-Château.

On garderait les ponts de la Sambre avec des postes légers, ayant simplement mission d'arrêter les incursions de la cavalerie. Devant une attaque d'infanterie, ils se replieraient sur la principale ligne de résistance.

Ces instructions purent être exécutées, mais on apprit dans la journée que le 1er corps britannique était engagé sur le front Peissant-Fauroeulx et progressait vers Binche.

(1) Ouy-Verzanobres, p. 25.
(2) Hanotaux, V, p. 302.

Vers 17 heures, on savait que le 18e corps avait été attaqué vers Thuin et sur son flanc nord-ouest, qu'il avait perdu Leers-et-Fosteau et qu'il fallait le soutenir vers Thirimont. La 69e division était donc portée sur Thirimont, Bousignies et la 53e sur Cousolre, ce qui avait pour première conséquence de créer un vide entre le groupe Valabrègue et l'armée britannique.

CHAPITRE XVII

L'ARMÉE BRITANNIQUE A MONS

Emplacements des forces britanniques. — Conseil de guerre du 23 août. — Apparition des Allemands. — Dépêche du général Joffre. — Combats du 23 août. — Les divisions du groupe d'Amade. — Leur répartition. — Le contact avec les Allemands. — Evacuation de Lille.

I

Le 17 août, le maréchal French disposait de 50.000 à 60.000 hommes au plus, qui s'étaient concentrés à partir du 14 aux confins de la Thiérache et du Cambrésis : le 1er corps avait son quartier général à Wassigny; le 2e, à Nouvion-en-Thiérache; la division de cavalerie à Maubeuge. Le 22 août, le quartier général du 1er corps venait à Maubeuge, ses troupes tenant le front de Mons exclu vers Charleroi; le 2e corps était à la gauche du 1er, de Mons inclus à Condé-sur-Escaut; la 5e brigade de cavalerie à Binche, à mi-distance de Mons à Charleroi. La division de cavalerie était maintenue en arrière, comme une sorte de réserve, jusqu'à l'arrivée du 3e corps.

Devant les troupes britanniques, la droite de la IIe armée allemande et la Ire armée tout entière allaient apparaître, sans que nos Alliés en eussent tout d'abord le moindre soupçon. C'est ainsi que le VIIe corps (IIe armée) débouchait le 22 à l'ouest de Charleroi; sa division de gauche, la 14e, atteignait Fontaine-l'Evêque et Monceau-sur-Sambre, sur les talons du corps Sordet; la division de droite, 13e, marchait sur Binche où elle se heurtait aux premiers cavaliers britanniques.

A droite, la Ire armée, avait le IIe corps vers Vilvorde le 22; il changea brusquement de direction pour se porter sur Ninove le 23; une de ses divisions exécuta une marche de 38 kilomètres. Le IVe se porta vers l'ouest de Mons par Enghien, en une étape de 40 kilomètres, dit-on; le IVe corps de réserve suivit le même itinéraire un peu au sud; il allait être vers Ath le 24. Le IIIe corps et derrière lui les IXe et IXe de réserve se dirigeaient à l'est de Mons vers Maubeuge (1).

Les Anglais avaient reçu l'ordre de se retrancher sur les positions occupées, suivant les règles qu'une dure expérience leur avait enseignée au Transvaal. Le 1er corps s'étendait de Peissant (sud-ouest de Binche) à Mons, par Bray et Saint-Symphorien. Il avait à sa droite la 1re division (1re, 2e, 3e brigades); à gauche la 2e (4e, 5e, 6e brigades).

Le 2e corps tenait la gauche de l'armée, derrière le canal de Mons à Condé; à droite la 3e division (7e, 8e, 9e brigades; à gauche la 5e division (13e, 14e, 15e brigades). Mons, en particulier, était tenu par la 7e brigade, ainsi que ses environs.

Le 23 août, à 6 heures, le maréchal French réunissait les commandants de corps d'armée et celui de la division de cavalerie, pour leur exposer la situation générale des Alliés et « ce qu'il croyait être le plan du général Joffre » (2), ce qui semblerait indiquer qu'entre les forces britanniques et notre grand quartier général la liaison était encore bien imparfaite. On discuta ensuite, avec quelque détail, la situation immédiate sur le front britannique.

(1) Hanotaux, VI, p. 3 et suiv.

(2) *And what I understood to be general Joffre's plan* (*Rapport du maréchal French*, 7 septembre 1914).

Des informations reçues de notre grand quartier général, le maréchal déduisait qu'un peu plus d'un corps d'armée, deux au plus, peut-être avec une division de cavalerie, étaient devant lui. Il ne prévoyait aucune tentative de débordement de leur part et fut confirmé dans cette opinion par le fait que les reconnaissances britanniques ne rencontrèrent nulle part une résistance inattendue. Les observations des avions semblaient abonder dans le même sens.

Vers 15 heures, le 23 août, des comptes rendus firent connaître que les Allemands commençaient l'attaque du front britannique, en montrant des forces assez sérieuses; la droite et Bray étaient particulièrement menacés. Le commandant du 1er corps, général sir Douglas Haig, ramenait sa ligne sur un terrain dominant au sud de Bray et la 5e brigade de cavalerie évacuait Binche pour se retirer légèrement au sud. Les Allemands occupaient cette petite ville. Il s'agissait du VIIe corps, qui canonnait vigoureusement les positions britanniques de Binche vers Bray; son attaque sur Mons et à l'ouest était moins énergique.

A Mons, la droite de la 3e division, général Hamilton, dessinait un saillant dangereux, et le maréchal French invitait le commandant du 2e corps à ne pas y attarder ses troupes. Au cas où elles seraient sérieusement menacées, elles devraient se retirer au sud de la ville. On opéra ce mouvement rétrograde avant la nuit. A peu près en même temps, vers 17 heures, le maréchal recevait du général Joffre une dépêche télégraphique « fort inattendue », l'informant qu'au moins trois corps d'armée allemands, à savoir un corps de réserve, les IVe et IXe, étaient en marche sur les positions britanniques et que le IIe corps opérait un mouvement débordant vers Tournay. En même temps, il apprenait que les deux divisions de réserve Valabrègue et la 5ᵉ armée se retiraient, après avoir perdu le 22 les passages de la Sambre entre Charleroi et Namur (1).

De fait, le IIᵉ corps (Iʳᵉ armée) marchait sur Condé et Valenciennes, menaçant la retraite des Anglais vers Cambrai; le IVᵉ corps portait la 8ᵉ division sur Baisieux et Angre, entre Valenciennes et Mons; la 7ᵉ sur Pommerœul et Elouges, à l'ouest de Saint-Ghislain. Le IIIᵉ corps marchait sur Jemappes et Mons; le IXᵉ corps attaquait avec la 18ᵉ division sur la route de Nimy à Mons et, avec la 17ᵉ sur Saint-Symphorien et Villers-Saint-Ghislain. Evidemment, il n'en fallait pas tant pour obliger nos Alliés à la retraite, même si la nôtre n'avait pas découvert leur droite.

Dans cette attaque, les troupes britanniques, abritées par des tranchées, souffraient peu du feu violent. A leur droite, les Allemands attaquaient en masses compactes qui étaient fauchées par des feux destructeurs (2). A ce moment, leurs forces morales et matérielles étaient encore

(1) *Rapport French* du 7 septembre 1914.
(2) Hanotaux, VI, p. 6-8, d'après la *Times History of the War*.

intactes et ils agissaient ainsi sous l'influence d'un mépris brutal de leurs adversaires et de leur hâte d'en triompher.

Au centre, la division Hamilton avait victorieusement résisté à la poussée allemande vers Mons et sa retraite fut purement volontaire.

Le maréchal French avait, dans la journée, prévu la possibilité d'un échec et fait reconnaître une position plus au sud, entre Maubeuge et Jeulain, au sud-est de Valenciennes. On lui rendait compte qu'elle était difficile à tenir, en raison des moissons encore debout et des habitations qui gêneraient l'établissement des tranchées. Néanmoins elle présentait quelques bonnes positions d'artillerie.

Avant de prescrire un mouvement général de retraite, le maréchal jugea nécessaire de faire vérifier la menace allemande par ses avions. Le résultat fut qu'il prescrivit à l'armée de gagner la position de Maubeuge, au point du jour, le 24 août (1).

Durant la nuit, le combat garda une certaine activité sur tout le front britannique. Les pertes avaient été peu considérables et les troupes n'avaient même pas le sentiment de la supériorité du nombre ennemi.

II

La gauche des troupes britanniques était tenue, comme nous l'avons dit, par les divisions territoriales du général d'Amade. Vers le 20 août, la 84ᵉ était entre la Sambre et la Scarpe, et son front s'étendait par la lisière nord du bois L'Evêque (à l'est du Câteau), Solesmes, Villers-en-

(1) *Rapport French* cité. D'après Hanotaux, *L'énigme de Charleroi*, *loc. cit.*, p. 30, l'ordre de retraite fut donné à 17 heures le 23 août.

Cauchie, Estrun, le canal de la Sensée. Une ligne avancée tenait le front nord-est de Maubeuge, Mecquignies, Wargnies, Valenciennes jusqu'au confluent de l'Escaut et de la Scarpe (1). Or, de Maubeuge à la jonction de ces deux rivières, il y a quarante-cinq kilomètres à vol d'oiseau, ce qui montre que la 84e division était disposée en cordon, pour arrêter tant bien que mal des incursions de cavalerie. Encore n'apparaît-il pas comme démontré que des troupes aussi peu consistantes auraient pu gêner sérieusement la marche de grosses unités de cette arme. Il eût été prudent de les tenir plus groupées, ne fût-ce que pour ébaucher leur instruction de combat.

Au centre, la 82e division était entre la Scarpe et la Lys, son front marqué par le canal de la Haute Deule, le canal de La Bassée à Aire, ses avant-postes allant du confluent de la Scarpe et de l'Escaut à Lille et à Deulemont. L'extension était à peu près la même que pour la 84e.

Enfin, à gauche, la 81e division s'étendait de la Lys à la mer, son front passant le long du canal de Neuf-Fosse, du canal de l'Aa; les avant-postes par Warneton, Cassel, Bergues, Dunkerque.

Sur ce front immense, on ébauchait quelques travaux défensifs sans pouvoir réaliser œuvre utile. Nous avons vu comment la 88e division venait s'adjoindre aux précédentes et comment, à l'arrivée des troupes britanniques, la 84e se concentrait vers Valenciennes.

Après l'arrivée du général d'Amade, les hésitations qui avaient ralenti, sinon arrêté, la mise de Lille en état de défense, parurent cesser un instant. Le général Percin, qui commandait la 1re région, prescrivit au commandant de

(1) Hanotaux, VI, p. 12-13.

l'artillerie, général Herment, et au chef du génie, colonel Gengembre, d'organiser les points de la place et des environs susceptibles de défense. Ces dispositions furent approuvées du grand quartier général, et le général d'Amade reçut l'ordre, purement théorique, de tenir à tout prix. Il le confirmait à ses subordonnés : « Vous devez résister dans les forts, résister dans le corps de place, faire la guerre des rues et tenir jusqu'à la dernière extrémité » (1). Il ne manquait guère que des soldats véritables pour exécuter ce beau programme, dont il faudrait bientôt rabattre. Ni les travaux défensifs, ni le matériel disponible, ni les troupes ne permettaient une défense pied à pied. De plus, elle n'entrait nullement dans les vues des autorités locales (2), comme nous le verrons.

Le soir du 22, les Allemands prenaient le contact de nos avant-postes dans la région de Tournai, Antoing. Le lendemain, la 88e division débarquait dans la région de Templeuve, au sud-est de Lille, moins l'artillerie que l'on avait cru devoir arrêter à Douai. On portait aussitôt la division vers Cysoing, et le général d'Amade lui prescrivait de reprendre Tournai, où l'entrée d'un petit détachement ennemi venait d'être signalée.

En effet, le 22 à midi, de la cavalerie allemande s'était présentée à la mairie de Tournai. Il n'y avait dans cette ville aucun soldat belge ou allié. Les Allemands repartirent au bout de quelques minutes. Dans la nuit du 23 au 24, le général de Villaret s'y portait avec deux bataillons, un escadron et organisait hâtivement la défense des issues. Déjà on constatait l'arrivée de reconnaissances alle-

(1) Hanotaux, VI, p. 13-18.
(2) Cf. Noël Sabord, *La Tempête sur les cimes, de Lille menacée à Lille captive*, *Grande Revue* de juillet 1917, p. 52 et suiv.

mandes aux approches de Lille; des fractions du 13e uhlans se montraient à Condé-sur-Escaut.

Vers 13 heures, le 23, des éléments de la 82e division étaient attaqués vers Antoing et rejetés à l'ouest; de même, à Baisieux, à mi-chemin entre Tournai et Lille, une partie de la 81e division refluait sur Lille, après un court engagement. Des rencontres de patrouilles avaient lieu autour de la grande cité flamande. Un petit combat se produisait sur la ligne ferrée entre Peruwelz et Tournai, au sud-est d'Antoing. Finalement, Tournai était attaqué dans la journée du 24 et le général de Villaret pris avec la majeure partie de sa troupe.

Ces engagements incohérents entre des éléments de nos divisions territoriales, éparpillés sur un front très étendu et presque toujours sans artillerie, avaient surtout un résultat moral. La panique fut extrême à Lille et sur toute la frontière. Il fallut que des soldats, baïonnette au canon, empêchassent les habitants affolés de s'écraser dans les wagons. Des scènes de « véritable folie » se produisirent sous l'influence de cette « inconcevable panique ». « Des femmes, écrivait un témoin, partent en cheveux, sans savoir où elles vont. Des enfants pleurent, écrasés ou perdus dans la foule » (1). On disait une délégation de notables partie pour Paris, « afin d'obtenir du gouvernement que Lille fût déclarée ville ouverte » et une proclamation du maire le confirmait, faisant appel au calme, mais provoquant une accentuation de l'exode déjà commencée (2).

(1) Fleury-Lamure, p. 64 et suiv.

(2) Cf. Noël Sabord, p. 53-55. Dans son *Journal d'une infirmière d'Arras*, p. 29, Mme L. Colombel mentionne l'arrivée dans cette ville d'officiers d'état-major venant de Lille le 24 août : « Ils ont dû sortir de la ville, revolver au poing, au milieu de la population criant : « Vous nous abandonnez !... » Ce fut une débâcle affreuse, que les

Ces terreurs étaient sans objet. Lille n'entrait pas pour l'instant dans la zone d'opérations des Allemands et, au bout de quelques jours, leurs patrouilles avaient complètement disparu des environs (1). Mais des scènes de désordre s'étaient produites, trahissant la faiblesse du commandement autant que les appétits brutaux de la foule. Du 24 au 30 août, un officier français était venu avec ordre de licencier les *canonniers sédentaires*, si fiers de leur glorieux passé. On avait désarmé la police, congédié les gardes civils improvisés depuis la guerre. Dans les forts, les culasses des canons étaient arrachées et jetées dans la Deule, avec quelques milliers d'équipements. Cinq mille fusils, découverts à la Citadelle, étaient chargés sur des camions par des citoyens bénévoles et envoyés en lieu sûr. On trouvait, dit-on, « mourant de faim dans leurs écuries, les chevaux d'un escadron de chasseurs parti à pied sur le chemin de la déroute ». On forçait les portes des casernes, emportant les armes, les chaussures et les équipements, sous prétexte de ne pas les laisser à l'ennemi. Des wagons chargés, restés à la gare de Fives, étaient pillés de même (2).

D'après M. Hanotaux (3), les petits engagements que nous avons mentionnés auraient surpris les Allemands, qui ne connaissaient pas l'existence d'une armée dans cette direction, armée que l'arrivée, le 25 août, des 61e et 62e divisions de réserve allait rendre un peu plus consistante. Cette apparition inattendue sur le flanc droit de von Klück

---

officiers d'état-major n'accomplirent que contraints et forcés par des ordres supérieurs... ».

(1) La première occupation n'eut lieu que le 2 septembre (Noël Sabord, p. 38-59).

(2) Noël Sabord, p. 56-57.

(3) VI, p. 13. Les 61e et 62e divisions de réserve venaient de la zone nord de Paris où elles étaient disponibles.

l'aurait amené à ralentir son mouvement vers Valenciennes. A dater du 23, il changeait de direction et marchait au sud-sud-ouest au lieu d'aller vers la mer, manquant ainsi la capture de Dunkerque et de Calais.

Nous ne croyons pas que l'on puisse porter un pareil succès à l'actif du général d'Amade. Si l'armée Klück, à dater du 23, obliqua vers le sud, c'est qu'elle s'attachait à l'armée britannique en retraite, depuis le 24, de Mons vers le Câteau, Saint-Quentin et la vallée de l'Oise. Il n'y avait là rien que de très naturel et il eût été purement absurde, pour nos adversaires, de s'attarder dans le nord de la France, afin de chercher à y détruire des formations sans intérêt.

CHAPITRE XVIII

RETRAITE DE LA 5e ARMÉE ET DES FORCES BRITANNIQUES (24-25 août)

La situation de la 5e armée le soir du 23 août. — La retraite décidée. — Ordres pour le 24 août. — Le mouvement du 1er corps vers la Meuse. — Retraite du 24. — Le 25 août. — Le 10e corps. — Le 3e corps. — Combats du 24 août. — Le 18e corps. — Le groupe Valabrègue. — L'armée britannique. — Ordres de retraite. — Combats du 24 août. — Le 25 août. — Combats de Landrecies et de Maroilles. — Les résultats.

I

Le 23 août, dans la soirée, le général Lanrezac savait que la défense de Namur avait pratiquement pris fin. Un officier envoyé au général Michel, le commandant Duruy, rendait compte que les Allemands avaient déjà enlevé les forts du front nord et occupé la ville. La plus grande partie de la garnison avait pu s'échapper, mais l'infanterie était en désordre et incapable de combattre pour l'instant. Le général chargeait Duruy d'orienter ces troupes sur Rocroy et de là sur Laon par Liart. On devait ensuite les rapatrier à Anvers.

D'autre part, l'état-major de la 5e armée avait appris le passage de la Meuse par une forte avant-garde allemande qui occupait Onhaye. Le 1er corps allait l'attaquer, afin de la jeter dans la Meuse, mais il n'en subsistait pas moins, de ce chef, un motif d'inquiétude grave.

Le général Lanrezac considérait le 10e corps comme apte à une contre-attaque, s'il était nécessaire. Mais le

3ᵉ corps s'était replié sur Walcourt dans de mauvaises conditions et le 18ᵉ avait souffert le 23 août. En outre, il allait ne plus être couvert sur sa gauche, par suite de la retraite des forces britanniques sur Maubeuge, Jeulain (1). Les divisions de réserve du général Valabrègue étaient intactes entre le 18ᵉ corps et les Anglais, mais que donneraient-elles en cas d'attaque?

Enfin, le général Lanrezac apprenait que l'armée de Langle avait été battue le 22 et obligée de se retirer sur la Meuse, découvrant la droite de la 5ᵉ armée.

Dans cette situation, après mûre délibération, le général jugeait la retraite indispensable; il en prenait la responsabilité que devait lui reprocher le grand quartier général (2). Ce dernier parut croire que la menace allemande sur la droite de l'armée Lanrezac n'avait rien de sérieux. Il ignorait encore, semble-t-il, ou plutôt faisait abstraction de la IIIᵉ armée (von Hausen) qui traversait la Meuse vers le 23 août sur le flanc et même sur les derrières du 1ᵉʳ corps. Qui ne croit qu'une pareille attaque, combinée avec celle que des forces très supérieures opéraient alors sur le front de la 5ᵉ armée, était de celles auxquelles on ne peut résister sur place sans un désastre?

Après les combats malheureux du 22 et 23 août, une offensive mal conçue, mal exécutée ne pouvait être continuée ni par la 5ᵉ armée, ni par les forces britanniques. Défendre nos positions présentes eût été très dangereux et la retraite du maréchal French n'en laissait pas la possibilité. Donc il fallait se retirer et la seule discussion

---

(1) L'ordre de retraite des Anglais serait de 17 ou de 21 heures le 23 août. V. *supra*, p. 323.

(2) Notamment dans l'*Exposé de six mois de guerre*, p. 6 : « ...Notre armée de gauche battit en retraite le 24 sur Beaumont, Givet, influencée par la croyance que l'ennemi menaçait sa droite ».

admissible devait porter sur les nouvelles lignes à occuper.

Dans la nuit du 23 au 24, entre 21 et 22 heures, le général Lanrezac adressait aux corps d'armée les ordres ci-après. La 5e armée se mettrait en marche le 24 avant le jour, afin de se replier au sud de la ligne générale Givet, Philippeville, Beaumont, Maubeuge. Le 1er corps gagnerait la zone Vireux, Viernes, Marienbourg, sur le Véronin, affluent de gauche de la Meuse, en amont de Givet. Le 10e corps s'établirait de Couvin à Chimay; le 3e entre Chimay et Trélon; le 18e vers Solre-le-Château (1), sensiblement plus au nord.

Le grand quartier général, averti, décidait que la retraite devrait être dirigée de façon que la 5e armée, tout en prenant son point d'appui de gauche sur Maubeuge, combinât son mouvement à droite avec l'armée de Langle et à gauche avec le maréchal French, sans doute en retraite vers Cambrai. On cherchait donc à éviter l'enveloppement et à maintenir la liaison entre chacune de nos armées, procédé le plus sûr en de pareilles circonstances, tandis que les Allemands allaient viser, tout en continuant leur manœuvre enveloppante, à rompre notre front et à détruire les fragments ainsi isolés.

Il convient d'ajouter que la retraite du 18e corps sur la région de Solre-le-Château semblait déjà préjuger de l'abandon de Maubeuge par la gauche de la 5e armée. Etait-il opportun d'abandonner aussi vite une région intéressante à tant d'égards, sans prendre les dispositions voulues pour en évacuer les ressources abondantes, pour ralentir tout au moins la marche de l'ennemi. On peut croire que la résolution de précipiter la retraite de l'armée Lanrezac et des forces britanniques, tout en s'imposant

(1) Hanotaux, VI, p. 20-23.

dans la nuit du 23 au 24 août, n'aurait pas dû impliquer un mouvement aussi accentué et aussi prompt. Il y avait un intérêt majeur à le ralentir dans la mesure du possible, afin de donner aux renforts le temps de rallier nos troupes et celles du maréchal French, afin de permettre la continuation des travaux sous Paris, qui étaient alors de la plus lamentable insuffisance (1), quoi qu'on en ait dit.

II

On se souvient que, dans la journée du 23 août, le général Franchet d'Espérey avait porté sur Anthée la brigade Mangin, détachée du 2e corps. Il lui adjoignait la brigade provisoire de cavalerie du 10e corps, qu'il rencontrait à Hermeton-sur-Biert et qu'il réquisitionnait (14 h. 30). En même temps, les deux divisions du 1er corps faisaient front vers la Meuse.

Arrivée à Anthée, vers 18 heures, cette cavalerie recevait ordre de reconnaître la direction de Dinant ainsi que les villages d'Onhaye et de Leune. Un combat s'engagea bientôt, et fut très vif. Vers 22 heures, l'infanterie enlevait Onhaye à la baïonnette. On s'en tenait là et la cavalerie revenait à Anthée, où elle passait la nuit (2).

Il semble que l'armée Hausen ait été impressionnée par cette attaque imprévue. A gauche, le XIXe corps remontait lentement la Meuse, sans tenter de la franchir. La droite hésitait à l'ouest de la Meuse; la 32e division (XIIe corps), par exemple, se dirigeait, le 24, vers la route d'Onhaye, puis remontait à Weillen et à Falaën, pour

(1) Nous avons pu nous en rendre compte personnellement dans la zone nord, la plus exposée.

(2) Hanotaux, VI, p. 23-26.

redescendre ensuite sur Morville, où elle arrivait à 22 heures, après une marche très dure, par une chaleur accablante (1)

Dès le soir du 23, la division Boutegourd était en retraite vers Marienbourg. La division Deligny (2e) marchait à son secours sur Morville, quand, le matin du 24, elle recevait l'ordre général de retraite. Elle aurait à couvrir la retraite du corps d'armée. Son mouvement s'opérait lentement, avec de longs arrêts sur des positions de repli, sans être aucunement gênée par l'ennemi. Il faisait beau. Le soir, la division cantonnait sur la ligne Agimont, Vodelée, Croix-Libert, au nord-ouest de Givet. La 1re division (Gallet) venait à l'ouest sur Romedennes.

Vers le milieu du jour, le général Franchet d'Espérey prescrivait à la division Deligny de se porter, aussi rapidement que possible, sur le gué d'Hossus, au nord de Rocroi, pendant que le 10e corps couvrirait la route de Couvin. Ces dispositions étaient motivées par un changement survenu dans l'attitude de l'ennemi. Il se rendait compte de notre retraite, sans doute inattendue pour lui, et commençait à la presser. C'est ainsi que s'engageait à Marienbourg un « très beau » combat d'arrière-garde, soutenu par le 137e, colonel de Fonclare (2).

Le 25 août, le 1er corps se mettait en marche dès 3 heures, par des routes qu'encombraient les trains régimentaires et surtout l'immense exode des populations apeurées par la sauvagerie teutonne. La division Deligny était désormais flanquée sur sa gauche par la division Boutegourd, qui se dirigeait sur le Cul-des-Sarts et sur Etei-

(1) Hanotaux, VI, p. 23. Cf. *Carnets de route de combattants allemands*, par J. de Dampierre, p. 25 et 26.

(2) Hanotaux, VI, p. 26.

gnières, au sud-ouest de Rocroi, où elle bivouaquait. La liaison entre les 5e et 4e armées paraît avoir été établie dès le 24 au Mesnil (nord-est de Fumay), par le 8e régiment (2e division) et par la 52e division de réserve (général Coquet).

Malgré les tristesses de cette retraite, si imprévue quelques jours auparavant, le moral du 1er corps restait intact. Un témoin signale l'arrivée de la brigade Pétain (8e et 110e) dans un village, en très bon ordre, l'arme sur l'épaule. Les soldats, bien que fatigués, avaient fière mine (1).

III

Le 10e corps avait reçu, à 21 heures, le 23 août, l'ordre de retraite dans la direction générale de Couvin. Le mouvement s'opéra, le 24, par Florennes, Philippeville, Neuville, Marienbourg et Frasnes, au milieu de difficultés analogues à celles que rencontrait le 1er corps. A Philippeville, notamment, l'encombrement fut extrême. Mais l'ennemi ne poursuivait pas en cette première journée, en sorte que la marche, très dure puisqu'elle atteignit 40 kilomètres pour certains éléments, put s'accomplir dans un ordre relatif.

Le 25, la retraite reprenait avec les mêmes difficultés, mais cette fois les Allemands, enhardis, étaient sur nos derrières. On fit encore 40 kilomètres par Baileux, Bourlers, Forges, Forge-Philippe, La Neuville-aux-Joutes, Any, Bellevue, Les-Vallées. Cet itinéraire tortueux, par des chemins difficiles, était fortement incliné au sud-ouest; il conduisit le 10e corps à l'est d'Hirson, sur les hauteurs traversées par la route de Charleville.

(1) Hanotaux, VI, p. 26.

Cet abandon précipité du territoire national produisait sur les populations le plus déplorable effet, et les conditions matérielles de la retraite n'étaient pas pour adoucir cette impression. L'arrivée des éléments du 10e corps sous Hirson n'eut pas lieu sans désordre. Beaucoup marchaient encore en pleine nuit, alors qu'ils étaient partis de grand matin (1).

Le 26 août, la retraite reprit avec beaucoup plus de méthode. Un témoin mentionne même son « organisation merveilleuse », peut-être avec un peu d'exagération. Avant 11 heures du matin, les troupes étaient reformées, sur la rive nord du Thon, au sud du fort d'Hirson, dont la mise en état de défense était terminée depuis le 23, de Buire à Neuve-Maison, et de ce point vers Etréaupont, sur la rive gauche de l'Oise (2); finalement, l'état-major du 10e corps allait à Aubenton.

Le 3e corps, le plus désorganisé, avait ordre de se retirer sur Ohain, Fourmies, au sud de Trélon, avec défense d'en partir avant d'y être absolument contraint. L'ennemi n'attaquait pas. Le 24 août, au point du jour, le quartier général du corps d'armée se portait de Silenrieux à Barbençon, à l'est de Beaumont. La division Bloch, déprimée, marchait péniblement. On détachait, dit-on, deux groupes d'artillerie vers Fontenelle, pour servir de flanc-garde au corps d'armée (3), disposition assurément imprévue. Vers 4 h. 30, la division Verrier était engagée à l'ouest d'Hanzinelle dans un combat qui, « faute de liai-

(1) Cf. Hanotaux, VI, p. 27, d'après les *notes inédites* d'un témoin d'Hirson.

(2) Elles paraissent même avoir pris leurs dispositions de combat. Cf. Hanotaux, VI, p. 27, 30.

(3) Hanotaux, VI, p. 30.

son entre les armes », tournait mal. Plusieurs batteries étaient perdues.

Il fallait que le commandant de l'artillerie du corps d'armée, général Rouquerol, soutînt la retraite avec les éléments d'infanterie et d'artillerie qu'il pouvait grouper un peu au hasard sur la grand'route, entre Boussu-les-Walcourt et Barbençon, vers la cote 240.

De 9 heures à 13 heures, la situation fut pénible. Puis, vers 15 heures, elle prit une meilleure tournure. Le capitaine Dhé, de l'état-major du corps d'armée, s'était mis spontanément à la disposition du général Rouquerol. On put réunir ainsi cinq ou six régiments d'infanterie et autant de groupes d'artillerie dans la région Silenrieux, Fontenelle, Castillon, Erpion et l'on couvrit ainsi la retraite.

La division Muteau s'était mise en marche à l'aube, sous la protection d'une forte arrière-garde. Cette colonne, ramenant tous les éléments restés en arrière, arriva dans la région de Clermont-les-Walcourt (1), à la gauche du groupement Rouquerol.

La division Verrier eut peine à atteindre la ligne de Macon à Trélon, sur la route de Chimay à Avesnes. Vers le soir, la division Muteau fut prise à partie par des batteries à cheval et des forces de cavalerie. Elle arriva néanmoins à la lisière ouest de la forêt de Rance, à l'est d'Avesnes. Les soldats étaient si épuisés de fatigue qu'ils dormaient en marchant.

Le 25 août, la retraite du 3ᵉ corps continuait avec plus d'ordre vers la région de Fourmies, Anor. Ordre était donné de gagner le 26 la zone de La Flamengrie, Clairfontaine, Sommeron, au nord, à l'est et au sud-est de La

(1) Hanotaux, VI, p. 30-31.

Capelle. La division Verrier couvrait ce mouvement par Moustier-en-Fagne, Baives, Macon vers Momignies. A dater du 25 août, la division Muteau quittait le 3e corps pour être rattachée au 18e. Elle traversait la forêt de Trélon, pour gagner Rainsars, où elle servait de liaison entre ces deux corps d'armée (1).

IV

Le 18e corps était le 24 au matin dans la région de Beaumont, Strée, Ragnies, au sud de Thuin et de la Sambre; le groupe Valabrègue à sa gauche, sur cette rivière, la droite à Hautes-Wihéries. Suivant l'ordre daté du 23 à 22 heures, le 18e corps se mettait en mouvement sur deux colonnes, en bon ordre et sans avoir à combattre. Il gagnait ainsi la région à l'est d'Avesnes.

Le soir, la 35e division était vers Sémeries; la 36e de Ramoussies à Willies; l'arrière-garde à Solre-le-Château. Ainsi la 5e armée s'échelonnait de l'ouest à l'est, la gauche en avant, d'Avesnes vers la Meuse.

Le 18e corps avait devant lui le 1er corps de cavalerie allemande, général von Richthofen, qui allait être le 25 à Solre-le-Château et à Sars-Poteries. Le même jour, le 18e corps, renforcé de la division Muteau et d'un groupe de quatre batteries de 155, se portait au sud-ouest. La marche était très pénible, au travers des populations en fuite. Certaines unités avaient perdu leur cohésion, pour des raisons plutôt morales que matérielles. L'ennemi se montra peu mordant, sauf à la 35e division, qui fut attaquée au passage de la Petite Helpe. Le 57e repoussa cette attaque, mais la colonne n'arriva que vers minuit aux cantonnements de Beaurepaire à Floyon.

(1) Hanotaux, VI, p. 31-32.

Après un engagement auquel prenait part la 53e division de réserve, le groupe Valabrègue se retirait le 24, en longeant les fronts est et sud de Maubeuge. Le 25, il continuait la retraite par Dompierre, au nord-ouest d'Avesnes; le quartier général allait à Prisches, au sud-ouest. Dans la journée, la division de cavalerie de la garde nous enlevait Marbaix; la 53e division appuyait les Anglais attaqués de nuit à Maroilles, à l'est de Landrecies. On avait été obligé de débarrasser les routes des foules démoralisées, qui les suivaient en propageant des nouvelles désastreuses (1). La réalité n'était-elle pas suffisamment déplorable?

Le corps de cavalerie avait bivouaqué, du 23 au 24, vers Beaufort, au sud de Maubeuge. Il repartait le 24, malgré l'extrême fatigue de tous, et se dirigeait vers Avesnes, Dompierre. Venu à Beaufort, le maréchal French demandait au général Sordet de couvrir sa retraite. Ce dernier n'avait pas de peine à montrer qu'une résistance de front, tentée par le corps de cavalerie, ne mènerait à rien, mais qu'en se portant à l'aile gauche, il pourrait faire œuvre utile. Le maréchal finit par se ranger à cette manière de voir, mais la fatigue de nos escadrons était telle que le mouvement du corps en devait être forcément ralenti. « Nos chevaux ont leurs fers si usés, écrit un témoin, qu'on dirait des feuilles de papier. Les maréchaux sont admirables. Quand nous rentrons, vannés, affamés, fourbus, ils ferrent, eux, malgré leur fatigue, ils ferrent sur les routes pendant les moindres haltes, ils ferrent à la lueur d'une bougie » (2). Le 25, le corps de cavalerie reprenait son mouvement, cette fois vers le sud-ouest,

(1) Hanotaux, VI, p. 32-33.
(2) Ouy-Vernazobres, p. 27.

sur Walincourt, entre Cambrai (1) et Bohain, à travers l'armée britannique en retraite, non sans apporter une gêne extrême à leurs mouvements réciproques. On aurait pu éviter la majeure partie de ces fatigues à ces divisions, au lieu de les épuiser avant l'heure, sans le moindre profit.

V

Les Allemands paraissent avoir été surpris par l'apparition de l'armée britannique vers Mons. Un ordre du Xe corps de réserve, daté du 24 août, annonçait le débarquement de ces forces à Calais et à Boulogne, en route pour Bruxelles (1). Les IVe et IIe corps, le IVe corps de réserve accouraient à marches forcées pour renforcer les IXe et IIIe corps déjà engagés contre les Anglais.

Le maréchal French décidait de masquer sa retraite par une contre-attaque (24 août). Le 1er corps couvrirait la retraite du 2e, en faisant une forte démonstration vers Binche. La 2e division, partie des environs d'Harmignies, affecta de vouloir reprendre cette petite ville. Elle fut appuyée par l'artillerie des 1re et 2e divisions, tandis que la 1re prenait position pour la soutenir, au voisinage de Peissant. Pendant cette fausse attaque, le 2e corps se retira sur la ligne Dour, Quarouble, Frameries, au sud-ouest de Mons. A la droite de ce corps d'armée, la 8e division subit des pertes considérables, l'ennemi ayant pris Mons.

Le 2e corps s'arrêta sur cette ligne, où il commença de se retrancher, ce qui permit à sir Douglas Haig de rame-

(1) Une division territoriale qui couvrait Cambrai se retirait en grand désarroi sur Arras et Bapaume. Le général d'Amade avait son quartier général à Arras (Ouÿ-Verzanobres, p. 28-30).

(2) Cf. le texte, Hanotaux, VI, p. 36.

ner peu à peu le 1er corps sur sa nouvelle position. Il y parvint sans beaucoup de pertes; vers 19 heures, le corps d'armée atteignait la ligne Bavai-Maubeuge. A partir de midi, l'ennemi avait paru diriger son principal effort contre la gauche britannique.

Le maréchal French avait déjà ordonné au général Allenby d'agir vigoureusement avec sa division de cavalerie en avant de cette gauche, de façon à réduire la pression qu'elle supportait. Vers 7 h. 30, le général reçut de sir Charles Fergusson, commandant la 5e division, un message portant qu'il était très vivement pressé et avait grand besoin de secours. La cavalerie eut des ordres en conséquence.

Au cours des mouvements qu'elle opérait, le général de Lisle crut voir une occasion favorable de paralyser l'attaque de l'infanterie allemande, en chargeant dans son flanc. Il déploya la 2e brigade et la mit au galop, mais elle se heurta contre une clôture en fil de fer, à 500 mètres environ de l'objectif. Les 9e lanciers et 18e hussards eurent beaucoup à souffrir dans la retraite qui suivit (1).

La 19e brigade d'infanterie avait été laissée à la garde de la ligne de communications. On la transporta par voie ferrée à Valenciennes les 22 et 23 août. Le matin du 24, elle prit une position au sud de Quarouble, pour soutenir le flanc gauche du 2e corps. Grâce à cet appui et à celui de la cavalerie, sir Horace Smith-Dorrien put effectuer sa retraite sur une nouvelle position. Ce ne fut pas sans de lourdes pertes, car deux corps allemands l'attaquaient de front, un autre menaçant son flanc.

A la nuit, le 2e corps était à l'ouest de Bavai et le 1er

(1) *Rapport French* du 7 septembre 1914. La 2e brigade comprenait les 4e dragons, 9e lanciers et 18e hussards.

corps à la droite. Celle-ci était couverte par Maubeuge, et la gauche par la 19e brigade, établie entre Jeulain et Bry, au sud-est de Valenciennes, ainsi que par la cavalerie à l'extrême gauche.

La retraite prolongée de la 5e armée laissait l'armée britannique sans autre appui que la place de Maubeuge. De plus, l'ennemi faisait visiblement tous ses efforts pour déborder sa gauche et l'encercler autour de cette ville. Le maréchal French jugea très sagement qu'il ne restait pas un moment à perdre pour se retirer.

Il avait tout lieu de croire les forces des Allemands momentanément épuisées; il savait que leurs pertes étaient grandes. Il en conclut que, sans doute, la poursuite ne serait pas assez vive pour l'empêcher de réaliser son projet de retraite.

Néanmoins, cette opération présentait de grosses difficultés, en raison non seulement de l'effectif très supérieur de l'ennemi, mais aussi de la fatigue des troupes britanniques.

Le mouvement reprit de grand matin le 25 août. L'objectif était une position dans le voisinage du Câteau. Les arrière-gardes durent avoir débarrassé à 5 h. 30 la route de Maubeuge à Bavai et à Ethe.

Deux brigades de cavalerie, jointes aux escadrons divisionnaires du 2e corps, couvrirent la marche de ce dernier. Le reste de la division et la 19e brigade d'infanterie, le tout sous les ordres du général Allenby, protégèrent la gauche.

Sur les entrefaites, la 4e division (3e corps britannique) commençait de débarquer au Câteau le 23. Le matin du 25, l'état-major de la division, onze bataillons et un groupe d'artillerie étaient disponibles. Le général Snow reçut ordre de prendre position, sa droite au sud de

Solesmes, sa gauche sur la route de Cambrai au Câteau, au sud de la Chaprie. Il put ainsi grandement faciliter la retraite des 2e et 1er corps sur leurs nouvelles positions.

L'ordre du maréchal French portait qu'ils occuperaient le front Landrecies, Le Câteau, Cambrai et des travaux avaient été commencés le 25 août sur cette ligne. Mais le maréchal reçut des informations montrant que l'ennemi accumulait des forces en face de lui, ce qui l'amenait à croire imprudent un arrêt sur les emplacements indiqués.

La continuation de la retraite de l'armée Lanrezac, la tendance constante du corps de droite allemand, le IIe, à déborder la gauche britannique étaient de nature à justifier cette décision, malgré la fatigue des troupes du maréchal. Il décida donc finalement de faire un grand effort, de continuer son mouvement jusqu'à ce qu'il put mettre un obstacle sérieux, tel que la Somme ou l'Oise, entre ses troupes et l'ennemi. Ordre fut donné aux commandants de corps d'armée de reprendre aussitôt que possible la marche rétrograde vers la ligne générale Vermand, Saint-Quentin, Ribemont, la droite devant être à l'Oise et la gauche au plateau du Santerre.

La cavalerie du général Allenby dut couvrir cette retraite.

Dans la journée et tard dans la soirée du 25, le 1er corps continua de marcher sur Landrecies, en longeant la lisière est de la forêt de Mormal. Il atteignit cette petite ville vers 10 heures du soir. L'intention du maréchal était que le corps d'armée appuyât vers l'ouest, de façon à combler le vide entre Le Câteau et Landrecies, mais la fatigue des troupes obligea d'y renoncer.

D'ailleurs l'ennemi ne les laissait pas en repos. Vers 21 h. 30, on apprenait que la 4e brigade des gardes, à Landrecies, était violemment attaquée par des éléments du IXᵉ corps prussien sortis de la forêt de Mormal. La brigade combattit très vaillamment, infligeant à l'ennemi de fortes pertes, au moment où il pénétrait dans les rues étroites de la ville. De source autorisée, on les évaluait de 700 à 1.000 hommes.

Au même moment, sir Douglas Haig faisait connaître que la 1ʳᵉ division était vivement engagée à l'est de Maroilles, au nord-est de Landrecies. Le maréchal envoya plusieurs télégrammes au général Valabrègue, pour obtenir l'intervention de ses divisions de réserve. Grâce à leur assistance et surtout à l'habileté avec laquelle sir Douglas Haig sut tirer le 1ᵉʳ corps d'une situation extrêmement difficile, en pleine nuit, ces troupes purent au point du jour reprendre leur marche sur Wassigny et Guise.

Vers 18 heures, le 25, le 2ᵉ corps avait atteint ses emplacements, la droite au Câteau, la gauche aux environs de Caudry. La 4ᵉ division prolongeait cette dernière vers Serainvillers, l'extrême gauche formant échelon défensif.

Pendant les combats des 24 et 25 août, la cavalerie avait été quelque peu éparpillée. Le général Allenby parvint néanmoins à grouper deux brigades au sud de Cambrai, dans les premières heures du 26.

Enfin, la 4ᵉ division fut placée sous les ordres du général commandant le 2ᵉ corps (1).

En somme, le maréchal French avait su se tirer habilement de la situation difficile où l'avaient placé les circonstances.

Porté prématurément en avant, alors que sa concentration était encore imparfaite, jeté en pleine bataille avec des renseignements inexacts ou tout au moins fort incomplets, il se voyait, le soir du 23, menacé par des forces

(1) *Rapport French* du 7 septembre, p. 22.

très supérieures qui, visiblement, cherchaient à l'envelopper par sa gauche, tandis que nos troupes, après avoir perdu la ligne de la Sambre, entamaient une retraite qui, commencée assez lentement, ne tardait pas à se précipiter. L'armée britannique aurait aisément pu rester en flèche, au milieu des masses ennemies. Une résistance prolongée l'eût condamnée à un désastre. Le grand mérite du maréchal French fut de s'en apercevoir à temps et d'opérer sans retard une retraite indispensable, tout en infligeant des pertes considérables à l'ennemi, soit par des contre-attaques opportunément arrêtées, soit par des combats d'arrière-garde soutenus avec la ténacité traditionnelle des troupes britanniques.

CHAPITRE XIX

RÉFLEXIONS FINALES

Résultats généraux de l'invasion allemande en Belgique. — Les erreurs de notre concentration. — L'héroïsme belge à Liége. — Retard de notre intervention. — Les causes stratégiques de nos échecs. — Leurs causes tactiques. — Le défaut de préparation à la guerre. — Effet produit en Allemagne.

I

Les Allemands l'ont reconnu quand ils étaient encore dans toute l'ivresse du triomphe espéré, « le plan pour l'invasion de la France était de longue date solidement établi (*von vornherein festgelegt*), il devait se poursuivre avec succès dans le Nord à travers la Belgique (*durch Belgien im Norden erfolgen*), en évitant la forte ligne des forts d'arrêt dont l'ennemi avait protégé son front du côté de l'Allemagne et qu'il eût été très difficile d'enfoncer » (1).

Il serait inutile de nier que la perte à peu près simultanée des deux batailles des Ardennes et de la Sambre était le premier résultat tangible de cette manœuvre si longuement préméditée et déclenchée avec le dédain le plus audacieux de toutes les conventions internationales.

On a entrepris de démontrer chez nous, contre toute évidence, que l'invasion allemande en Belgique n'avait

(1) Général Spohn, *Parole*, *Deutsche Krieger Zeitung*, 2 septembre 1914.

pas pris le haut commandement français au dépourvu. Ainsi M. Hanotaux (1) énumère les dispositions prises pour le déplacement et le renforcement de la 5e armée, de la 4e, pour la mise en mouvement de l'armée britannique, en attendant l'intervention de la 6e armée. Il les admire, estimant qu'elles atteignirent leur but, au delà de toute attente : « ...Quand les gros de l'armée allemande surviennent au nord de la Sambre, tendant leur trajectoire sur Valenciennes, ils trouvent en face d'eux des forces égales. Quoique les opérations tactiques réussissent mal, les dispositions stratégiques sont si bien prises qu'elle restent à notre avantage. Les armées allemandes n'ont pas tourné les armées françaises, ce qui était leur but. Au contraire, c'est elles qui sont enveloppées. La 6e armée les contient partout ».

Est-il nécessaire de montrer qu'il y a là une singulière déformation de la réalité? En face de ces raisonnements hasardés, de cette opposition contestable entre « les opérations tactiques, qui réussissent mal » et « les dispositions stratégiques si bien prises », il suffit de mettre les faits : l'offensive en Belgique, sur la Sambre et dans les Ardennes, est du 21 au 23 août. Dès le 24, nous étions partout en pleine retraite, le territoire national était violé en plusieurs régions et, le soir du 25, nous avions déjà laissé occuper par l'ennemi une zone très importante par son étendue, par sa richesse, par sa population, de cette France si patiemment formée par le travail de tant de générations. Vers le 5 septembre, nos armées étaient refoulées au sud de la Marne et il était question de les porter derrière la Seine. Paris était découvert, à la merci

(1) *Le maréchal Joffre*, *Illustration* du 21 avril 1917, p. 350.

des armées allemandes, et le Gouvernement avait été transporté à Bordeaux.

Comment admirer de pareilles dispositions, dont les résultats pèsent encore sur nous après quatre ans de la guerre la plus affreuse, la plus abondante en sacrifices de tout genre? Nous ne cesserons de répéter ce que beaucoup pensent comme nous, parmi ceux qui ont pu suivre de près la marche des événements : les échecs du début ne se seraient jamais produits avec la terrible ampleur qu'ils affectèrent un instant, sans les erreurs initiales commises dans le plan de concentration, comme dans le projet d'opérations adopté par notre haut commandement. Cette concentration fit tout d'abord uniquement face à la frontière franco-allemande, en dépit de tant d'indices qui présageaient la violation du territoire belge. On persista longtemps dans cette erreur, au lieu de la réparer avec la promptitude qu'exigeaient les circonstances. On eut même l'idée d'entreprendre en Alsace, à deux reprises, puis en Lorraine, des offensives parasites dont on savait qu'elles ne pouvaient conduire à rien, même dans l'hypothèse la plus favorable. Finalement, après avoir réparé tant bien que mal le plus gros des fautes commises dans la concentration, on déclencha tardivement en Belgique une contre-offensive qui allait se heurter à des forces beaucoup plus considérables que les nôtres et dont la réussite, dans les conditions où elle fut entreprise, était assurément impossible. Comment admirer des dispositions stratégiques aussi décousues et qui aboutissent finalement, après que nous avions prétendu imposer notre volonté à l'adversaire par une offensive générale, à nous faire subir la sienne?

II

Si la manœuvre allemande n'eut pas les résultats foudroyants sur lesquels comptaient nos adversaires, ce n'est pas à la résistance de nos armées dans les Ardennes et sur la Sambre qu'il convient de l'attribuer, mais bien à la défense de l'armée belge à Liége et sur la Gette. La Belgique acquit en cette occasion des droits immortels à notre reconnaissance : « Nous attendions tout de sa loyauté et de sa vaillance. Mais elle a dépassé notre attente : C'est elle qui, par sa résistance obstinée, a permis notre mobilisation, notre concentration, le débarquement de nos alliés dans nos ports, leur arrivée sur le front de bataille et l'organisation systématique de cette guerre en commun; c'est de poitrines liégeoises qu'a été fait notre premier rempart; c'est la nation belge tout entière qui, donnant sa capitale, a voulu que Liége et Anvers deviennent dans l'Histoire synonymes des Thermopyles et de Marathon... » (1).

Les Allemands s'étaient trompés lourdement, à la manière germanique, en violant la neutralité belge. Ils avaient cru terminer la guerre d'un seul coup, en finir rapidement avec la France, qu'ils jugeaient en pleine décomposition, avant de se retourner contre la Russie et d'en faire autant avec elle. Ils comptaient pour cela sur notre faiblesse, sur l'inertie de la Belgique, sur l'impuissance de l'Angleterre. Ces hypothèses se révélaient inexactes. Au lieu de hâter l'achèvement de la guerre, la brutale invasion du sol belge le retardait indéfiniment.

Supposons un instant que cette invasion n'ait pas eu lieu et que les Allemands se soient bornés à nous attaquer

(1) *Bulletin des Armées de la République*, 27 août 1914.

entre le Luxembourg et la Suisse. Il ne paraît pas douteux que, la supériorité du nombre, de l'organisation et du matériel intervenant en leur faveur, ils auraient crevé notre couverture soit entre Epinal et Toul, soit au nord de Verdun, soit, ce qui est plus probable, dans ces deux trouées à la fois. Ils auraient subi de grosses pertes, à coup sûr, mais infiniment moindres que celles qui devaient être entraînées par la prolongation de la guerre. Ils nous auraient porté des coups terribles, sans donner lieu à l'intervention de l'Angleterre. Celle-ci fût intervenue trop tard, quand nos forces actives auraient subi des défaites irremédiables. Avant de recourir aux armes, elle aurait essayé la voie diplomatique. Ce n'est pas ainsi qu'elle eût empêché les Allemands d'arriver à Paris et de nous contraindre à une paix prématurée, c'est-à-dire à une déchéance définitive. La violation de la neutralité belge a donc été une erreur « colossale » des Allemands; elle a mis à néant les résultats d'une préparation de plus de quarante ans et changé du tout au tout le résultat final de la guerre.

Il est d'ailleurs regrettable que nous n'ayons pas soutenu plus énergiquement l'effort désespéré des Belges. Notre intervention à leur secours fut limitée à l'envoi en Belgique du corps Sordet, dont on connaît la coûteuse randonnée sur les deux rives de la Meuse, puis des trois bataillons détachés à Namur. Le reste de nos troupes ne dépassa pas la Sambre et la Meuse avant le 22 août. N'aurait-il pas été possible et judicieux de faire davantage? Quand l'armée belge était encore derrière la Gette, couvrant Bruxelles et Anvers, n'y aurait-il pas eu tout avantage à la renforcer fortement, en faisant usage du réseau ferré si développé en Belgique et dans le nord de la France?

On l'a dit avant nous, l'offensive contre le centre et la droite allemande aurait pu se déclencher vers le 15 août, alors que nous étions prêts et que la grande conversion de nos adversaires avait été retardée par la résistance inattendue de Liége (1). L'attaque française sur le front des Ardennes et de la Sambre fut trop tardive de huit jours; elle se heurta contre des forces très supérieures à ce qu'elle eût rencontré à ce moment (2). On voulut sans doute attendre les Anglais. Il reste à savoir si le supplément de forces que nous valut leur entrée en ligne pouvait compenser le renforcement continu des Allemands. Nous y perdîmes l'avantage de la surprise stratégique, sans parler des autres. Il est douteux que la cause des Alliés y ait trouvé quelque avantage.

De plus, à supposer que la coopération britannique nous fût indispensable pour entrer en Belgique, ce qui paraît au moins douteux, il eût fallu attendre pour cette offensive que le maréchal French ait porté ses troupes à pied d'œuvre, que la liaison fût établie avec les nôtres, ce qui n'eut pas lieu.

Enfin, en admettant l'hypothèse de l'attente, il eût été plus judicieux de persévérer dans cette attitude et d'occuper dès le premier moment des positions défensives derrière la Chiers ou le long de la frontière du Nord. Mais comment concilier un pareil arrêt avec les théories sur l'offensive à outrance que l'état-major de l'armée et l'école de guerre avaient répandues dans tous nos rangs? Ainsi apparaissait, dès le premier moment, le danger des doctrines purement théoriques, ne tenant compte ni des faits historiques récents, ni des forces respectives des deux

(1) Général Malleterre, *Etudes et impressions de guerre*, I, p. 65.
(2) Fleury-Lamure, *op. cit.*, p. 82.

adversaires, ni des progrès de l'armement. Depuis 1870, la guerre tend de plus en plus à prendre un caractère scientifique. L'industrie joue un rôle toujours plus marqué dans sa préparation comme dans ses péripéties. La supériorité du nombre, celle de la direction ne sont plus que des éléments du succès. Celle du matériel acquiert une importance croissante et la défensive en est singulièrement facilitée. Nous l'apprenons tous les jours à nos dépens.

III

On a énuméré (1) parmi les causes stratégiques de nos échecs dans les Ardennes et sur la Sambre l'ampleur évidemment imprévue du mouvement débordant de la droite allemande. Nous avons dit pour quelles raisons cette ampleur aurait dû entrer dans nos combinaisons (2). C'est toujours une erreur, et la plus grave peut-être, que celle qui consiste à sous-estimer son adversaire et les efforts dont il est capable.

D'autre part, il est permis de croire que nous comptions sur une plus longue résistance de Liége et surtout de Namur. Nous n'avions pas prêté une attention suffisante aux théories hautement professées dans l'armée allemande concernant les attaques brusquées des forteresses, et cela depuis des années. Immédiatement après la guerre de 1870, par exemple, le général von Sauer affirmait la possibilité de destructions rapides, que l'emploi des projectiles brisants et de l'artillerie à grande puissance rendit beaucoup plus faciles.

(1) Joseph Reinach, *La guerre sur le front occidental*, p. 107.
(2) *La grande guerre sur le front occidental*, II, p. 55 et suiv.

Mais il semble bien qu'en France on nourrissait des illusions tenaces sur la valeur défensive des fortifications belges. C'est ainsi que le lieutenant-colonel Grouard, fort peu suspect d'engouement pour ce qui est défense des places, écrivait à une date récente : « Ces observations ne m'empêchent pas de reconnaître que le système défensif de la Belgique, reposant sur les places de Liége, Namur et Anvers, et préconisé par le général Brialmont, ne soit fort bien conçu » (1).

La retraite de l'armée belge sur Anvers laissa aux Allemands le champ libre, plus tôt, semble-t-il, que ne prévoyait notre haut commandement. Mais une appréciation plus exacte des forces en présence aurait dû le persuader, dès le premier moment, que cette solution était inévitable. La retraite sur Anvers rentrait dans le système défensif de la Belgique. Il n'y a lieu de s'étonner que d'une chose, c'est que l'armée belge ait pu la différer jusqu'au 19 août, sans avoir, jusque-là, reçu de nous aucun secours réel.

On a dit et répété que la 4ᵉ et la 5ᵉ armée n'étaient pas effectivement reliées; qu'entre elles il se produisit un vide tentant de Namur à Fumay. La division Boutegourd ne le combla qu'imparfaitement, après le départ du 1ᵉʳ corps, et l'offensive de la IIIᵉ armée en fut facilitée (2).

Sans doute il y a une part de vérité dans ce qui précède. Mais on doit ajouter que les Saxons passèrent la Meuse les 23 et 24 août seulement. La 4ᵉ armée avait été battue le 22, ce qui suffisait à découvrir le flanc droit du général Lanrezac, dont l'offensive était nécessairement fonction de celle des généraux de Langle et Ruffey. Ceci

(1) *France et Allemagne. La guerre éventuelle*, p. 25.
(2) Cf. Hanotaux, V, p. 82.

étant donné, il semble qu'il y ait eu liaison insuffisante entre ces trois armées, surtout entre les 4e et 5e. Pour une opération de cette envergure, une direction commune s'imposait et, à Vitry-le-François, le grand quartier général était trop loin pour l'assurer efficacement.

IV

Aux raisons d'ordre stratégique qui viennent d'être énumérées, d'autres vinrent se joindre, d'ordre tactique. M. Joseph Reinach, paraphrasant des documents d'origine officielle et officieuse, les a ainsi résumés (1) :

« Ici, des divisions ont été lancées trop vite sous le feu de l'ennemi; les hommes, et certains chefs, dans cette première grande rencontre, ont exagéré l'audace; il y a eu de l'ignorance des choses de la guerre dans le mépris, poussé jusqu'au défi, du danger et de la mort. Là, se sont produites des défaillances. Des chefs s'étaient révélés dans la bataille; d'autres y avaient perdu une réputation, quelquefois méritée, mais pour d'autres qualités que celles de l'action qui n'est pas la science. Il y avait eu enfin des erreurs, soit dans l'emploi de l'infanterie, soit dans celui de l'artillerie, et leur liaison était insuffisante ».

A ces raisons l'*Exposé de six mois de guerre* (2) joint l'infériorité de nos « cadres subalternes » vis-à-vis de ceux de l'ennemi; nous avons dit combien nous considérions cette dernière accusation comme imméritée. Quant aux autres causes de nos insuccès, il est trop évident, après examen impartial des faits, que toutes renferment leur part de vérité. Elles se résument dans l'*insuffisance de*

(1) *La guerre sur le front occidental*, p. 108-109.
(2) Page 5.

notre préparation. Nous avions préparé la paix, dans une Europe que trop de gens, chez nous, entrevoyaient transformée en une contrée idyllique où fleuriraient la concorde et l'équité, pendant que nos futurs adversaires préparaient la guerre, et la guerre dans ce qu'elle a de plus violent, de plus tendu, de plus implacable. De là l'inexistence de notre artillerie lourde en face de celle des Allemands, l'insuffisance de l'aviation française, la malheureuse organisation de nos troupes de complément. De là aussi l'absence de liaison entre l'infanterie et l'artillerie, même entre cette dernière et le commandement; l'ignorance de l'adversaire qui nous jeta si souvent au début sous le feu de ses mitrailleuses et de ses canons, au cours de charges à la baïonnette lancées aveuglément, sans aucune chance de succès.

La répugnance traditionnelle de nos troupes pour les travaux défensifs contribua également à nos premiers échecs. Il faut bien dire que leurs cadres avaient une part de responsabilité dans ce mépris de la fortification sous toutes ses formes. Ils y voyaient l'antithèse de l'offensive, hors de laquelle, croyaient-ils, il n'est pas de salut. L'importance des travaux de campagne ne leur apparaissait aucunement. Le lieutenant-colonel Grouard écrivait en 1913 : « En rappelant tous ces exemples de la guerre allemande (Metz, Paris, Orléans), nous croyons qu'il serait prudent de n'avoir dans les fortifications du moment qu'une confiance limitée » (1).

Est-il nécessaire d'insister sur les défaillances du commandement dans ces tristes jours? Il suffit de rappeler certains épisodes de la retraite à la 5ᵉ armée. « L'un des grands mérites du général Joffre, écrit M. Joseph Rei-

(1) *Loc. cit.* p. 45.

nach (1), sera d'avoir cherché à se rendre un compte exact de toutes les causes de faiblesse et, sans égard pour les personnes, quelque chagrin qu'il en pût éprouver, à trancher dans le vif. Il lui arriva sans doute de se tromper, de ne pas être exactement renseigné. La volonté fut courageuse, soutenue par le seul souci du bien public. »

Encore faut-il ajouter que ces affirmations appellent un correctif. Ainsi que l'a fait entendre M. Painlevé, dans le discours que nous avons précédemment cité (2), ces exécutions sommaires n'étaient pas toujours indemnes de préoccupations étrangères, sinon nuisibles, au bien du service.

C'est l'ensemble de ces circonstances qui permit aux Allemands de passer la Marne quinze jours environ après avoir franchi la Semoy et la Sambre. Mais il avait fallu des efforts inouïs de leurs troupes. On savait que le suc-

(1) *Loc. cit.*, p. 109.
(2) Discours à la Chambre du 7 juillet 1917 (*La grande guerre sur le front occidental*, II, p. 162).

cès final dépendait de la rapidité de leur marche et on exigea d'elles tout ce qu'il était possible d'en obtenir. Nous avons cité plusieurs exemples de marches forcées dans les armées qui envahirent la Belgique et le Nord de la France. Voici ce qu'écrit, avec une exagération évidente, un « témoin oculaire renseigné » (1) :

« Quantité d'hommes avaient les pieds écorchés, certains les os à vif; tous n'avaient plus de leurs chaussettes (2) que la jambe; la semelle avait disparu, totalement usée. En route, pour aucun motif, on ne permettait au soldat de s'arrêter; un malheureux éclopé ou exténué était-il hors d'état de poursuivre, on ne le hissait pas sur une voiture; un sous-officier le tuait froidement d'un coup de revolver à la nuque. Le reste du troupeau, terrifié, reprenait son calvaire, sans même oser jeter, en passant, un regard sur le cadavre du malheureux sacrifié ».

Peut-être y a-t-il là, dans cette extrême tension, l'un des motifs qui firent la victoire de la Marne. Après tant de marches épuisantes, l'ennemi qu'avait soutenu jusqu'alors l'espoir d'un facile succès, se vit brusquement contre-attaqué sur un front immense. La déception fut telle que sa solidité en fut profondément entamée. L'attaque dirigée par la 6e armée dans son flanc droit fit le reste. Mais nous aurons à revenir sur ce thème, quand nous étudierons cette application du *renversement des forces* si hautement prôné par Clausewitz dans son livre célèbre : *Vom Kriege* (3).

(1) *Les quatre batailles des 22-23 août 1914. Le Petit Parisien* reproduit par les *Débats* du 30 mars 1915.

(2) Le soldat allemand ne porte pas de chaussettes, mais des *fusslappen*, morceaux de coton dont il s'enveloppe les pieds.

(3) *De la guerre.*

V

Le premier communiqué allemand faisant allusion aux combats sur la Sambre est du 24 août. Il est très sommaire sur ce point : « A l'ouest de la Meuse, les troupes allemandes s'avancent vers Maubeuge; une brigade de cavalerie s'étant portée vers leur front a été battue » (1). Chez nous, à la même date, le bulletin de 23 heures s'exprime ainsi :

« *La situation en Belgique.* — A l'ouest de la Meuse, l'armée anglaise, qui se trouvait à notre gauche, a été attaquée par les Allemands. Admirable sous le feu, elle a résisté à l'ennemi avec son impassibilité ordinaire. L'armée française qui opérait dans cette région s'est portée à l'attaque. Deux corps d'armée, dont les troupes d'Afrique qui se trouvaient en première ligne, emportés par leur élan, ont été reçus par un feu très meurtrier; ils n'ont pas cédé, mais, contre-attaqués par la garde prussienne, ils ont dû ensuite se replier. Ils ne l'ont fait qu'après avoir infligé à leur adversaire des pertes énormes. Le corps d'élite de la garde a été très éprouvé... »

Après avoir brièvement fait mention de notre échec sur la Semoy, le bulletin résume la situation générale en annonçant que nous allons conserver quelque temps la défensive, jusqu'à ce que soit venu le jour d'une vigoureuse offensive (2).

Au travers des longueurs, des obscurités, des inexactitudes de ce document, on lit nécessairement un échec grave et c'est l'impression qu'il produisit, impression

(1) D'après M. Hanotaux, c'est une allusion au combat d'Anderlues.

(2) V. *supra*, p. 249.

encore accrue par l'*aperçu d'ensemble* qui le terminait. Après avoir mentionné l'entrée des Russes « jusqu'au cœur de la Prusse orientale », le rédacteur officiel s'exprimait ainsi : « On doit évidemment regretter que le plan offensif, par suite de difficultés impossibles à prévoir, n'ait pas atteint son but : cela eût abrégé la guerre; mais notre situation défensive demeure entière, en présence d'un ennemi déjà affaibli. Tous les Français déploreront l'abandon momentané du territoire annexé que nous avions occupé.

« D'autre part, certaines parties du territoire national souffriront malheureusement des événements... C'est ainsi que des éléments de cavalerie allemande appartenant à une division indépendante, opérant à l'extrême droite, ont pénétré dans la région de Roubaix-Tourcoing, qui n'est défendue que par des éléments territoriaux.... »

Ainsi le bulletin nous préparait à la défensive, au lieu de l'offensive si hautement prônée jusqu'alors; il annonçait l'entrée de l'ennemi dans la partie la plus riche du département du Nord, avec ce singulier correctif qu'elle était défendue uniquement par des éléments territoriaux. Pourquoi le corps Sordet, après avoir dégagé le front de la 5ᵉ armée et des forces britanniques, n'avait-il pas été porté, en temps opportun, à l'extrême gauche, sa vraie place?

Le 25 août, le communiqué allemand se borne à constater que, « sur le théâtre occidental de la guerre, la situation de l'armée allemande est, grâce à Dieu, si favorable qu'elle dépasse toutes les espérances »; au contraire il s'étend longuement sur les événements du front oriental, beaucoup moins heureux. Un deuxième communiqué annonce la prise de Namur et de cinq de ses forts.

Chez nous, le bulletin du 25, 15 heures, indique dans

le Nord la reprise par les Allemands de l'offensive « qui avait été arrêtée hier. Ils sont contenus par nos armées en liaison avec les troupes anglaises... » Un peu plus tard (25 août, 24 heures), le bulletin décrit fort inexactement la situation à l'ouest de la Meuse :

« Par suite des ordres donnés avant-hier, par le général en chef, les troupes qui doivent demeurer sur la ligne de couverture, pour y prendre une attitude défensive, se sont massées de la manière suivante : les troupes franco-anglaises occupent une ligne de front passant dans le voisinage de Givet. Elles ont gagné ce front en combattant et en tenant en respect leur adversaire, dont l'offensive a été nettement arrêtée....

« *Dans le Nord.* — Des partis de cavalerie, qui s'étaient montrés avant-hier dans la région de Lille, Roubaix, Tourcoing, ont apparu, hier, dans la région de Douai. Cette cavalerie ne peut s'avancer davantage qu'en s'exposant à tomber dans les lignes anglaises renforcées hier par des troupes françaises... ». Puis le bulletin s'étend de nouveau, avec une complaisance voulue, sur la « rencontre formidable des tirailleurs algériens et sénégalais (*sic*) avec la troupe réputée de la garde prussienne.... L'oncle de l'empereur (?), le général prince Adalbert, a été tué; son corps a été transporté à Charleroi... ».

Le 26 août, à 23 heures, le bulletin français concernant la 5e armée et les troupes britanniques est très court, mais non moins inexact : « *Dans le Nord.* — Les lignes franco-anglaises ont été légèrement ramenées en arrière; la résistance continue ». Le communiqué allemand est muet sur ces opérations. C'est le 27 août seulement qu'il résume les événements à sa manière, non sans une exagération voulue, marquant ainsi l'intention d'affaiblir le moral des nations occidentales, de faire impression sur les neutres, et en même temps, de surexciter l'orgueil allemand.

Après avoir annoncé la capitulation de Longwy et la prise des derniers forts de Namur, le rédacteur officiel s'exprime en ces termes :

« *Les armées allemandes victorieuses en France.* — L'armée allemande de l'ouest a pénétré victorieusement, neuf jours après sa concentration, sur le territoire français, de Cambrai jusqu'aux Vosges méridionales. L'ennemi a été battu sur toute la ligne et se trouve en pleine retraite....

« L'armée du général von Klück a culbuté l'armée anglaise près de Maubeuge. Elle a repris l'attaque aujourd'hui, au sud-ouest de Maubeuge, par un mouvement tournant.

« Les armées des généraux von Bülow et von Hausen ont battu complètement environ huit corps d'armée français et belges (1), entre la Sambre, Namur et la Meuse. Ces combats ont duré plusieurs jours. Nos armées poursuivent l'ennemi à l'ouest de Maubeuge. Namur est tombé en notre possession après deux jours de bombardement (2).

« L'attaque se dirige maintenant contre Maubeuge... »

Nos bulletins du 27 août sont beaucoup moins précis, et pour cause. Celui de 15 heures ne contient que cette mention : « *Sur le front.* — Les événements d'hier dans la région du Nord n'ont à aucun degré compromis ni modifié les dispositions prises en vue du développement ultérieur des opérations.... »

(1) Quatre corps français et pas un soldat belge.

(2) Faux, les derniers forts ayant été pris le 27.

Celui de 27 heures est un peu moins sybillin, sans être plus exact :

« *Dans le Nord.* — L'armée anglaise, attaquée par des forces très supérieures en nombre, a dû, après une brillante résistance, se reporter un peu en arrière. A sa droite, nos armées ont maintenu leur position.... »

Tandis que, chez nous, ces nouvelles éveillaient un sentiment de sourde inquiétude, malgré tout ce qu'elles dissimulaient encore, en Allemagne, en Autriche-Hongrie et dans les armées allemandes, après un instant d'hésitation, la joie était intense. On croyait la guerre finie avec l'entrée prochaine des armées victorieuses dans Paris. François-Joseph écrivait à Guillaume II : « ...Les mots me manquent pour exprimer ce que mon armée ressent avec moi dans ces jours historiques. Je serre cordialement ta main puissante » (1).

Sous la plume du vaincu de Sadowa, ces paroles d'admiration et de basse flatterie surprendraient, si l'on ne connaissait de longue date la valeur morale et intellectuelle du personnage. Elles étaient bien dignes de celui qui, d'accord avec son sinistre partenaire de Berlin, venait de déclencher la plus épouvantable des guerres.

---

(1) Hanotaux, *L'énigme de Charleroi, loc. cit.*, p. 728.

ANNEXE

Note pour toutes les armées (1).

Au G. Q. G., le 24 août 1914.

Il résulte des renseignements recueillis sur les combats livrés jusqu'à ce jour que les attaques ne sont pas exécutées par une combinaison intime de l'infanterie et de l'artillerie : toute opération d'ensemble comporte une série d'actions de détail visant à la conquête des points d'appui.

Chaque fois que l'on veut conquérir un point d'appui, il faut préparer l'attaque avec l'artillerie, retenir l'infanterie et ne la lancer à l'assaut qu'à une distance où on est certain de pouvoir atteindre l'objectif.

Toutes les fois que l'on a voulu lancer l'infanterie à l'attaque de trop loin, avant que l'artillerie ait fait sentir son action, l'infanterie est tombée sous le feu des mitrailleuses et a subi des pertes qu'on aurait pu éviter.

Quand un point d'appui est conquis, il faut l'organiser immédiatement, se retrancher, y amener de l'artillerie pour empêcher tout retour offensif de l'ennemi.

L'infanterie semble ignorer la nécessité de s'organiser au combat pour la durée.

---

(1) Hanotaux, *L'énigme de Charleroi*, *Revue des Deux-Mondes* du 1er septembre 1917, p. 42 et suiv.

Jetant de suite en ligne des unités nombreuses et denses, elle les expose immédiatement au feu de l'adversaire qui les décime, arrête ainsi, naturellement, leur offensive et les laisse souvent à la merci d'une contre-attaque.

C'est au moyen d'une ligne de tirailleurs suffisamment espacés et entretenus continuellement que l'infanterie, soutenue par l'artillerie, doit mener le combat, le faisant ainsi durer jusqu'au moment où l'assaut peut être judicieusement donné.

Les divisions de cavalerie allemande agissent toujours précédées de quelques bataillons transportés en automobiles. Jusqu'ici les gros de cavalerie ne se sont jamais laissé approcher par notre cavalerie. Ils progressent derrière leur infanterie et de là lancent les éléments de cavalerie (patrouilles et reconnaissances) qui viennent chercher appui auprès de leur infanterie aussitôt qu'ils sont attaqués. Notre cavalerie poursuit ces éléments et vient se heurter à des barrières solidement tenues. Il importe que nos divisions de cavalerie aient toujours des soutiens d'infanterie pour les appuyer et pour augmenter leurs qualités offensives.

Il faut aussi laisser aux chevaux le temps de manger et de dormir, faute de quoi la cavalerie est usée prématurément avant d'avoir été employée.

JOFFRE.

TABLE DES MATIÈRES

Pages.

CHAPITRE X

LA RETRAITE DE LA 3ᵉ ARMÉE (4ᵉ et 5ᵉ Corps) LES 23-25 AOUT

CHAPITRE XI

LE 6ᵉ CORPS ET L'ARMÉE DE LORRAINE

CHAPITRE XII

RÉFLEXIONS SUR LA BATAILLE DES ARDENNES

CHAPITRE XIII

LA 5ᵉ ARMÉE JUSQU'AU 21 AOUT

CHAPITRE XIV

PRÉPARATION DE L'OFFENSIVE A LA 5ᵉ ARMÉE

Pages.

CHAPITRE XV

LA JOURNÉE DU 22 AOUT

CHAPITRE XVI

JOURNÉE DU 23 AOUT

CHAPITRE XVII

L'ARMÉE BRITANNIQUE A MONS

CHAPITRE XVIII

RETRAITE DE LA 5e ARMÉE ET DES FORCES BRITANNIQUES (24-25 août)

CHAPITRE XIX

RÉFLEXIONS FINALES

Marc Imhaus et René Chapelot, Imprimeurs, Nancy et Paris.

BATAILLE DE LA SAMBRE 21-24 Août 1914

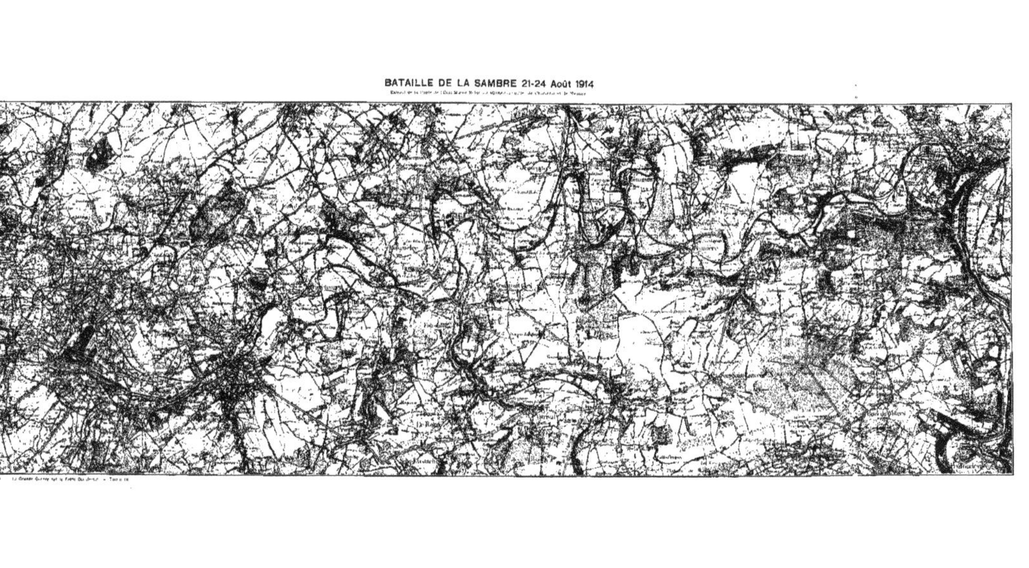

OPÉRATIONS DES 3e & 4e ARMÉES du 20 au 25 Août 1914

Extrait de la Carte au 320.000e (Feuille de Metz et de Mézières)

CARTE N° 5

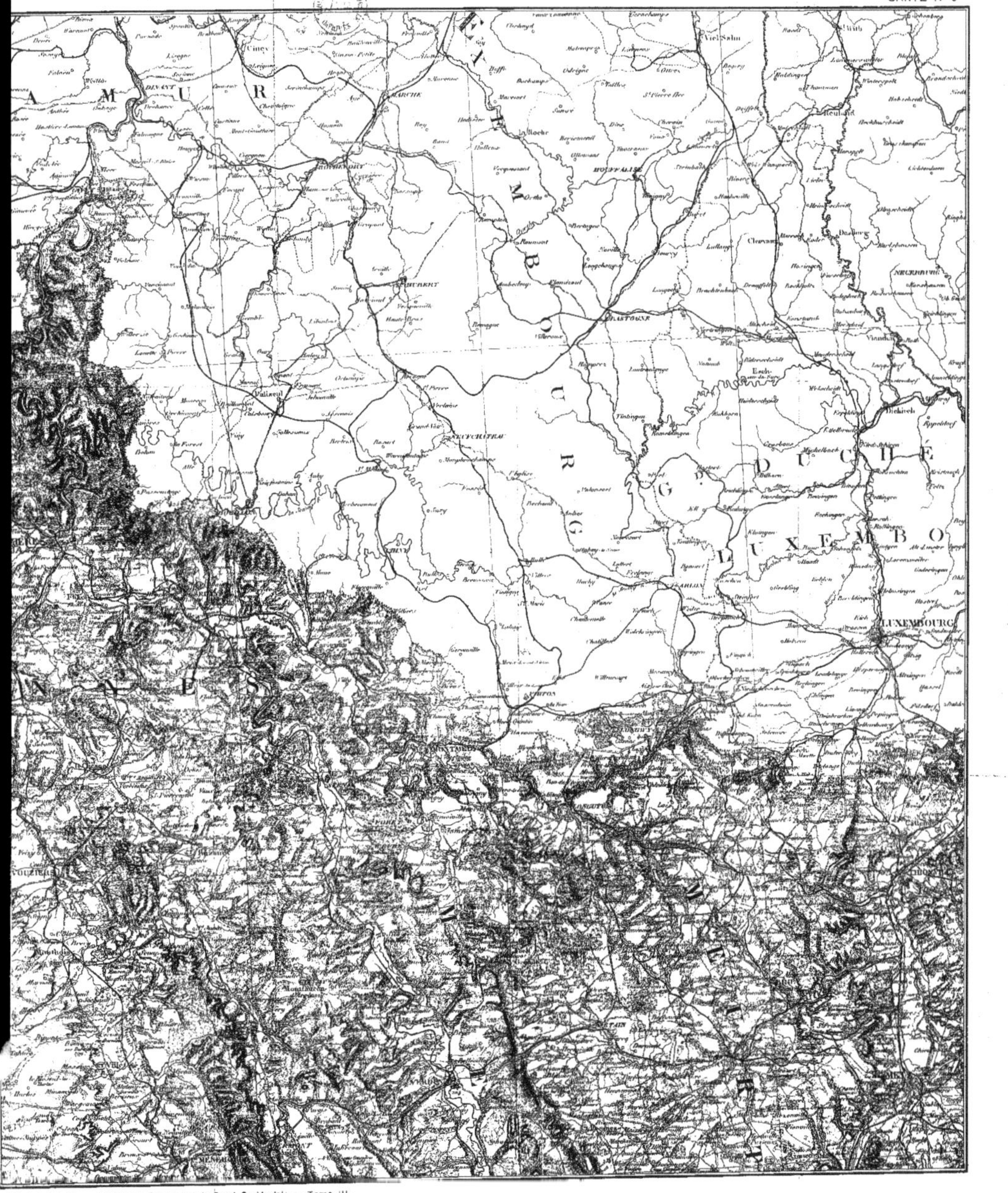

COMBATS DE VIRTON, D'ETHE ET AUX ABORDS DE LONGWY

Extrait de la Carte au 80.000e (Feuilles de Longwy et de Metz).

CARTE N° 6

Général PALAT. — La Grande Guerre sur le Front Occidental. — Tome III.

OPÉRATIONS DE LA 5e ARMÉE du 20 au 24 Août 1914

Extrait de la Carte au 320.000e (feuille de Mézières)

CARTE N° 7

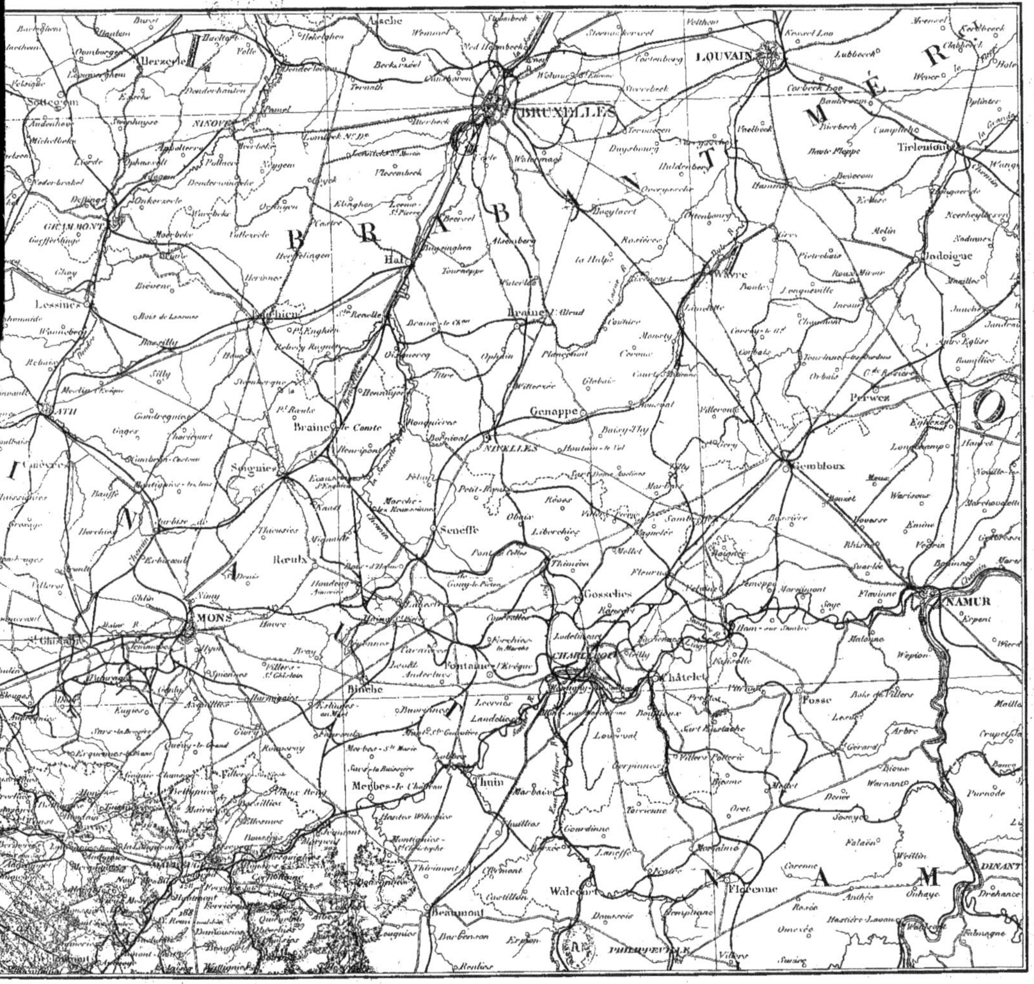

Général PALAT. — *La Grande Guerre sur le Front Occidental.* — Tome III.

A LA MÊME LIBRAIRIE

Les Grands Problèmes de la Politique Mondiale

Par MORTON FULLERTON. 1 volume in-8°.......................... 4 fr. 80

L'Énigme de Verdun

Par G. HENRY d'ESTRE. 1 volume petit in-8°.......................... 1 fr.

Autour de la Guerre actuelle

Essai de psychologie militaire

Par Émile MAYER (Lt-Col. E. Manceau). 1 volume in-16............ 4 fr. 50

De la Marne à l'Yser

Par le Général MALLETERRE. 1 volume petit in-8°, avec deux cartes.. 2 fr.

L'Été Bulgare (Notes d'un témoin)

Juillet 1915 — Octobre 1915.

Par Marcel DUNAN. 1 volume petit in-8°.......................... 5 fr. 40

Le Traitement des Prisonniers Français en Allemagne

Par le Docteur de CHRISTMAS. Préface du Professeur Maurice LETULLE, de l'Académie de médecine. 1 volume petit in-8°................ 3 fr. 50

La Guerre Navale et l'Offensive

Par l'Amiral DEGOUY. 1 vol. petit in-8°, avec deux cartes.......... 4 fr. 80

Deux années de Guerre Navale

Par René LA BRUYÈRE, (*prix Bordin 1917*), *couronné par l'Académie Française*. 1 vol. petit in-8°.. 4 fr. 80

La Doctrine Pangermaniste

Par Georges BLONDEL. 1 volume petit in-8°....................... 1 fr. 25

La Question du Slesvig

Par Jacques de COUSSANGE. 1 volume petit in-8°.................. 1 fr. 25

La Question de l'Adriatique

Par Charles VELLAY. 1 volume petit in-8°, avec trois cartes........ 1 fr. 25

Au jour le jour avec l'Armée Russe

Par Bernard PARÈS. (Traduit de l'Anglais par B. MAYRA), 1 volume petit in-8°, avec neuf cartes.................................... 4 fr. 80

www.ingramcontent.com/pod-product-compliance
Ingram Content Group UK Ltd.
Pitfield, Milton Keynes, MK11 3LW, UK
UKHW021103220726
13924UKWH00005B/2215